玩转沟通心理学

张卉妍 编著

浙江工商大学出版社
ZHEJIANG GONGSHANG UNIVERSITY PRESS

图书在版编目（CIP）数据

玩转沟通心理学 / 张卉妍编著 . — 杭州 : 浙江工
商大学出版社 , 2018.9

ISBN 978-7-5178-2305-6

Ⅰ . ①玩… Ⅱ . ①张… Ⅲ . ①心理交往－口才学
Ⅳ . ① C912.13

中国版本图书馆 CIP 数据核字（2017）第 180019 号

玩转沟通心理学

张卉妍 编著

责任编辑	唐慧慧　任晓燕
封面设计	思梵星尚
责任印制	包建辉
出版发行	浙江工商大学出版社

（杭州市教工路 198 号　邮政编码 310012）

（E-mail: zjgsupress@163.com）

（网址 : http://www.zjgsupress.com）

电话 : 0571-88904980, 88831806（传真）

排　　版	北京东方视点数据技术有限公司
印　　刷	三河市兴博印务有限公司
开　　本	710mm×1000mm　1/16
印　　张	18
字　　数	278 千
版 印 次	2018 年 9 月第 1 版　2018 年 9 月第 1 次印刷
书　　号	ISBN 978-7-5178-2305-6
定　　价	52.00 元

前　言

　　在今天这样的信息时代，人们的文化视野、交际视野开阔了，有越来越多的场合需要公开地发表意见，用语言来打动别人。自我推荐、介绍产品、主持会议、商务谈判、交流经验、鼓励员工、化解矛盾、探讨学问、接洽事务、交换信息、传授技艺，还有交际应酬、传递情感和娱乐消遣都离不开说话。另外，看一个人是否有能力，这些能力能否表现出来，在很大程度上取决于他是否会沟通，而沟通最主要的就靠口才表达。因此，口才就成了衡量一个人是否有能力的重要标准之一。美国成功学大师戴尔·卡耐基说："当今社会，一个人的成功，仅仅有15％取决于技术知识，而其余85％则取决于人际关系及有效说话等软本领。"由此可见沟通最主要的是口才表达技巧，掌握口才技巧，已经成为现代人成功的必备条件。

　　说话看似很简单，但是要说出有水平，容易被人理解并接受的话则不能不懂得心理学。说话的根本目的在于表达和沟通，懂不懂心理学，表达和沟通的效果将大相径庭。一个会说话的人，遇见陌生人时，知道如何说话能跟对方达成一种"一见如故"的默契；和同事共事时，知道如何说话能受到大家的欢迎；拜访客户时，知道如何说话能赢得客户的心，从而决定购买自己的产品；再如跟恋人或朋友说话时，知道怎样给对方带来乐趣，加深彼此间的感情……而那些不会说话的人，笨嘴拙舌、词不达意，说出很多废话，不能与别人进行有效的沟通，不仅会坐失良机，也很难在事业上有出人头地的发展，若出言不当还会立刻四面楚歌。真所谓"一句话能把人说得笑，一句话也能把人说得跳"。同样是说话，为什么会有如此大的区别呢？这其中的关键就在于前者在谈话时能够运用各种心理技巧，把话说到别人的心窝里，从而成功地赢得人们的信任和喜爱，而后者却不懂得在谈话中运用心理学，导致说话不得体而失去人心。可见，我们与人谈话的过程，实质是洞察对方心理的一个过程。所以，了解并掌握一些与口才有关的心理学常识，是提升口才技巧的关键。

摸清心理说话是一件既容易又很不容易的事。说容易，是因为我们每个人都会说话，都知道说话应讨人喜欢；说不容易，是因为把握别人的心理很难，而且绝大多数时候说话是即时的，容不得你仔细考虑。难怪台湾著名的成功学家林道安说："一个人不会说话，那是因为他不知道对方需要听什么样的话。假如你能像一个侦察兵一样看透对方的心理活动，你就知道说话的力量有多么巨大了！"为了帮助广大读者更好地掌握高超的说话本领，我们精心编写了这本《玩转沟通心理学》。本书全面系统地揭示心理学在人际沟通中的运用，比如，怎样赞美别人而不显阿谀奉承；怎样拒绝别人而不和对方交恶；怎样说好难说的话，应对尴尬场面；怎样打动别人，让别人按你说的做；怎样把话说到别人的心坎里；等等。指导读者把握好沉默的分寸，把握好说话时机、说话曲直、说话轻重和与人开玩笑的分寸，把握好调解纠纷时和激励他人时的说话分寸，懂得怎样问别人才会说、怎样说别人才会听。同时还向读者展示了同陌生人、同事、客户、朋友、爱人沟通的艺术，在求职面试、求人办事、谈判演讲时及尴尬时刻的说话艺术。本书既阐释了在谈话中应该掌握和运用的心理法则，又更深入地阐述了我们在谈话过程中遇到难题时应该采取怎样的心理应对方式，并有针对性地提出了一些切实可行的方法。读者通过本书能轻松提高自己的说话能力，在错综复杂的人际关系中应付自如，轻松应对生活中的各种场景，赢得友谊、爱情和事业，从而踏上辉煌的成功之路。

目 录

1

中篇　摸清心理巧妙表达

下篇　沟通心理实践

上篇

人际沟通的心理效应

· 第一章 ·

第一印象效应
——5 分钟与陌生人成为朋友的心理策略

人与人第一次交往中给人留下的印象，在对方的头脑中形成并占据着主导地位，这种效应即为第一印象效应。心理学家认为，由于第一印象主要是性别、年龄、衣着、姿势、面部表情等"外部特征"，一般情况下，一个人的体态、姿势、谈吐、衣着打扮等都在一定程度上反映出这个人的内在素养和其他个性特征。将第一印象效应用在口才艺术上，就要求我们在与人初次交谈时就要想办法尽可能在对方面前展示他喜欢的形象，这样你才能快速与对方成为朋友，从而达成所愿。

第一次见面就打开人心扉的开场白

顾名思义，开场白开得不好就等于白开场。人与人见面讲究第一印象，俗话说："好的开始是成功的一半。"就是说开场白非常重要。

俄国大文学家高尔基说："最难的是开场白，就是第一句话，如同在音乐上一样，全曲的音调，都是它给予的。平常却又得花好长时间去寻找。"高尔基的这段话包含两层意思：第一，第一句话至关重要，它的作用如同音乐的定调，规定着全曲的基本面貌和基本风格。第二，适当的第一句话不是那么容易找到的，它是长期积累和斟酌钻研的结果。

开场白应达到三大目的：一是拉近距离，二是建立信任，三是引起兴趣。而这三点之中，最重要的就是第一点。只有与对方的距离拉近了，才能顺利地使对方建立信任，引起对方的兴趣。不要小看这短短的开场白，它将决定此后你所说的每一句话的命运。听者将根据你给他留下的第一印象来决定是否耐心并真诚地聆听你后面所说的话。因此，开场白只有具有其新颖、奇趣或敏慧之美才能让对方走进你的话语世界，吸引对方的注意力，从而为接下来要说的话搭梯架桥。

开场白虽然没有千篇一律的固定格式，但是你却可以根据具体的情况去选择合理模式设计一个开场白。

1. 问句开场白

一些有经验的演讲者都会选择在演讲开始的时候先提出一个问题，使听众按照他的思路去思考问题，同时产生一种想知道答案的欲望，听众的注意力自然就被集中了。我们进行开场白的时候也可以效仿那些演讲者，以问句作为开始。这样就可以立刻抓住对方的注意力，让对方紧跟你的话语本身，无法逃脱你话语的"魔掌"。

但有一点要注意的是，我们提出的问题要恰到好处，不宜过多，达到抛砖引玉的目的即可，否则只会适得其反。

2. 以小故事作为开场白

为开场白准备的小故事，可以是寓言，也可以是引人发笑的小笑话，但一定要吸引对方且与自己的话题相关。

引人发笑的故事本身就具备引起人兴趣的魔力，如果运用得当，将是非常好的开场白。但是如果你没有幽默的禀赋，以一副严肃的面孔讲幽默故事，是收不到预期效果的；如果对方听不懂你的幽默，效果将更加糟糕。

大多数情况下，只要这个故事有具体的时间、地点、人物与故事情节，并且与你要讲的主要内容相契合，那么这个小故事就已经合格，具备吸引对方的特征。

3. 赞美式的开场白

人人都需要赞美，人人也都喜欢赞美。因此当你做开场白的时候，就可以用上这一招，对听者家乡的自然风光、悠久历史、传统风貌等表示自己的敬佩之意，或对当地人的善良勤劳由衷地赞颂。这样，可以引发对方的自豪感，满足其自尊心，从而获得对方的共鸣，拉近彼此之间的距离。

顾林爱写作，脑子总是处于"工作"状态，尽琢磨些写文章的事，显得很深沉。在一个会议上，某君对顾林说道："你的口才棒极了，上次那个联欢会，你的唐诗朗诵很有中央人民广播电台著名播音员的风采啊！"顾林听了这样的话，备受鼓舞，对此君感到特别亲切，两个人虽然是第一次见面，但很快就成了无话不谈的朋友。

4. 以感激作为开场白

贝尔那·科弟埃是"空中汽车"制造公司的著名销售专家。当他被推荐到"空中汽车"公司时，面临的第一项挑战就是向印度销售汽车。这是件棘手的任务，因为这笔交易在印度政府初审时并未被批准，能否重新寻找到成功的机会，全靠销售员的谈判本领了。

作为特派的谈判专家，科弟埃深知肩上的重任，他稍做些准备就飞赴新德里。接待他的是印航主席拉尔少将。科弟埃到印度后，对他的谈判对手讲的第一句话是："正因为您，使我有机会在我生日这一天又回到了我的出生地。"

这是一句非常得体的开场白，它简明扼要，但内涵却极为丰富。它表达了好几层意思，感谢主人慷慨赐予的机会，让他在自己生日这个值得纪念的日子来到贵国，而且富有意义的是，这里是他的出生地。这个开场白拉近了科弟埃与拉尔少将的距离。不用说，科弟埃的印度之行取得了成功。

5. 引用名言警句的开场白

一般来说，名人都是大家耳熟能详的，并且具有某种权威。许多人对名人都会产生一种崇拜感。所以，开始进行对话的时候，不妨引用名人名言作为自己的开场白。这样，你的整段话自然而然会产生一种吸引力，引发对方的兴趣。

6. 借助物品进行开场白

俗话说"口说无凭"，如果在你进行谈话时，还有一件物品作为陪衬的话，那么你的这段话语就更具说服力。

有一次，卡耐基在一所学校发表演讲，他别出心裁地拿出几根头发展示给听众。接着卡耐基问听众："你们都知道头发是长在头上的，但这几根为什么掉下来了呢？"一句话引起了听众的注意力，开始专心致志地等待卡耐基的演讲。卡耐基接着说："这就是烦恼的作用。如此乌黑的头发长在头上是多么漂亮，可是它却无可奈何地离开了养育它的'土地'。我们为什么要烦恼呢？"

卡耐基仅仅用了几根头发，就给他的听众留下了深刻的印象。

因此，用物品作为开场白的辅助工具是有一定作用的。但是要注意的是，一定要找与你的话题内容相关、有助于你表达的物品。

三言两语，给陌生人最好的第一印象

第一印象在人际交往中有着极为重要的意义，因此，我们要想方设法地给对方留下一个美好的第一印象。

当你来到一个陌生的环境，与素不相识的人初次见面，必定会给对方留下某种印象。这就是我们通常所说的"第一印象"。从第一印象所获得的主要是关于对方的表情、姿态、仪表、服饰、语言、眼神等方面的信息。它虽然零碎、肤浅，却非常重要。因为，在先入为主的心理影响下，第一印象往往能对人的认知产生关键作用。研究表明，初次见面的最初4分钟，是印象形成的关键期。

那么，怎样才能给他人留下美好的第一印象呢？从根本上说，它离不开提高自己的文明程度和修养水平，离不开进行经常的心理锻炼。心理学家提出下面几条建议：

第一，千万别表现出咄咄逼人的气势。

和陌生人第一次见面的时候，一定要表现得谦和一点、低调一点。

有一个叫李佳的年轻姑娘，她为了搞一个奥运会竞猜活动去一个企业联系赞助事宜，一进门就看到一个影视明星坐在那里。李佳跟主人没说几句，这位明星就插嘴，大发议论，结果给李佳和同去的人留下很坏的印象。

第二，尽早弄清对方的名字。

一般情况下，即将见什么人，你自己是比较清楚的。在这种情况下一定要准备好，别的可以不知道，对方的名字一定要弄清楚。我们经常在电影或者电视里看到高级领导人面对一群士兵，居然能叫出其中几个人的名字。这样一来，他给士兵的第一印象就一定是正面的。对我们一般人来讲，也是如此。如果你见到一个人，能叫出对方的名字，人家一定是非常高兴的，高兴的背后则是一种积极的印象。

第三，脸上常带微笑。

很多人都知道，眼睛是心灵的窗户；微笑的核心是眼睛，真正的微笑会通过眼睛到达心灵。发自内心的微笑不但会给他人留下美好的印象，还会让自己显得风度翩翩、魅力十足。与之相反，有这样一种人，他们不论何时见到谁，总是面沉似水。要知道，人与人交往本是高兴的事情，谁也不愿意给自己找不痛快。如果你总是心绪不佳，那么你注定了不会给他人留下什么好印象。

第四，请用眼神沟通。

与陌生人第一次见面，特别是与异性第一次见面，千万不要老是盯着人家不放，否则很容易让人产生误解。不论是第一次见面，还是第二次、第三次，与他人面对面交谈，应该用眼神平视对方，也就是用眼神说话，这样会给对方留下十分深刻的印象。

第五，杜绝无用动作。

当你与别人见面时，一定要集中注意力，不要有什么小动作。如果你一边跟别人说话，一边做着各种各样的小动作，诸如搔首弄姿、整理衣服，那说明你对别人缺少起码的尊重。如果真的有什么急事，需要打电话或者发短信，可以事先告诉对方，说一声"不好意思"，相信对方一定会理解。

第六，保持积极态度。

你与人交谈时的态度是可以说明很多问题的。谈论"第一印象"的人都强调拥有正确态度的重要性，可是很少有人真正明白积极态度对一个人的第一印象意味着什么。即使在特殊的情况下，你的积极态度也会对周围的人产生良好影响。遇事冷静而不烦躁会给你加分。如果与你说话的人自始至终保持一种积极向上的态度，那么你也便会觉得好感大增、信心百倍。

第七，主动跟对方打招呼。

俗话说："一回生，二回熟。"对于陌生人来说，当你先开口跟对方打招呼，也就意味着你将其置于一个较高的位置。以谦恭热情的态度去对待对方，一定能叩开交际的大门。如果你能用自信诚实的目光正视对方的眼睛，会给对方留下深刻的印象。

第八，报姓名时略加说明。

记忆术中有一种被称为"记忆联合"的方法，这是一种把一件事与其他事连在一起的记忆方法。初次见面的人利用这种方法可以加深他人对你的印象。比如你姓张，便可说："我姓张，张飞的张，不是文章的章。"这样加以说明，对方会认可你的幽默风趣，也会更容易记住你。

第九，注意自己的表情。

人心灵深处的想法都会形之于外，在表情上显露无遗。一般人在到达见面的场所时，往往只注意"领带正不正""头发乱不乱"等着装打扮方面的问题，却忽略了表情的重要性。如果你想给他人留下一个美好的第一印象，在见面之前不妨照照镜子，审慎地检查一下自己的面部表情是否跟平时不一样，如果过于紧张的话，最好先冲着镜中的自己笑一笑。

在这里需要提醒的是，万事万物贵在坚持，当你真正地坚持下去时，一定会发现意外的惊喜。

制造"一见如故"的感觉

交往之始，如果话说得好就能赢得陌生人的好感，进而更容易营造"一见如故"的氛围。

小金是上海一家文化传媒公司的经理秘书，负责接待从北京过来担任公司短期培训顾问的袁教授。在机场初次见面简单问好之后，小金说道："袁教授您肯定不常来上海，这几天我带您到几个著名的景点去逛逛，让您看看上海的新面貌……"袁教授表情冷淡地回应："不必了，我本身就是上海人，当初我在上海的时候你还没出生呢。"袁教授的反应出乎小金的意料，却又在情理之中。

小金本是好意，想要在初次见面时拉近双方的距离，营造出轻松、活跃的氛围，但她的第一句话拿捏得并不恰当，她的表达却没有让袁教授感觉到应有

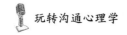

尊重和分寸。

试想一下，如果小金这样说，袁教授的反应还会跟之前一样吗："袁教授，您去过不少地方，见多识广，哪个城市给您留下的印象最深刻呢？不知道您对上海的评价怎样？您一路辛苦了，这几天的活动就交给我来安排吧……"显然，如果小金能在与袁教授初次见面时，运用更妥当的表达方式，接下来的接待过程将会顺利得多。

第一次见面时，双方还只是素不相识的陌生人，因此，整个互动实际上是一个敏感而充满疑虑的试探过程，第一句话也就显得尤为重要。这是打消对方的疑虑，增进双方信任感和安全感的关键点。卡耐基说："良好的第一印象是登堂入室的门票。"这里的第一印象，常常被理解为相貌、服饰、举止、神态，而最重要的一点——你和对方所说的第一句话却常被忽略掉。交往中的第一句话，绝不只是可有可无的寒暄。如果想在后面的交往过程中如鱼得水，不妨先说好你的第一句话。

怎样才能说好交往中的第一句话呢？最重要的一点当然是选择合乎时宜的内容，而这是一个动态的过程，需要结合对方的身份、年龄、偏好，以及你们之前的关系、当时所处的情境等方面综合考虑。有一些原则是通用的：首先你要带着真诚和热情开始你们的交流，你是否真心要建立起交流关系，在你开口说话之前，就能通过你的眼神为对方所感知；其次是要以尊重和包容为前提，无论对方和你处于怎样的情境和关系，尊重是你开口说话时应该带有的最基本的感情基调；再次是要带着兴趣去观察对方的特点、偏好，这有助于你有针对性地选择话题的方向。你可以考虑通过以下三种方式找出你们的第一个话题：

1. 从对方的地域找话题

一个人的口音就是一张有声的名片。我们可以从口音本身及其提供的地域信息引出很多话题。例如，从乡音说到地域，从地域说到他家乡的风土人情、名胜古迹等。

2. 从有关的物件中找话题

例如，客户办公室放有杂志，就可以从杂志找话题。还有一些物品是可以作为话题，用试探的口气来问的。比如，从询问对方拥有的某一产品的产地、价格等，以此为话题和对方搭讪，找到说话的机会。

3. 从对方的衣着穿戴上找话题

一个人的衣着、举止在一定的程度上可以反映出人的身份、地位和气质，同样可以作为你判断并选择话题的依据。比如，你所见的人开了一辆宝马，手上戴了一块劳力士，你就可以主动问："如果我没有猜错的话您一定是位商界中的佼佼者！"一语即出，对方会有几分吃惊地说："你真是好眼力！"紧接着，很多与企业生产、经营有关的话题就可以谈了。即使你猜错了也不要紧，因为你把他看成企业家本身是高看他，对方心里也会高兴，并会礼貌地说出自己的真正身份。

另外，在开始交流时充分运用你的肢体语言，也会让你收到意想不到的效果。除了说话的内容以外，在这里，我们要推荐一些关于说话时的神情、动作、语气语调的有用的准则。

（1）运用腹腔呼吸，不要用胸腔来呼吸，这样声音才会有力；

（2）说话时把声调放低，这样听起来平稳、和谐，也更显得魅力十足；

（3）多说"我行""我可以""我能做的""我会做好的"之类有信心的话，你的感觉会变得更好，别人也会增加对你的信心；

（4）说话时配合一些手势，眼睛看着对方，并面带微笑，这样可以增强语言的感染力。

另外，也有一些需要注意的方面，它们是在表达中绝对应该避免的：

（1）说话吞吞吐吐、结结巴巴，总带有"嗯""啊""这个"之类的赘词；

（2）在话语中间插入一些"你知不知道""我对你说"这样的话，这样便打断了话语的连贯性；

（3）说话高声大叫，把气氛搞得很紧张；

（4）说话像开机关枪，毫不停顿，结果弄得接不上气，搞得对方很难受；

（5）说话时总喜欢夹杂几个外语单词，更严重的是中文、外文一块说，让人觉得有卖弄之嫌。

当你掌握了这些技巧后，就掌握了人际交往的主动权。

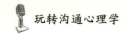

沟通伊始，恰当地称呼他人很重要

沟通伊始，恰当地称呼别人十分重要，一个恰当的称呼可以叫到别人的心坎里，让别人更容易接受你；而不恰当的称呼则可能让别人的心里不舒服，进而影响接下来的交往。

在社交中，称呼是必不可少的。在职场交往中，人们对称呼是否恰当十分敏感。尤其是初次交往，称呼往往影响交际的效果。有时因称呼不当会使交际双方发生感情上的障碍。不同时代、不同国家、不同地区、不同社会集团之间都有不同的称呼，但也有共同的称呼，如，太太、小姐、女士、先生。因此，你必须懂得恰当地称呼别人，这样别人才会感到舒服，进而增进双方的感情。

有一位善于交际的朋友，在很多场合，他都能结识很多新人。他是怎么做的呢？他对比自己小的年轻人总是很亲切地直呼其名，并以亲如兄长般的态度赢得小弟、小妹们的尊敬与喜爱。即使在他住院期间，他也能与医务人员打成一片。他曾说："与人交往中，首先要学会恰当地称呼人，这样才能使人对你产生好印象。"

事实确实如此，就拿找人来说，你如果说："喂，总经理在哪里？"被问的人肯定不会理你。如果你礼貌地说："你好，请问王总去哪了？"那他则会很高兴地告诉你。

此外，在交往中，称呼要合乎常规，要照顾到被称呼者的个人习惯，同时，还要注意入乡随俗。而根据场合，称呼又可以分为工作中的称呼和生活中的称呼两种，在具体实践中各有不同。

在日常生活中，称呼应当亲切、自然、准确、合理。

在工作岗位上，人们彼此之间的称呼是有其特殊性的，应当庄重、正式、规范。

在工作中，最常用的称呼方法，就是以交往对象的职务相称，以强调其特殊身份及自己的敬意。比如："陈总（经理）""王处长"等。

对于具有职称者，尤其是具有高级、中级职称者，可以在工作中直接以其职称相称，如"侯教授""张工（程师）"等。而以头衔作为称呼，则能增加被称呼者的权威性，更加有助于增强现场的学术气氛，如"陈博士"等。

使用称呼还要注意主次关系及年龄特点。如果对多人称呼，应以先长后幼、先上后下、先疏后亲的顺序为宜。如在宴请宾客时，一般要按女士、先生、朋友们的顺序称呼。使用称呼时还要考虑心理因素。

客气的称呼会使对方感到愉快。在有些场合，如果你适当地喊出对方的名字，更会使人感到亲切愉快。

与重要人物见面，说话时阵脚不可乱

重要人物也是人，与重要人物见面时首先要克服羞怯畏惧的心理，说话的时候才能不自乱阵脚。

很多人都有这样的困扰——在生活或工作中遇上了名人、领导或者对自己有用的重要人物，心里十分想迅速接近他们，进行一场融洽的交谈，但始终找不到一个突破点，或者交流过程中总觉得非常僵硬。其实，与这些重要人物交流也有一定的技巧。"大人物"也是人，他们也有和平常人一样的感情世界。

所以，与这些重要人物交往，不要有羞怯畏惧的心理，只要真正表现你内心的意思，你就能与任何重要人物开口说话。这一点是与重要人物交往最基本的要领。当然，要想顺利地与这些人进行交谈的话，我们还需要对不同类型的重要人物进行了解与分析，做足准备工作。

1. 与名人说话

名人往往比寻常人有更多的成就，而且也有私人的嗜好。当你准备去拜访某位名流时，你可以预先就谈话内容做点儿准备。

遇到有名的作家、诗人、画家、音乐家等从事创作的人，我们可以准备一些他们感兴趣的话题来与他们探讨，因为这类人往往有广泛的兴趣。他们在社交场合或许不活跃，但往往也有启发人们思想的独到之处。与他们讨论一些问题，可以让他们将独特的见解表达出来。与这些人交谈，必须耐心，不要轻易动怒，也不要太热切，要温和、冷静和体贴。

名气一般的名人，总是生活在情绪不稳定的状态中，内在的恐惧使他们脆弱敏感，稍有疏忽就会激怒他们，而且他们也容易傲慢。因此，他们绝对需要

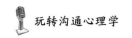

你的尊重和顺从。名气越小，对于亲切、尊重的需要也就越大。

对过气的名人，最好采取迂回的战术，即通过第三者来了解他。你的开场白应当是积极的。而类似于"这些日子以来你是如何打发时间的啊""我们很久没有见你在公众场合露面，你去哪儿了"，这些话等于当头泼他的冷水，是十分不可取的。

在多数情况下，与名人谈孩子是不会错的。从孩子入手，谈话就很好进行，但要注意话题不要扯得太远，要适可而止，更不要试图打探别人的隐私。

2. 与专业人士说话

在社交场合中，我们不宜向各种有地位的专业人士要求提供免费的建议。即使你的问法很有技巧，那也是一种冒犯。你问得再有技巧也瞒不过专业的眼睛。各界专业人士的职务便是向他们的客户出售商品。我们应该在他们工作的时候征询各种建议。

与重要人物说话，最基本，也是最重要的是自然和真诚。有些人看到名人、富人等大人物只是一味地说些奉承话和空话，这是不能和对方交流愉快的。面对这些重要人物，你大可不必紧张，所谓的"重要人物"也像普通人一样，抵不过疲倦，也承受不住伤害。

首次拜访客户时的开场技巧

一次成功推销的关键就在于刚开始的几十秒，无论是想让客户接受你，还是接受你的产品，都应该在一开始就吸引客户的注意力，抓住客户的心，这样客户才会有兴趣跟你谈下去。

很多推销员接触客户的时候，经常会发现客户仍在忙着其他的事情，根本没有兴趣听下去。在这个时候，如果不能尽快抓住客户的心，那么这次推销几乎就失败了。

依照销售心理学的分析，最好的吸引客户注意力的时间就是在你开始接触他的前 30 秒，只要你能够在前 30 秒内完全吸引住他的注意力，那么后来的销售过程就会变得轻松。因此，你最好设计一个在 30 秒内就能吸引对方的开场白，而这个开场白可以是你提出的一个他们感兴趣的问题。

福克兰是美国鲍尔温交通公司的总裁。在他年轻的时候，由于他成功地处理了公司的一项搬迁业务而青云直上。当时，居民中有一位爱尔兰老妇人不愿意搬走，于是联络了许多邻居，决心与对方对抗到底。如果当时通过法律程序来解决纠纷，不仅费时费力，而且还要花费许多钱。福克兰向总裁请缨，准备亲自出马，把自己的方案彻底地"推销"给老妇人。

　　当福克兰找到这位老妇人时，她正坐在房前的石阶上。福克兰故意在老妇人面前忧郁地走来走去，以引起老妇人的注意。果然，老妇人开口说话了："年轻人，你有什么烦恼？"福克兰并没有直接回答老妇人的问题，只是说："您坐在这里无所事事，真是太可惜了。我知道您具有非凡的领导才干，可以成就一番大事业。听说这里将建造一座新大楼，您何不劝劝您的邻居们，让他们找一个更好的地方永远安居乐业下去呢？这样大家都会记住您的好处的。"福克兰这几句看似轻描淡写的话，却深深打动了老妇人的心。不久，她就到处寻觅住房，指挥她的邻居搬迁，而公司仅付出了原来预算成本的一半数目。

　　由此看来，在与客户交谈的时候，能够一开始就抓住客户的心很重要，只有这样，谈话才有可能继续下去。如何才能一开始就抓住客户的心呢？以下是几种常用的方法。

　　提及客户现在最关心的问题：听您的朋友提起，您现在最头疼的是产品的废品率很高……

　　谈到客户熟悉的第三方：您的朋友某某介绍我与您联系，说您最近想添置几台电脑……

　　赞美对方：他们说您是这方面的专家，所以也想和您交流一下……

　　提起对方的竞争对手：我们刚刚和××公司有过合作，他们认为……

　　用数据引起客户的兴趣和注意：通过增加这个设备，可以使您提高50%的生产效率……

　　有时效性的说法：这个活动能给你节省很多经费，活动截止到12月31日，所以应该让您知道……

　　上面这几种方法，可以交叉使用，前提是要根据当时的实际情况。当然在与客户交谈的时候，首先一定要以积极乐观的语气对客户表达问候。

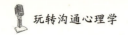

另外，我们在初次面对客户的时候，最好抓住客户的心理，以方便我们进行下一步的行动。

1. 多说"我们"少说"我"

销售人员在说"我们"的时候，会给对方一种心理暗示：销售人员和客户是站在一起的，是站在客户的角度想问题。虽然它只比"我"多了一个字，但却多了几分亲近。

2. 看对象说话

这一点应该非常好理解。遇到年轻的客户，就用年轻人的说话方式；遇到年长一些的客户，就用跟年长者说话的方式。这样才能跟客户进行有效的沟通。

3. 不要怕说"对不起"

当客户讲述他们的问题时，他们等待的是富有人情味的明确反映。面对顾客的投诉，最好首先表示你的歉意，若要以个人名义道歉的话，就要表现得更加真诚，并且明确告诉他你将尽个人最大努力帮助他，直到他满意为止。

4. 感谢，感谢，再感谢

对顾客说再多的感谢也不过分。遗憾的是，"谢谢""荣幸之至"，或者"请"这类字眼在推销中已经用得越来越少了。尽可能多使用这些词，并且把"谢谢"作为你与顾客交往中最常用的词。

·第二章·

光环效应
——运用语言魅力，展示自己的优势

光环效应是指对他人直觉上的一种偏差倾向，当一个人对另一个人的某些主要品质有个良好的印象之后，就会认为这个人的一切都良好，这个人就被一种积极的光环所笼罩。反之，则被赋予其他不好的品质。在日常生活中，光环效应往往在悄悄地影响着我们对别人的认知和评价。比如有的老年人对青年人的个别缺点，或衣着打扮、生活习惯看不顺眼，就认为他们一定没出息；有的青年人由于倾慕朋友的某一可爱之处，就会把他看得处处可爱，真所谓一俊遮百丑。将光环效应用在口才艺术上，就要求我们在与人交往过程中尽可能展现自己的口才优势，以出众的口才在自己头上形成一道光环，从而让对方对自己的各方面都做出肯定的评价。

展示自己的优势

口才好、能说会道的人往往能在与人交流中更好地展示自己，无形中抬高自己的身价，给别人更深刻的印象。

"味甘而补，味苦而清，药辛发散解表，药酸宁神镇静。任何事物都有它不同的特点，也有它不同的作用。"听到这样的话语，你会有什么样的感觉呢？我们一定认为，不是医生还懂医药知识，真不简单。可以说，在谈话中，适度、自然地引用一些具有文化色彩的词汇，能起到改善自己形象的作用。

在日常交际中，关键在于感觉。对方感觉好，就会看好你。

英国某知名作家的儿子只有 16 岁，可他在随父亲与丘吉尔见面时，竟当了一次首相的"语文老师"。他回忆了 1949 年在"玛丽亚王后"客轮上难忘的一幕：

　　那天，我跨进丘吉尔的舱房时还有点迷迷糊糊。我如释重负地发觉丘吉尔不在房内。客人很多，丘吉尔夫人开始替人做介绍，这时屋里一下肃静下来。我转身一看，丘吉尔本人竟站在屋里，抽着一支硕大无比的雪茄烟。他穿着我从未见过的奇怪服装，是条灰色的连衣裤，用类似帆布的料子做成，前面是条直通到底的拉链。后来我才知道，这是他在大战时的战地服装。

　　他从人群中走过，边走边同人握手致意。接着他挽住我父亲的胳膊，大步走到屋子的另一头。就在这时，丘吉尔恰巧朝我的方向瞥了一眼。他莞尔一笑，招手示意我过去。我走到他们跟前时，父亲迅速对我使了个眼色，我不会误解其含义：你必须绝对沉默！

　　丘吉尔谈起他在密苏里州的富尔顿大学所做的演讲，他在这次演讲中首先使用了"铁幕"一词。我父亲说："你的预言又一次实现了。英国和西方之间存在着可怕的分歧，你准备怎么做呢？"

　　丘吉尔没有立即回答。他看了我一眼，仿佛在看我是否听得懂这番话。接着他扫视了一下屋里的其他人。"哦，现在，"他提高声音，字斟句酌，一字一顿地吐出下面的话来，仿佛在议会中发表演说似的，"现在，你是在要求我踏上把陈词滥调和信口开河分隔开的那道鸿沟上的独木小桥。"

　　人们哄堂大笑。自从进屋后，我还是第一次感到自在。我感到如此自在，竟不觉开口说话了。我问道："丘吉尔先生，如果俄国人研制成原子弹，你认为他们使用它时会犹豫吗？"

　　我父亲眨了眨眼睛，猛地一晃脑袋，盯着我看。我立刻后悔自己不该多说话。可是丘吉尔似乎挺高兴。他说："嗯，那得视情形而定，不是吗？东方可能会有 3 颗原子弹，西方则可能有 100 颗。但是，假如反过来呢？"我父亲刚要开口，可丘吉尔继续只顾自己往下说。"你明白——"他照旧字斟句酌，一字一顿，声音逐渐增大，"你明白——就原子弹而言（屋里又安静下来）这全是一个——"

　　他似乎想不出精确的词来圆满阐述他的想法。我当时没看出他仅是在等待屋里所有的人都凝神静听，却只觉得丘吉尔忽然苦恼不堪地没有能力表达自己的意思，而我父亲不知为何并不打算去救他出困境。

"先生，"我说，声音似乎嘶哑了，"你的意思是不是说，这全是一个均衡的问题？"

我父亲睁大了眼，惊慌地凑上前来，可是丘吉尔举起一只威严的手，拿那支令人敬畏的雪茄指着我说："就是这词儿，千真万确！'均衡'是个很好的词，可是无论在战争时期还是和平时期，这个词经常被人遗忘。年轻人，你每天早上一醒来就该说这个词，每次站在镜子前刮胡子时，就该对自己说这个词。"

听了这番话，我的头晕了。我看出父亲不再生我的气了，不觉释然，于是得意扬扬地默默静听他们继续交谈……

这个孩子并非什么博学之辈，关键是他敢于说话。其实只是个风险不大的问句而已，却非常抢眼，给全场留下了深刻印象。

让别人折服于你的语言魅力

顺着人心说话的效果可说是事半功倍。顺着人心说话能让你凭借三寸不烂之舌就征服别人，让别人拜倒在你的语言魅力下。

一般来说，一个人的性格特点往往通过自身的言谈举止、表情等表现出来。快言快语、举止简洁、眼神锐利、情绪易冲动的人，往往是性格急躁的人；直率热情、活泼好动、反应迅速、喜欢交往的人，往往是性格开朗的人；表情细腻、眼神稳定、说话慢条斯理、举止注意分寸的人，往往是性格稳重的人；安静抑郁、不苟言笑、喜欢独处、不善交往的人，往往是性格孤僻的人；口出狂言、自吹自擂、好为人师的人，往往是骄傲自负的人；懂礼貌、讲信义、实事求是、心平气和、尊重别人的人，往往是谦虚谨慎的人。当我们面对不同性格的谈话对象时，一定要具体分析，区别对待。比如对待傲气十足的人，如果他把面子看得很重而讲究分寸，你不妨从正面恭维入手。

不过，这并不是要你做一个没有"自我"的人，如果你真的如此，那你就成为别人的影子了。"顺着人心"只是方法，而不是目的，你如果能熟练地运

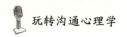

用这个方法，别人就会在不知不觉之中受到你的影响，甚至接受你的意志。那么，如何顺着人心说话呢？

1. 倾听

很多人都有发表欲，如果他在社会上已有一些成就，更有不可抑止的发表欲，当他滔滔不绝的时候，你就做一个倾听者。一则，你的倾听可以满足对方的发表欲，他一满足，对你就不会有恶感；二则，你可在倾听中了解他的个性和观念。然后，你要顺着他的谈话，发出"赞同声"，还可以在恰当的时机提出一些问题让对方说明。如果你这样做了，你便能赢得对方的好感，甚至使对方更加相信你。

2. 不要辩论

如果对方说的话你不同意，你也不要辩驳。即使你们是好朋友，如果你和他的交谈另有目的，也不宜和他辩论，因为有些事情并不能辩明白，而且很可能越辩越气，最后不欢而散；如果你辩倒对方，那更有可能造成关系的中断！

3. 称赞

喜欢赞美是人类的天性，其实赞美也是一种爱抚。赞美什么呢？你可以赞美他的观念、见解、才能、家庭……反正对方有可能引以为荣的事情都可以赞美，话虽不多，效果却非常惊人。

诸葛亮对关羽，便采取此法。马超归顺刘备之后，关羽提出要与马超比武。为了避免二虎相斗，诸葛亮给关羽写了一封信：我听说关将军想与马超比武。依我看来，马超虽然英勇过人，但只能与翼德并驱争先，怎么能与你美髯公相提并论呢？再说将军担当镇守荆州的重任，如果你离开了，造成损失，罪过有多大啊！关羽看了信以后，打消了入川比武的念头。

4. 引导

这是最重要的方法，如果你另有目的，尤其需要"引导"这一招。也就是说，你要在对方已经满足时，再把你的意思表现出来，但表现的方式还是要顺着人心，不要让对方感到不快，例如你应该说"我很同意你的观点，不过……"或"你的立场我能了解，可是……"，先站在对方的立场，再提出自己的观点，把对方的意志引到你希望的地方去。

这样的方法可以用于平时与人相处，可以用于说服别人，也可以用于带领下属，效果事半功倍。

巧用妙语，打好圆场

巧妙地说话，其实就是打好圆场。想要事事有个圆满的收场，就得锻炼自己的口才，提高自己的"语商"。

不管做什么事情，我们都渴望能有个圆满的收场，这就需要我们平时多多读书，多多磨炼，头脑充实，机智敏捷，反应灵活，并且平日持之以恒。与此同时，还要注意培养敏捷的表达能力，以及逻辑与语言修辞素养。

有一个销售员在一家百货商店前推销他那些"折不断的"梳子。为了消除围观者的怀疑，他捏着一把梳子的两端使它弯曲起来。突然间，那把梳子啪的一下断了，销售员顿时惊得目瞪口呆。这个时候，只见他把它们高高地举了起来，对围观者的人群说："女士们，先生们，这就是梳子内部的样子。"

如果一个人平时总是思考如何应付复杂的局面和临场突发情况，临战自然不会仓促和不知所措。

有一个卖瓦盆的人，为了能够早点把瓦盆卖出去，便当着顾客的面用旱烟锅子敲了起来。他边敲边喊："听这瓦盆啥响声啊！"可是，令他意想不到的是瓦盆被敲破了。旁边看热闹的人忍不住笑出了声。他忙指着瓦片对身边的人说："你们看这瓦茬子，棱是棱，角是角，烧得多结实呀。"

参加面试时，主考官所问的问题并不一定有什么标准答案，只要能自圆其说便算是成功。

有一个年轻的小伙子来面试，主考官问了一个问题："你为什么要离开现在的企业。"他回答："在那家企业没有前途。""那么怎么样才算有前途？"主考官接着问。"企业蒸蒸日上，个人才能得到不断提高和发展。""你们公司的产品在市场上的占有率名列前茅，员工收入也很高，这是有口皆碑的，怎么能说在这个企业没有前途呢？"这位求职者被问倒了，为什么会出现这种情况呢？那是因为他不清楚随着问题的不断深入，他先前的论点将无法成立，这样就不能自圆其说了。

我们常常会遇到这样的提问，"你最大的优点是什么"和"你最大的缺点是什么"。这两个问题看起来很简单，可是要回答好却不是一件容易的事情，因为接下来主考官有可能会问："你的这些优点对我们的工作有什么帮助？你的这些缺点会对我们的工作带来什么影响？"然后还可能层层深入，"乘胜追击"，求职者是很容易陷入不能自圆其说的尴尬境地的。几乎所有的面试问题都有可能被主考官深化和挖掘，所以在回答问题之前一定要先考虑周到，然后再给予回答，这样才不至于使自己陷入被动的局面之中。

在日常生活中，我们不需要自夸，但在某些场景中，便需要好好运用自己的口才，把话说得巧妙高超。

说话要扬己之长，避己之短

平时说话要懂得扬长避短的道理，多说一些自己的长处，少说一些自己的短处。

古人云："梅须逊雪三分白，雪却输梅一段香。"在常人的眼睛里，每个人或多或少总会在某方面存在一定的缺陷，就算是伟人也毫不例外：拿破仑矮小、林肯丑陋、罗斯福小儿麻痹，而这些都没有阻挡他们极其辉煌自信的一生。

瑞士银行中国区主席兼总裁李一，在1988年最初去美国迈阿密大学留学时，学的是体育管理专业。他发现那是"富人玩的游戏"，于是在离毕业还有半年时，毅然报考沃顿商学院。

美国沃顿商学院是世界首屈一指的商学院，李一考得并不轻松，前后面试了三次，仍没结果。最后一次面试，他干脆在考场上直截了当地问主考官："如果我没有被录取，最可能的原因是什么？"

"很可能是因为你没有工作经验。在美国，商学院录取的前提条件是要有商务工作经验。"

李一做出的反应不是承认自己的不足，或者是如何改变自己的缺点，而是立刻反驳："按你们的招生材料所说，沃顿作为世界最优秀的商学院，肩负着培养未来商务领袖的重任。但世界各国发展很不平衡，如果按你们现在的做法，商务成熟的国家会招生特别多，像中国这样的发展中国家可能一个也不招，这跟沃顿商学院的办学宗旨是自相矛盾的。"

出人意料的是，李一的反驳得到了主考官的欣赏。面试出来后，招生办主席秘书给李一打了一个电话："主席对你的印象特别好，说你很自信，与众不同。"后来，在当年52个申请该校的学生当中，李一成为唯一被沃顿商学院录取的中国学生。

李一的自信赢得了考官的欣赏，为自己铺垫了人生道路上的一块重要基石，更重要的是，他战胜了自己，他能够扬长避短，主动出击。著名管理学家德鲁克博士曾在1999年的《哈佛商业评论》中发表观点：对于一个集体，需要克服的是"短板定理"；而对于个人，发挥自己的长处，比努力去补齐短板更为重要。

我们都知道田忌赛马的故事，对手的每一匹马都有相对应的绝对优势。没有关系，不需要补齐短板，只要注重自己能够形成优势的策略，简单地进行以长击短的顺序调整：上等马对中等马，中等马对下等马，下等马对上等马，就能获得完全不同的结局。

其实，每个人都有自己的可取之处。你也许不如同事长得漂亮，但你却有一双灵巧的手，能做出各种可爱的小工艺品；你现在的工资可能没有大学同学的工资高，不过你的发展前途却比他的广阔，等等。这并不是一种吃不到葡萄就说葡萄酸的心理，因为世界这么大，永远没绝对的好，只有相对的好，永远没有绝对的失败，而只有相对的成功。

这世界上的路有千万条，但最难找的就是适合自己走的那条路。每一个人都应该努力根据自己的特长来设计自己的路，量力而行，根据自己的环境、条件、才能、素质、兴趣等确定发展方向。不要埋怨环境与条件，应努力寻找有利条件；不能坐等机会，要自己创造机会；拿出成果来，获得了社会的承认，事情就会好办一些。每个人都应该尽力找到自己的最佳位置，找准属于自己的人生跑道。当你事业受挫了，不必灰心也不必丧气，相信坚强的信念定能点亮

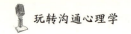

成功的灯盏。

每个人都有自己的特质和特长，所以不要怀疑自己，更不要轻易地否定自己。认清你自己的优势与弱点，如果你身上有暂时或是永远无法补齐的"短板"，那么就吸引别人注意你身上的闪光之处。每个人都有自己的发光点，只要你善于利用，就能扬长避短，形成制胜的优势。

人际交往之始，如何说能让自己鹤立鸡群

熙熙攘攘的人群中，有人虽然只是飘然而过，却让你久久回首，难以忘记；社交聚会中，每个人都明艳照人，使尽浑身解数博取注意力，而有人却独领风骚，这和他们的说话方式不无关系。

在角色多如牛毛的社会舞台上，总有一些人一出场就能赢得满堂彩，一抬手、一顿足就能显出与众不同，惹人注目。我们大多数人，仿佛注定了默默无闻，我们的平凡无奇，仿佛是无力改变的。你甘心一辈子只做"绿叶"吗？你难道不想当一回社交圈中的明星，风光一回吗？你难道不想让别人对你过目不忘、艳羡不已吗？

以下就是令你轻轻松松"鹤立鸡群"的一些秘诀，只要你真正掌握，并举一反三，就能实现这个愿望。

1. 说话时善用手势，令别人对你过目不忘

令别人对你过目不忘的第一秘诀是妙用手势。手势是人际交往中不可缺少的动作，是最有表现力的一种"体态语言"。手势语言，可以使所说的话给人以立体感、形象感，帮助对方理解所说内容；还能强化所要表达的感情，激起对方的共鸣；手势语言还能传达有声语言所不能很好传达的微妙感情，令一切尽在不言中；同时，还有助于自己在交谈中做到同步思考。

总之，手势若使用恰当，不仅能很好地表情达意，而且能增加你的社交魅力，突出自己的个性。研究证明，人们更容易记忆自己亲眼看到的动作，而对听到的声音，则因情、因境、因人各有不同。所以，在说话时巧妙地使用手势，更容易给对方留下深刻的印象，令人对你过目不忘。

恰当地运用手势，可以使你的形象更加生动鲜明，但是，手势的使用应该

以帮助自己表达思想为准绳，不能过于单调重复，也不能做得过多。反复做一种手势会让人感觉你的修养不够，甚至觉得有些神经质；不住地做手势，胡乱做手势，更会影响别人对你说话内容的理解。所以，手势要用得恰到好处，有所节制，否则，就会产生适得其反的作用。

2. 谈话时利用记事本

也许，你和同事小王每天做同样的工作，拿同样高的薪酬，取得一样的成绩。可是，不知为什么，小王好像就是比你成功，至少，别人是这样以为的，有时，你也会有同感。为什么呢？原来，"成功"不仅是实质的工作、薪酬和成绩，对别人来说，"成功"更加来自你的社交形象，你在社交中能展示"成功"的一些小细节，而在这些细节表现当中，最具效果的，莫过于随时利用记事本这一道具。

与人约定时间时，人们一般会有两种反应：一种是表示什么时间都可以，而另一种则表示要翻一翻记事本，看看哪个时间可以。常常，对于第一种"友好和善"的人，我们会不置可否；而对于"不近人情"的后者，反而印象深刻，认为对方一定是一个业务繁忙的成功人士。

在人们心目中，成功人士都是很忙的，日理万机，所有的日程一般在几天前就已订好，而且由于所见的人物都非同寻常，要处理的也都是重大事项，不能随便更改。所以，如果你有这些细节表现，也会给人留下好印象，养成习惯后，也会慢慢走向成功。

3. 令你魅力倍增的说话方式

急事，慢慢地说。

遇到急事，如果能沉下心思考，然后不急不躁地把事情说清楚，会给听者留下稳重、不冲动的印象，从而增加他人对你的信任度。

小事，幽默地说。

尤其是一些善意的提醒，用玩笑话讲出来，就不会让听者感觉生硬，他们不但会欣然接受你的提醒，还会增强彼此的亲密感。

没把握的事，谨慎地说。

对那些自己没有把握的事情，如果你能措辞严谨地说出来，会让人感到你是个值得信任的人。

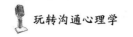

没发生的事，不要胡说。

人们最讨厌无事生非的人，如果你从来不随便臆测或胡说没有的事，会让人觉得你为人成熟、有修养，是个做事认真、有责任感的人。

做不到的事，别乱说。

俗话说"没有金刚钻，别揽瓷器活"。不轻易承诺自己做不到的事，会让听者觉得你是一个"言必信，行必果"的人，愿意相信你。

伤害人的事，不能说。

不轻易用言语伤害别人，尤其在较为亲近的人之间，不说伤害人的话。这会让他们觉得你是个善良的人，有助于维系和增进感情。

伤心的事，不要见人就说。

人在伤心时，都有倾诉的欲望，但如果见人就说，很容易使听者心理压力过大，对你产生怀疑和疏远。同时，你还会给人留下不为他人着想，想把痛苦转嫁给他人的印象。

别人的事，小心地说。

人与人之间都需要安全距离，不轻易评论和传播别人的事，会给人交往的安全感。

自己的事，听别人怎么说。

自己的事情多听听局外人的看法，一则可以给人以谦虚的印象，二则会让人觉得你是个明事理的人。

尊长的事，多听少说。

年长的人往往不喜欢年轻人对自己的事发表太多的评论，如果年轻人说得过多，他们就会觉得你不是一个尊敬长辈、谦虚好学的人。

4.令你魅力倍增的说话主题

谈谈梦想。假如你对别人说："我希望将来能住在国外，最好在澳大利亚买一个农场……"虽然有人会觉得你幼稚无知，但多数人都会觉得你天真可爱，充满了浪漫的生活情趣。

假如你的梦想是你的人生目标和事业规划，那别人就会觉得你这个人不同寻常，拥有远大目标，总有一天会梦想成真、出人头地。而且，与有梦想的人在一起，人们也会感染他们的积极、乐观和热情，因此，也会乐于和他们接近、交往。

来点幽默。具有幽默感，不仅能给你的事业带来极大的好处，而且会使你更有魅力。幽默可以消除紧张情绪，创造一种轻松愉快的工作氛围，从而使你的事业更为成功。它同样也是塑造完美社交形象的一个因素，每当面临人际选择时，绝大多数人都愿意与那些有幽默感的人打交道。

在当今社会中，竞争异常激烈，人际关系日趋复杂，人们的压力和紧张情绪比任何时候都明显，许多人灰心丧气、精神抑郁。在这种时候，幽默感就显得越来越重要。如果你天生就有幽默感，那一定要发扬它，这会令你的社交魅力倍增，人们因此乐于与你共事。

初进职场，怎样说能让自己脱颖而出

在当今竞争激烈的职场中，一个新人要实干，也要在说话上多注意，利用说话让自己在同事中脱颖而出。

1. 说清细节

人的精力有限，生活中的一些不起眼的小事、微不足道的趣闻、某大作中的小人物，往往被人们忽略和忘记了。如果你能在交往的节骨眼上与别人清楚地谈起，别人就会以为你学富五车、才高八斗。如果你说"我市有 300 多万人口"，别人并不怎么留下深刻印象。假若你知道人口数是 301.2 万，那么就请你将这带尾数的数据一气说出。这样的话，别人就会被你的严谨所折服。

2. 用万能的形容词

有许多描述词句都能运用到任何事物上。当被问及你对一本著作、一部影片或者一段音乐的看法时，你也许对它一无所知，这时就可以说"我更喜欢他（作者）此前的作品"，或者"我更喜欢他以后的作品，因为那些更成熟"。

3. 发表难以辩驳的观点

在交谈中，肯定有人会转向你，并询问"您的看法呢"，你此刻也许并不想说出你的真实想法，因为你的注意力根本就不在这儿。这时，可以用三种与任何主题都有关而又不产生矛盾的说法作为你的观点："这得依情况而定""也不能一概而论""在不同的情况下也许就不是这样了"。

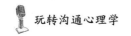

学会保持神秘感

人们总说，得不到的东西是最好的，在没有得到之前，总有丰富的想象空间和追逐目标的快乐过程。狮子般的人一旦与人亲近，便失去了威严。这就是重要人物总是为保持神秘感，减少在公众场合的露脸次数的原因。所以保持适当的神秘感，会让你更有吸引力。

有一种情况最适用于恋爱中的人。心理学中有一种升值规律，即越是得不到的东西，越是朝思暮想。两个刚认识不久的人一定会非常迫切地希望知道对方的事情，尽管这是理所当然的愿望，却也会造成不利局面。对方一旦了解你的全部事情，对你的兴趣也会随之急速下降，因此，要使每次约会都有新鲜感并使他对你持续抱有兴趣，一定要在恋爱期间保有一点神秘感。

不要说太多关于自己的事情，如果从自己出生开始到现在的一切，你都对他说得一清二楚，那你对他就根本没有神秘感可言。因此，若提到自己的事，也要坚持不说某一时期或某些话题，留出一段空白。

他若邀请你外出游玩，不妨告诉他，你很想去，可惜已有其他约会。这种做法，必然会激发他对你的兴趣，男孩子大都喜欢去追一个炙手可热的女孩，竞争者愈多，他愈感到兴趣盎然。得到这样的女孩，他才会觉得越荣耀。没有人在意的女孩，男孩子很少会感兴趣的。

绝对不让他送到家门口。男女约会后，通常男方会送女方回家。这时候你可以特别指定只让他送你到车站或巷口，且绝对不跟对方说明理由。这种做法也能制造神秘感。

保持神秘感，并不是指拉远距离，隔着十米远说话。保持神秘感，是要注意保持合适的距离。

一位心理学家做过这样一个实验。在一个刚刚开门的大阅览室里，当里面只有一位读者时，心理学家就进去拿椅子坐在他的旁边。试验进行了整整80人次。结果证明，在一个只有两位读者的空旷的阅览室里，没有一个被试者能够忍受一个陌生人紧挨自己坐下。这个实验说明了人与人之间需要保持一定的空间距离。任何一个人，都需要在自己的周围有一个自己能把握的自我空间，它就像一个无形的气泡一样为自己划分了一定的区域。而当这个自我空间被人触犯就会感到不舒服，不安全，甚至恼怒起来。

我们看到，这样的距离是让人不能承受的，它侵犯了人的私密空间。以下是专家提醒我们的正常的交往范围。

亲密距离：近范围是 15 厘米之内；远范围是 15～44 厘米。这是人际交往中的最小间隔，即我们常说的"亲密无间"，彼此间可能肌肤相触，耳鬓厮磨，以至相互能感受到对方的体温、气味和气息。远范围身体上的接触可能表现为挽臂执手，或促膝谈心，仍体现出亲密友好的人际关系。

个人距离：近范围是 46～76 厘米；远范围是 76～122 厘米。这是人际间隔上稍有分寸感的距离，较少的身体接触，能相互亲切握手，友好交谈，这是与熟人交往的空间。

社交距离：近范围为 1.2～2.1 米；远范围为 2.1～3.7 米。这个距离体现出一种社交性或礼节上的较正式关系。一般在工作环境和社交聚会上，人们都保持近范围的距离。不同的情境、不同的关系有不同的人际距离。距离与情境和关系不相对应，会明显导致人出现心理不适感。

公众距离：近范围约 3.7～7.6 米；远范围在 7 米之外。这是公开演说时演说者与听众所保持的距离。这是一个几乎能容纳一切人的"门户开放"的空间，人们完全可以对处于空间的其他人视而不见，不予交往。这个空间的交往，大多是当众演讲之类，当演讲者试图与一个特定的听众谈话时，他必须走下讲台，使两个人的距离缩短为个人距离或社交距离，才能够实现有效沟通。

如果你在保持良好的人际关系的同时，想要得到更多仰望的目光，那么就要掌握与人保持适度距离的技巧。距离产生的神秘光环一定会让你更加富有吸引力。

·第三章·

逆反心理
——任何强迫感都会伤害人的自尊

逆反心理是指，人们彼此之间为了维护自尊，而对对方的要求采取相反的态度和言行的一种心理状态。生活中常会发现个别人"不受教""不听话"，常与别人"顶牛""对着干"。这种与常理背道而驰，以反常的心理状态来显示自己的"高明""非凡"的行为，往往来自于"逆反心理"。 为了避免激起别人的逆反心理，我们说话时要注意语气、语调与用词。尽量避免使用命令的辞令，每个人都不喜欢被命令、被驾驭、被强迫或被规定做任何事。有些词像"应该""必须""务必""一定"等，都是激起反抗情绪的祸源，命令会引起抗拒的心理。相反，应该以征求同意的方式。尽量使用"我们"，而不要使用"你"或"你们"。千万不要硬碰硬，你最好说出你的道理、想法、观念、意见、理想和问题。尽量避免使用那些容易引起摩擦的文字，以免造成不愉快。

示弱的话让你赢得别人的同情

弱者更能引起别人的同情，同样地，说一些示弱的话更容易打动人心。

示弱的话能够引起他人的同情，从而打动人心。在日常生活中，巧用悲切的、示弱的语言，与对方拉近距离，使对方产生"同命人"之感，从而唤起对方的同情，也不失为说服人的一个好方法。

说示弱的话，是有技巧的，你不妨试试下面的方法。

1. 把不幸形象化、具体化

把不幸形象化、具体化是指避免直接、抽象地陈述不幸者所承受的痛苦，而将这些痛苦形象化，使之成为人们可感可触的东西。

因为抽象的表述再翔实也无法充分调动人们复杂丰富的感受，只有当这些不幸和痛苦凸显化、立体化，成为可感可触的东西时，人们才会产生联想，才会有真切的体验，内心的同情与感动才会被激发出来。

一个寒冷的冬天，纽约一条繁华的大街上，有一个双目失明的乞丐。乞丐的脖子上挂着一块牌子，上面写着："自幼失明。"

有一天，一个诗人走近他身旁，他向诗人乞讨。诗人说："我也很穷，不过我给你点别的吧。"说完，他便随手在那乞丐的牌子上写了一句话。

那一天，乞丐得到很多人的同情和施舍。后来，他又碰到那诗人，很奇怪地问："你给我写了什么呢？"

诗人笑笑，念着牌子上他写的句子："春天就要来了，可我不能见到它。"

为什么"自幼失明"四个字换成了"春天就要来了，可我不能见到它"，乞丐就得到更多的同情和施舍了呢？这正是因为后者比前者更具体、更形象，不但暗含了"失明"这一不幸事实，而且表达了乞丐渴望像街上行人一样亲眼看到春天的心理感受。人们看到这句发自内心的独白，自然会联想到自己的幸运，从而对乞丐的不幸给予深深的同情。

2. 强调信任与背叛的反差

这种说法是指细致描述不幸者对背叛者毫无保留的信任和关爱，突显出背叛者的可恨可耻，激发人们对不幸者的同情。

每个人恐怕都有被自己信任的人出卖的挫折体验，这种体验不仅让我们对背叛者深感痛恨，而且内心会产生说不出的委屈与酸楚，我们对背叛者付出的信任和关爱越多，这种委屈与酸楚就会越强烈。针对这一心理，我们可以强调背叛者的背叛不仅仅给爱他的人带来了利益上的损失、肉体上的伤害，更重要的是给其带来了巨大的心灵痛苦。相似的体验会激起人们强烈的心灵共鸣，使他们无法不动情。

恺撒遇刺后，在安葬恺撒时，他的旧部安东尼发表了极为动人的演讲。在演讲的高潮部分，安东尼走下讲台，站在恺撒尸体旁，对听众们说："你们要有眼泪，现在就尽情地掉吧。恺撒穿的这件大袍，是你们大家熟悉的。我还记得，恺撒第一次穿上这件大袍的时候，是在一个夏天的晚上，那天正是征服爱威领地的光辉日子。现在你们看，卡西乌斯的刀子是从这里刺进去的；加斯加在这里捅了一刀；这个地方，正是恺撒最宠爱的布鲁图斯刺穿的。刀子抽出来时，恺撒鲜血淋漓，好像已跑出门来问：'恺撒是那样爱布鲁图斯啊，难道布鲁图斯也忍心下此毒手吗？'啊！天知地知，恺撒是何等爱布鲁图斯，这一刀，是无情无义的一刀。恺撒看见他们都来杀他，'无情'两字所造成的伤痛会比刀伤厉害得多。各位，请想一想，这是怎样一个大冤劫啊！照这样下去，你我不都是在劫难逃吗？你们怎么也哭起来了？我发现你们也是有天良的人啊，大家都在同洒伤心之泪，你们这些善良的人，才看见恺撒的一件衣服就如此悲痛，你们还没有看见他的尸体呢，他的尸体在这里，你们看，被这些大逆不道的叛徒弄成这个样子了！"

在这段演讲中，安东尼没有过多地强调背叛者的刀刃给恺撒带来的肉体痛楚，而是强调恺撒对仇敌们糊涂的信任与爱，强调这场背叛给恺撒带来的心灵痛苦。人们看到这样一位杰出的领导者竟因为对部下的宠信而遭到如此不幸的结局，这种"恩将仇报"的冷酷现实无法不令他们的内心掀起巨大的波澜。

适当地贬低自己

大家都坐过跷跷板，如果一边贴地，跷跷板的另一边必定是荡在高空。而这个跷跷板"和"的原则，也可以适用于人际关系。亦即适时地贬低自己，相对地抬高对方。使用这种方法，可以让他人的心理变得松懈。

进一步说，如果对他人采取轻视的态度，这对自己绝无半点好处。因为你刺伤他的自尊心，他则会对你产生敌意，从而影响你的人际关系。

例如，我们参加开幕式时，即使那是一家不怎么样的店铺，我们也要恭维地说："这店铺看起来真不错，室内的装潢也很考究。不像我经营的那家，门没做好，窗户也是一大一小的。"这样将对方和自己做具体的比较，并技巧性地批评自己略逊对方一筹，对方将因被人抬高而产生优越感，心里更是舒服。

相反地，如果以轻视的口吻对主人说："店铺的柜台再宽一点会比较好。你们下次整修时可要记住啊！"对方听到这样毫不客气的批评，一定会大感不悦，从此对你产生敌意。

我们不妨利用"贬低自己"的诀窍，抬高对方，达到感情投资的目的，如此，成功便离你不远。

某一年年底，日本一家电视台为了制作迎新晚会，邀请了一些具有知名度的演艺人员齐聚一堂。当时摄影棚里准备了一桌美味的佳肴，还有装饰豪华的背景。虽是庆祝会，但演艺人员却因紧张而个个面色沉重，气氛严肃。

就在大伙儿面面相觑的时刻，橘家圆藏突然摆出一副天真的小孩模样，吃起摆在桌上的菜肴，竟然还津津有味地说："真好吃。各位，我先用啦！"大家看到这样有趣的画面，每个人都把心情放松，严肃的气氛顿时消融。

脱口秀表演者橘家圆藏贬低自己，把自己当天真的小孩来调节所有人的心情，这需要相当的智慧。

一家酒店正在为员工们举办除岁宴会，并邀请员工眷属共同参与，员工们的先生、太太、孩子齐聚一堂。然而，在这种大众齐聚的场合里，平日谈笑风生的男女服务生却哑口无言，场面有点尴尬。这时一男性员工勇敢地站起来同大家打哈哈，企图缓和僵硬的气氛，他笑嘻嘻地对着群众述说自己昔日的失恋经验、炒股票赔了不少金钱，以及在家中被老婆责骂等故事。当众人听到这位男性员工失败的经历后，整个会场的气氛便开始热闹起来了。

或许有人仍没有勇气这样做。没关系，对于比较害羞的人，还有一个技巧。例如，与其他人第一次见面时，在双方互相不了解的情况下，彼此心中可能都会提高警觉，谈话也总是不够起劲，因此对话尴尬又不自在。这时，不妨以自己的失败经验当话题。这样一来即使是不擅长赞扬他人的人，也能因此达到贬低自己抬高他人的效果。

炫耀自己仅会引起别人的反感，而谈及自己的失败经验，不但会增强对方

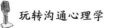

的自尊心，更能打开对方的心扉，让对方坦然地接受你。

言语上让人一步，行动上先人一步

"路径窄处，留一步与人行"，是值得我们学习的人生哲学。要知道言语上隐忍，行动上好强，才是大智慧。

以退为进是人际关系学中不可多得的一条锦囊妙计。以他人利益为重，实际上是在为自己的利益开辟道路。在做有风险的事情时，冷静沉着地退让一步，则更容易获得成功。

清河人胡常和汝南人翟方进一起研究经书。胡常先做了官，但名誉不如翟方进好，所以心里总是有些嫉妒，与人议论时老是不说翟方进的好话。翟方进听说了这件事，就想出了一个应对的办法。

胡常时常召集门生，讲解经书。每到这时候，翟方进就派自己的门生到那里请教疑难问题，并认认真真地做笔记。

时间一长，胡常就明白了，这是翟方进在有意推崇自己，于是心中十分不安。后来，胡常也不再在别人面前贬抑翟方进了，反而赞扬翟方进的种种优点。

尊重并突出别人的观点和利益，这是我们欲求与他人合作并实现自己利益的最有力法宝。

明朝正德年间，朱宸濠起兵反抗朝廷。王阳明率兵征讨，一举将他擒获，立了大功。当时深受皇帝宠信的江彬很嫉妒王阳明，认为他夺走了自己大显身手的机会。于是就散布流言说："原来王阳明和朱宸濠是同党，后来听说朝廷派兵征讨，才抓住朱宸濠以自求解脱。"他想嫁祸王阳明并将其抓住，作为自己的功劳。

在这种情况下，王阳明和张永商量说："如果退让一步，把擒拿朱宸濠的功劳让出去，可以避免不必要的麻烦。假如坚持下去不妥协，那么江彬就会狗急跳墙，做出伤天害理的无耻勾当。"

于是，王阳明把朱宸濠交给张永，让他重新报告皇帝说："朱宸濠被抓住了，这完全是总督军江彬的功劳。"如此一来，江彬就没有话可说了。

王阳明称病到净慈寺休养。张永回到朝廷后，大力称颂王阳明的忠诚。王阳明以退让之术，避免了飞来横祸。

如果说翟方进以退让之术，最终为自己化解了一个敌人，那么，王阳明则以退让之术保全了自身。

30岁就担任美国芝加哥大学校长的科学家帕金森在当时受到不少质疑。但他用一句话就轻松化解了大家的质疑与不满。帕金森说："一个30岁的人知道的那么少，需要依赖他的助手兼代理校长那么的多。"帕金森面对别人的质疑并没有尽量去表现自己的才能，并没有去证明自己比别人都强。正因为他懂得谦虚比自夸更容易让别人信服的道理，才得到了大家的最终认可。

如果能懂得"以退为进"的道理，便能舍小利而占得先机。

在适当的时机和场合做出让步，使让步的作用发挥到最大，这是我们要达到的终极目标。但在谈判的实际过程中，时机是非常难以把握的，常常存在以下种种问题：

在商务谈判中，若谈判者仅仅根据自己的喜好、兴趣、成见、性情等因素使用让步策略，而不顾及所处的场合、谈判的进展情况及发展方向等，不遵从让步策略的原则、方式和方法，这种随意性会导致让步价值缺失，而让步原则消失，会促使对方的胃口越来越大，因而在谈判中丧失主动权，导致谈判失败，所以在使用让步策略时千万不要太随意。

在商务谈判的让步策略中的清晰原则是：让步的标准、让步的对象、让步的理由、让步的具体内容及实施细节应当准确明了，避免因让步而导致新的问题和矛盾。常见的问题有：

让步的标准不明确，对方感觉自己的期望与你的让步意图错位，甚至没有感觉到你在问题上让步而是含糊其辞；

在谈判中你所做的每一次让步必须是对方所能明确感受到的，也就是说，让步的方式、内容必须准确、有力度，对方能够明确感觉到你所做出的让步，从而激发对方的反应。

如果迫不得已，己方再不做出让步就有可能使谈判夭折的话，也必须把握住"此失彼补"这一原则。即虽然这一方面（或此问题）己方给了对方优惠，但在另一方面（或其他地方）必须加倍地，至少均等地获取回报。

当然，在谈判时，如果发觉此问题己方若是让步可以换取彼此更大的好处时，也应毫不犹豫地给其让步，以保持全盘的优势。

当让则让，得势饶人

得饶人处且饶人，待人宽厚一点，不把事做绝，得势时说一些顺情话，日后你有什么差错，别人也不会做得太过分，逼你走向绝境。

俗话说"理直气壮""有理走遍天下"，但这并不是说有理就一定要不依不饶，不给别人留退路。在得理的情况下退让一步，对方一定会称道你的宽宏大量，对你心怀感激。

汉朝时有一位叫刘宽的人，为人宽厚仁慈。他在南阳当太守时，小吏、老百姓做错了事，他只是让差役用蒲鞭责打，表示羞辱，此举深得人心。

刘宽的夫人为了试探他是否像人们所说的那样仁厚，便让婢女在他和下属集体办公的时候捧出肉汤，装作不小心的样子把肉汤泼在他的官服上。要是一般的人，必定会把婢女责打一顿，即使不如此，至少也要怒斥一番。而刘宽不仅没有发脾气，反而问婢女："肉羹有没有烫着你的手？"由此可见，刘宽的度量确实超乎一般人。

还有一次，有人曾经错认了他驾车的牛，硬说刘宽驾车的牛是他的。这种事要是换了别人，不将那人拿到官府去治罪，也要狠揍他一顿。可刘宽什么也没说，叫车夫把牛解下给那人，自己步行回家。

后来，那人找到了自己的牛，便把那头牛还给刘宽，并向他赔礼道歉，而刘宽非但没责备那人，反而好言安慰了他一番。

这就是有理让三分、得理而饶人的做法。刘宽用其度量感化了人心，也赢得了人心。

在重大的或重要的是非问题面前，我们自然应当不失原则地坚守真理。但在日常生活中，若为一些非原则问题、鸡毛蒜皮的问题争得不亦乐乎，以至于非得决一雌雄才算罢休，就未免有些小题大做、得不偿失了。

例如，当一个人犯错后受到你的责骂时，心里可能不断嘀咕："这么小的过错，犯不着啰唆个不停嘛！"

在此种情况下，如果有"理"的你表现得大度，就能显示出你的修养，反而更能让他人钦佩，更易征服人心。下面介绍三条适时退让的方法：

1.要冷静地思考

当人们遇到对抗或者是攻击时，会不自觉地为自己找理由辩护，这就是争论的开端了。因此，应该先冷静地听完对方所有的观点，客观地分析和思考，说不定就能从中获得极大的益处。

2.各退让一步

日常生活中，常有一些人固执己见，容易为一些小事同别人争论，而且火药味浓烈。这时候，得理的一方应当有饶人的雅量，可以一面解释一面折中调和，最好使用不带刺激性的言语，以避免冲突的扩大。

有一位年轻人上一位同事家吃饭，这位同事是一个从事公路建设的老技术员。进餐时两人聊起了一条高速公路的修建问题。

年轻人说，公路的进度一再推迟，是有关方面的一个严重错误；而老技术员则不同意，认为公路本来就不该兴建。

两人你一言我一语，争论渐趋激烈。

后来，那位老技术员把问题扯到"年轻人自私心重，没有环保意识"上面，显然是在批评那位年轻人。年轻人怕再争论下去会伤和气，使开始缓和下来，他婉转地说："可能我们的看法永远也不会相同，可是，那没有什么，也许我们都是对的，也许我们都是错的。"

年轻人的一席话，不仅给自己搭了台阶，也给争论双方打了圆场，避免了冲突的扩大。

3.耐心解释

不少时候，人和人之间相互发火是因为互不了解、缺少沟通造成的。这时候得理的一方切不可以怒制怒，最好的方式是多加解释，想办法沟通、道歉、劝慰，与对方达成共识。

宽厚和善是一种修养、一种气度、一种品德，更是一种艺术。如果我们具备了这种宽厚和善的心态，给人给己留条出路，那么我们与别人的关系就会变得更加和谐。

防止"弦外之音"伤人

弦外之音有时可以在不经意间起到暗示别人的作用，但有时也会在不经意间伤害别人。

我们常常夸奖别人说话含义丰富、深刻，有"言外之意""弦外之音"。

一般地说，我们说话要求简单明了，不要烦琐含糊。同时，还应该知道，有时候把话说得太直白会伤人，不如在话语中隐藏弦外之音。然而，有些人并不懂得如何运用弦外之音，反而在不经意间伤了他人。

一群人在看电视剧，剧中有婆媳争吵的镜头。张大嫂便随口议论道："我看，现在的儿媳真是不知好歹，不愿意和老人住在一起，也不想想以后自己老了怎么办？"话未说完，旁边的小齐马上站了起来，怒声说："你说话干净点，不要找不自在，我最讨厌别人指桑骂槐！"

原来，小齐平素与婆婆关系失和，最近刚从家里搬出来自己住。张大嫂由于不了解情况，无意中揭了对方的短而得罪了小齐。

聪明的人善于把批评的意思压缩在一句貌似赞扬的话里，让人在体味言外之意的同时，意识到自己的错误。

某厂有一栋宿舍，一楼住着老工人，二楼住着年轻工人。一天夜晚，一些年轻工人喝酒猜拳，大吵大闹，到了凌晨1点还不罢休，影响了楼下老工人的休息。

一位老工人气愤地走上楼去，大声斥责说："安静！"

可这些年轻人连理也不理，吵闹得更凶了。

过了一会儿，另一位老工人也走了上去，笑着对他们说："小伙子们，你们辛苦了，该休息了。"

听了这位老工人的话，这伙年轻人很快静了下来。

这两句话表达的意思是一样的，但表现形式不一样导致结果迥然不同。我们分析一下：第一位老工人的话语直接，火药味十足，它让听者产生了逆反心理，所以，年轻人们闹腾得更欢了。

第二位老工人则不同，他运用了隐含判断，话语中隐含着对这些年轻人"闹得太久，影响了他人休息"的批评，但话说得委婉含蓄。这些年轻人因第一位老工人的话而激起的反抗心理此时被击溃了，心悦诚服地改正了自己的过失。

不管什么人，都不喜欢别人说自己的坏话。因此，当他听到对方说自己坏话时，就会不高兴、生气，甚至想找机会报复。

说话的目的在于交流思想和感情，万不能用"弦外之音"去伤害别人。有些人说话含蓄，爱卖弄，如果对方听懂了倒没关系，若是没听懂甚至听错了，不但起不到交流的目的，反而可能引起误会。

侧击迂回，举重若轻显真功夫

迂回就是一种拖延战术，目的是要争取更多的时间以促进沟通的进行。如果沟通不畅，可以考虑用迂回的方式寻求外界支援或是跳离原来的沟通模式，以特殊方法突破沟通障碍，让沟通顺畅。

说话兜圈子虽然给人啰唆的感觉，但是它能更好地突破沟通障碍，让沟通顺畅。

一次，德皇威廉二世派人将一艘军舰的设计图交给一个造船界的权威人士，请他评估一下。他在所附的信件上告诉对方，这是他花了许多年，耗费了许多精力才研究出来的成果，希望对方能仔细鉴定一下。

几个星期之后，威廉二世接到了权威人士的报告。这份报告附有一叠用数字推论出来的详细分析，文字报告是这么写的：

"陛下，非常高兴能见到一幅绝妙的军舰设计图，能为它做评估是在下莫大的荣幸。可以看得出来这艘军舰威武壮观、性能超强，可说是全世界绝无仅有的海上雄狮。它的武器配备可说是举世无双，舰内设施豪华。这艘举世无双的超级军舰只有一个缺点，那就是如果一下水，马上就会像只铅铸的鸭子沉入水底。"

威廉二世看到了这个报告，不但没为设计失败而气恼，反而禁不住笑了起来。

说话高手并不是指那些会说好听的话、使用华丽辞藻的人，而是善于运用迂回婉转说话技巧之人。

委婉表达可以使语意软化

生活中总存在一些不允许直说的话题，此时我们就需要把"词锋"隐遁，或把"棱角"磨圆一些，使语意软化，便于听者接受。

委婉是一种修辞手法，是指在讲话时不直陈本意，而用委婉之词加以烘托或暗示，让人思而得之，而且越揣摩，含义越深远，因而也就越具有吸引力和感染力。委婉含蓄是说话的艺术，它体现了说话者驾驭语言的技巧。生活中有许多事情是只可意会，不可言传的，如果说话者不考虑当时的情境，不顾及别人的感受，把想说的话直接地表达出来，不仅起不到应有的作用，还会引起对方的不悦，破坏相互之间的和谐关系。而委婉地表达自己的意思，即使是批评，别人也会很容易接受。

汉武帝晚年时很希望自己长生不老，一天，他对侍臣说："相书上说，一个人鼻子下面的'人中'越长，命就越长；'人中'长一寸，能活百岁，不知是真是假？"侍臣东方朔听了这话后，知道皇上又在做长生不老梦了，不觉哈哈大笑。皇上见东方朔似有讥讽之意，面露不悦之色，喝道："你怎么敢笑话我！"东方朔脱下帽子，恭恭敬敬地回答："我怎么敢笑话皇上呢，我是在笑彭祖的脸太难看了。"汉武帝问："你为什么笑彭祖呢？"东方朔说："据说彭祖活了800岁，如要真像皇上刚才说的，'人中'就有八寸长，那么，他的脸不是有丈把长吗？"汉武帝听了，也哈哈大笑。这种委婉含蓄的批评，汉武帝却愉快地接受了。

现代文学大师钱锺书先生，是个自甘寂寞的人。居家耕读，闭门谢客，最怕被人宣传，尤其不愿在报刊、电视中扬名露面。他的《围城》再版以后，又拍成了电视剧，在国内外引起轰动。不少新闻机构的记者，都想约见采访他，均被他执意谢绝了。一天，一位英国女士，好不容易打通了他家的电话，恳请让她登门拜见。钱锺书一再婉言谢绝都没有效果，他就对英国女士说："假如你看了《围城》，像吃了一只鸡蛋，觉得不错，何必要认识那个下蛋的母鸡呢？"那位女士终于被说服了。

从上面的事例我们可以看出，委婉含蓄主要具有以下三个方面的作用：

第一，人们有时表露某种心事、提出某种要求时，常有种羞怯、为难心理，而委婉含蓄的表达则能淡化这种羞怯。

第二，每个人都有自尊心。在人际交往中，对对方自尊心的维护或伤害，常常是影响人际关系好坏的直接原因；而有些表达，如拒绝对方的要求、表达不同于对方的意见、批评对方等，又极容易伤害对方的自尊。这时，委婉含蓄的表达常能达到既能表达意见，又不伤害对方自尊的目的。

第三，有时在某种情境中，例如，碍于第三者在场，有些话就不便说，这时就可用委婉含蓄的表达。

但是，使用这种表达方式时也要注意，委婉含蓄不等于晦涩难懂，它的表述技巧首先是建立在双方处于共同语境中且对方能够明白的前提下，否则你的表达是没有意义的。另外，委婉含蓄并不适合任何场合，需要直白的时候就不要委婉含蓄，否则反而会引起别人的反感。

用模糊语言进行暗示

说话者可以巧妙地用模糊语言表达自己的意见，让当事人不感到难堪。

卡耐基认为，对于一些比较尖锐的问题最好使用模糊的语言，可以给对方一些模糊的意见，或者多用一些"好像""可能""大概""看来"之类的词语，留有余地，语气委婉一些。

例如，当学生在课堂上回答不出问题时，作为老师，一般不应该这样训斥学生："你怎么搞的？昨天你肯定没复习！"而应当用模糊的语言表达批评的意思："看来，你好像没有认真复习，是不是？还是因为有点儿紧张，不知道该怎么说呢？"而且应当进一步提出希望和要求："希望你及时复习，抓住问题的要领，争取下次做出圆满的回答，行不行？"这样给了学生面子，也能达到好的效果。

　　在一些交流场合，尤其是在一些比较正式的场合，经常会碰到一些涉及尖锐问题的提问，这些提问既不能直接、具体地回答，又不能不回答。这时候，说话者可以巧妙地用模糊语言表达自己的意见，让当事人不感到难堪。

　　我们在听政府发言人谈话，或者看一些文件、公报的时候，常常觉得平淡无味。其实这些语言往往蕴涵着非常尖锐的意思，只是用了一些模糊化的词语，让它显得平淡了一些而已。比如外交部发言人谈话提到"宾主双方进行了坦率的会谈"，这里"坦率"背后的意思就是有很多争议，意见分歧非常大；再比如"应当促进双方的交流"，意思就是双方的共识太少，彼此之间有比较深的成见。这些模糊化的语言既达到了说明问题的目的，又起到了淡化矛盾的作用。

· 第四章 ·

缄默效应
——学会把话语权交给对方

当我们与他人出现争执时，我们无谓的解释、反驳可能使对方停止陈述，但这可能只是表面的屈服或因言辞不力而被迫停止激烈的论述，对某事保持暂时的"缄默"，而对方心中却可能充满对立的情绪，我们因此而难以获得对方发出的真实信号、信息。相反，如果我们保持安静，则使对方心情放松，能充分发表真实的意见、看法。这在心理学上被称为"缄默效应"。与人交流时，如果我们能保持安静，不插话、不反驳，待对方述说完全结束后再进行解说、论述，则可以获得更多准确的信息而无须自行猜测或妄断对方的想法。同时，也避免我们因采用语言或某种强迫手段使对方中止表述，给对方留下反感的印象。

与人交流，我们必须学会倾听，通过积极地倾听，掌握对方语言中的关键信息、获知对方的真实想法，并适时地给予对方尊重。我们可以按照心理学技巧训练自己的倾听能力，提高自己在人际交往中的倾听技能。

把说话的权利留给别人

我们也许有过这样的经历：和别人聊起一个自己很感兴趣的话题时，对方开始打开话匣子，没完没了地说，一开始，自己还觉得很投机，后来就开始不耐烦，接着是厌烦。原因是什么？很简单，对方只顾自己说，而忽略了你。谁都不乐意一味地听别人说话，所以，与人交谈时，即使是一个很好的题材，对方很感兴趣，说话时也要适可而止，不可无休无止，说个没完，否则会令人厌倦。说完一个题材之后，应当停一下，让别人发言，若对方没有说话的意思，而整个局面由于你的发言而人心向你，这个时候仍必须由你来支持局面，那么，就必须要另找题材，如此才能引起大家的兴趣并维持生动活泼的气氛。

在谈话当中，对方的发言机会虽为你所控制，但是，在说话过程中，应容许别人说话，给别人说话的机会。更好的方法是找机会诱导别人说话，这样气氛更浓，大家的兴致更高，朋友之间也更融洽。当说到某一节时可征求别人对该问题的看法，或在某种情形时请他试述自己的见解，总之，务必使对方不致呆听着，才不失为一个善于说话的人，不失为一个明智的人。如果话题转了两三次，而别人仍无将说话机会接过去的意思，或没有主动发言的能力，应该设法在适当的时候把谈话结束。即使你精神好，也应该让别人休息。自己包办大半发言的机会，是不得已时才偶一为之的方法。千万不要以为别人爱听你说话，就不管别人的兴趣而随便说下去，这背离了说话艺术之道。

在社交上，最好的谈话，是有别人的话在里面。那种看起来不爱说也不爱听的人，常常坐在一个角落里，吸着香烟，当他偶然听见另外一些人哄然大笑时，也照例跟着一笑，但是，这种笑显然是敷衍的，因为那种笑容随即就收敛了，他的眼光已经移到窗外或者其他的目标上。你要明白，这类人或因年纪较大或较小，或因学问兴趣较高。若时下在座的其他人比较市井气一点，谈天说地，问题无非是饮食男女、金钱女色，或出语粗俗，言不及义，较有修养的人反而望而却步，才独自躲在一角。只要你知其症结所在，你便可以在几句谈话中探得他的学问兴趣，然后和他谈论下去，这样便能很自然地引起谈话内容。只要你恰当地提一些问题，就可以得到一个增长你学识的机会。他见你谈吐不俗，一定会引你为知己，如此一来，僵局就打开了。年纪较大或较小的一类，因年龄差距大，社会经历、生活经验不同，因而兴趣不同，趣味也无法相投，也可以采用上述方法来打开话题。

倾听是对别人的最好恭维

美国的汽车推销大王乔·吉拉德在一生的推销生涯中，卖出了10000多辆汽车，其中有一年卖出汽车1425辆，这一纪录被载入吉尼斯世界纪录大全中。

在他的工作中，有过这样一次经历。

一天下午，一位先生来向他买车，吉拉德展开如簧之舌向他介绍，眼看那位先生就要签单了，结果对方却放弃了购买，走了出去。

到了深夜11点钟，吉拉德仍在沉思为何失败，不知道错在哪里。平时这时候，他是在回味这一天的成功呢！

吉拉德再也忍不住了，拿起电话打了过去，问那位先生为什么不买他的车。

"现在是晚上11点钟。"对方不耐烦地说。

"我知道，很抱歉。但是我要做个比别人更好的推销员，你愿意告诉我究竟我哪儿错了吗？"

"真的？"

"绝对！"

"好，你在听吗？"

"非常专心！"

"但是今天下午你并不专心听话。"那位先生告诉吉拉德，他本来下定决心买车，可是在签字前最后一分钟犹豫了。因为当他提到自己的儿子杰克要进密执安州大学，准备当医生，杰克很有运动能力等时，吉拉德满不在乎，一点兴趣也没有。当时吉拉德一边准备收钱，一边听办公室门外另一位推销员讲笑话。

倾听不仅是一种对别人的礼貌与尊重，也是对讲话者的高度赞美与恭维。而上述例子中，正是由于吉拉德没有积极倾听对方的话，以至于对方在最后一分钟犹豫了。

每个人都希望获得别人的尊重，受到别人的重视。当我们专心致志地听对方讲，努力地听，甚至是全神贯注地听时，对方一定会有一种被尊重和被重视的感觉，双方之间的距离必然会拉近。

经朋友介绍，重型汽车推销员乔治去拜访一位曾经买过他们公司汽车的商人。见面时，乔治照例先递上自己的名片："您好，我是重型汽车公司的推销员，我叫……"

才说了不到几个字，该顾客就以十分严厉的口气打断了乔治的话，并开始抱怨当初买车时的种种不快，例如服务态度不好、报价不实、内装及配备不对、交接车的等待时间过久……

顾客在喋喋不休地数落着乔治的公司及当初提供汽车的推销员，乔治只好静静地站在一旁，认真地听着，一句话也不敢说。

终于，那位顾客把所有的怨气都一股脑地吐光了。当他稍微喘息了一下时，方才发现，眼前的这个推销员好像很陌生。于是，他便有点不好意思地对乔治说："小伙子，你贵姓呀，现在有没有一些好一点的车种，拿一份目录来给我看看，给我介绍介绍吧。"

当乔治离开时，已经兴奋得几乎想跳起来，因为他的手上拿着两台重型汽车的订单。

从乔治拿出产品目录到那位顾客决定购买，整个过程中，乔治说的话加起来都不超过 10 句。重型汽车交易拍板的关键，由那位顾客道出来了，他说："我是看到你非常实在、有诚意又很尊重我，所以我才向你买车的。"

玫琳凯·艾施在《玫琳凯谈人的管理》一书中，曾对倾听的影响做了如此的说明："我认为不能听取别人的意见，是自己最大的疏忽。"

玫琳凯经营的企业能够迅速发展成为拥有 20 万名美容顾问的化妆品公司，其成功秘诀之一是她相当重视每个人的价值，而且很清楚地了解员工真正需要的除了金钱、地位外，还有一位真正能"倾听"他们意见的知心人。因此，她严格要求自己，并且让所有的下属人员铭记这条金科玉律：倾听，是最优先的事，绝对不可轻视倾听的能力。现在，你应该了解到，倾听技巧的好坏，足以影响一家公司变得平凡或伟大。

有许多顶尖的行销人员，并不是滔滔不绝、舌灿莲花的人，说服能力也好不到什么程度，然而，他们的业绩却高出同事 10 倍、20 倍之多。你知道，为什么有这么大的差别吗？原因主要在于能否认真倾听别人说话。

做个倾听高手

在日常生活中，能聆听别人意见的人，必是一个富有思想、有缜密的思维和谦虚性格的人。这种人在人群中，起初也许不太引人注意，但最后则必是最受人敬重的。因为他虚心，所以受所有人欢迎；因为他善于思考，所以便为众人所敬仰。

怎么去做一位"听话"的高手呢？

首先是要"专注"。别人和你谈话的时候，你的眼睛要注视着他，无论他的地位和身份比你高或是低，你都必须这样做。只有虚浮、缺乏勇气或态度傲慢的人才不去正视别人。

其次，别人和你说话时，不可做一些与此无关的事情，这是不恭敬的表示，而且当他偶然问你一些问题，你就会因为不留心听他所说的话而无从回答了。

聆听别人的话时，偶尔插上一两句赞同的话是很好的，不完全明白时加上一个问号也是非常必要的，因为这正表示你对他的话留心了。

但是，你不可以把发言的机会抢过来，滔滔不绝地说自己的，除非对方的话已告一段落，该轮到你说话时才可以这样做。

无论他人说什么，你不可随便纠正他的错误，如果因此而引起对方的反感，那你就不可能成为一个良好的听众了。批评或提出不同意见，也要讲究时机和态度，否则，好事会变成坏事。

有些人常喜欢把一件已经对你说过好几次的事情重复地说，也有些人会把一个说了好多次的笑话还当新鲜的东西。

你作为一位听众，此时要练习忍耐的美德了。你不能对他说"这话你已经说过多次了"，这样会伤害他的自尊心，你唯一能做的事是耐心地听下去。你心里明白他是一个记忆力不好的人，你应该同情他，况且他对你说话时充满了好感和诚意，你应该用同样的诚意来接受他。

但如果说话的人滔滔不绝而你又毫无兴趣，觉得花时间和精力去应酬他是十分不值得的。这时，你应该用更好的方法，使他停止这乏味的谈话，但千万

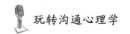

要注意，不可伤害他的自尊心。

最好的方法是巧妙地引他谈第二个话题，尤其是一些他内行而你又感兴趣的话题。

为了让自己更会"听话"，最好还要做好以下5个方面的训练：

（1）训练"听话"时的注意力。想听得准确，必须排除干扰。可以用这样的方法来训练：同时打开两台以上的收音机，播放不同内容，然后复述各个收音机播放的内容。

（2）训练"听话"时的理解力。可用这样的方法：找朋友闲聊，但要有意识地锻炼自己的理解力。

（3）训练"听话"时的记忆力。就是学会边听边归纳内容要点，记住关键性词语，以及重要的事实和数据。

（4）训练"听话"时的辨析力。即迅速分辨出争论各方的不同观点和逻辑关系，并加以评析。

（5）训练"听话"时的灵敏力。即能很好地在各种场合与各种对象交谈。经过足够的训练，再加以实际锻炼，你一定会成为一名"听话高手"。

时机未到时就得保持沉默

哲学家说，沉默是一种成熟；思想家说，沉默是一种美德；教育家说，沉默是一种智慧；艺术家说，沉默是一种魅力。我们知道，在人际交往当中，沉默是一种难得的心理素质和可贵的处世之道，当然，任何事情又都不是绝对的。

心理学告诉我们，在不同的场合环境中，人们对他人的话语有不同的感受、理解，并表现出不同的心理承受力。正因为受特殊场合心理的制约，有些话在某些特定环境中说比较好，但有些话说出来未必好。同样的一句话，在此说与在彼说的效果就不一样。因此，说什么、怎么说，一定要顾及说话的环境，如果环境不相宜，时机未到，最好的办法是保持沉默。

日本公司同美国公司正在进行一场贸易谈判。

谈判一开始，美方代表滔滔不绝地向日商介绍情况，而日方代表则一言不发，埋头记录。

美方代表讲完后，征求日方代表的意见。日方代表恍若大梦初醒一般，说道："我们完全不明白，请允许我们回去研究一下。"

于是，第一轮会谈结束。

几星期后，日本公司换了另一个代表团，谈判桌上日本新的代表团申明自己不了解情况。

美方代表没有办法，只好再次给他们介绍了一遍。

谁知，讲完后日本代表的态度仍然不明朗，仍是要求道："我们完全不明白，请允许我们回去研究一下。"

于是，第二轮会谈又告休会。

过了几个星期后，日方再派代表团，在谈判桌上故伎重演。唯一不同的是，这次，他们告诉美方代表一旦有讨论结果立即通知美方。

一晃半年过去，美方没有接到通知，认为日方缺乏诚意。就在此事几乎不了了之之际，日本人突然派了一个由董事长亲率的代表团飞抵美国开始谈判，抛出最后方案，以迅雷不及掩耳之势逼迫美方加快谈判进程，使人措手不及。

最后，谈判达成一项明显有利于日方的协议。

这场谈判成功的关键在于一句俗话"会说的不如会听的"，听出门道再开口，而开口便伤对方"元气"。

在生活中，我们有时故作"迟钝"未必不是聪明的举动，"迟钝"的背后隐藏着过人的精明。有人推崇一种"大智若愚型"的艺术——意即在商业活动中多听、少说甚至不说，显示出一种"迟钝"。其实这样做的目的是获得最大的利益。少开口，不做无谓的争论，对方就无法了解你的真实想法；反之，你可以探测对方动机，逐步掌握主动权。

这时候的沉默，实际是"火力侦察"。

"话到嘴边留半句，不可全抛一片心""言多必失，语多伤人""君子三缄其口"的古训，把缄口不言奉作练达的安身处世之道。今天，我们亦应谨记这些古训，该沉默时一定要三缄其口。沉默，是一种态度。沉默，是一种特殊语

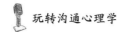

言。沉默，也会赢得百万金。

别人论己时切莫打断

在大多数场合下，注意聆听别人的谈话非常重要。当听到别人谈论自己的时候，很多人容易犯这样一个错误：一旦别人谈到自己时，尤其是不利于自己的情况时，往往会打断别人，进行争论。其实，这是最不明智之举。

伊里亚·爱伦堡的长篇小说《暴风雨》出版后，在社会上引起震动，褒贬不一，莫衷一是。某报主编不知从哪里得到了斯大林对《暴风雨》的看法——认为此书是"水杯里的暴风雨"。

为了讨好领导，主编就组织编辑部人员讨论这部小说，以表示该报的政治敏感性和高度的警惕性，表明该报鲜明的立场。

讨论进行了数小时，发言人提出不少批评意见。由于主编的诱导，每篇发言言辞都辛辣而尖刻，如果批评成立的话，都足以让作家坐几年牢。可是在场的爱伦堡极为平静，他听着大家的发言，显出令人吃惊的无动于衷的态度，这使与会者无法忍受，纷纷要爱伦堡发言，并要求他从思想深处批判自己的错误。

在大家的再三督促下，爱伦堡只好发言。他说："我很感谢各位对鄙人的小说产生这么大的兴趣，感谢大家的批评意见。这部小说出版后，我收到不少来信，这些来信中的评价与诸位的评价不完全一致。这里有封电报，内容如下：'我怀着极大兴趣读了您的《暴风雨》，祝贺您取得了这么大的成就。——约瑟夫·斯大林。'"

主编的脸色很难看，以最快的速度离开会场，那些批判很尖刻的评委们，都抱头鼠窜了。爱伦堡轻轻地摇摇头："都怨我，这么过早的发言，害得大家不能再发言了。"

爱伦堡的聪明在于，如果他据理反驳，必激起同仁们更加尖锐的批评，这种场合，最明智的做法就是保持沉默，褒贬随人。

沉默的力量是无穷的，它可以帮你说服反对你的人，让你向成功迈进。所以我们要学会沉默，学会在别人论己时保持沉默。

恰当运用沉默的方式

在特定的环境中，沉默常常比论理更有说服力。我们说服人时，最头痛的是对方什么也不说。反过来，如果劝者保持沉默什么也不说，被劝者的抱怨或无知就找不到市场了。

不同的沉默方式有不同的作用，运用时必须恰到好处。

1. 不理不睬的沉默可让人摆脱无聊的纠缠

当你正为自己的事情忙得不可开交的时候，同事却不知趣地想跟你闲聊，或者有推销员厚着脸皮赖着不走，或者有人找你去做你不想做的事情。这时，你应尽可能对他们一言不发，不理不睬。过一会儿，他们见你无反应，定会知趣地悻悻走开。

2. 冷漠的沉默能使犯错误者认错改正

有一个小学生，一天他拿了同学一件好玩的玩具，晚饭前回来，装出一副若无其事的样子，同往常一样笑吟吟地说："妈妈，我回来了！""姐，我饿了。""怎么了？"沉默。"我没做错事啊！"还是沉默。妈妈眼睛瞪着他，姐姐背对着他，全家都冷冰冰地对待他。他终于不攻自破了："妈，姐，我错了……"

3. 毫无表情的沉默能让人深思

有些人发表意见时态度很积极，但不免有些偏颇，令人难以接受；若直截了当地驳回，易挫伤其积极性，若循循诱导又费时，精力也不允许，最好的办法便是毫无表情的沉默。他说什么，你尽管听，"嗯""啊"……什么也不说，等他说够了，告辞时，再用适当的不带任何观点的中性词和他告别："好吧！"或"你再想想。"别的什么也不用说。这样，他回去后定然要竭思尽虑：今天谈得对不对？对方为什么不表态？错在哪里？也许他会向别人请教，或许自己就会悟出原因。

4. 转移话题的沉默能使人乐而忘求

对要回答的问题保持沉默，而选准时机谈大家都喜欢的热门话题，使对方

49

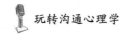

无法插入自己的话题，此人就会从谈话中悟出道理，检讨自己。

5. 信心坚定的沉默能使人顺服

某领导有一次交代属下办一件较困难的任务，当然，他能胜任。交代之后，对方讲起了"价钱"。于是该领导义无反顾地保持沉默，连哼也不哼。"困难如何大……""条件如何差……""时间如何紧……"，说着说着他就不说了。最后说了一句："好，我一定完成。"

沉默是金，有时沉默不语能够出奇制胜，有时滔滔不绝，反而有理说不清。

适当沉默能获得信赖感

中国有句古话："不言之言。"还有句俗话："雄辩是银，沉默是金。"这都说明保持沉默也能达到说服的效果。

在说服时，适当地保持沉默，引起对方的好奇心和信赖感，无疑是一种很好的方法。战国末期，秦昭王因为采用范雎的"远交近攻"的外交战略而使秦国在当时占了绝对的优势。殊不知，范雎为了谒见昭王，竟等了整整一年。见到昭王后，范雎首先示意昭王屏退左右，却一言不发地站着。昭王于是先开口："先生有何赐教？"谁知范雎只回了两声"是"，又继续他的"战术沉默"。然后昭王再度询问，范雎仍然点着头回答："是。"又沉默了。这样一连反复了3次，最后昭王终于忍耐不住，再次急迫地追问："有何赐教，请先生明示。"直到这时，范雎才正式开始他的谈话，并得到昭王的嘉许，自此深得昭王信任，登上了丞相的宝座。

美国前总统尼克松也是善于用"沉默"战术赢得公众支持的领导人。

1960年的美国总统选举，尼克松和肯尼迪是一对竞争激烈的对手。尼克松以其时任副总统之职，在开始时占绝对的优势，但选举的结果，肯尼迪扭转了形势，获得胜利。

1968年，尼克松再次竞选美国总统，他汲取上次失败的教训，想要彻底改变形象。他所采用的技巧之一就是沉默说服。

这次的选举对尼克松来说，形势远比上次艰难，因为他首先必须打败洛克菲勒等强劲的对手，取得共和党的提名。所以尼克松在迈阿密的共和党大会中，尽量保持沉默稳重，表现得对自己很有信心。他说话时，除了强调"法和秩序"以及"尽力达到完美境地"外，绝口不提其他具体的策略，希望能借此完全的沉默战略，给人以可信赖感，彻底改变他以往的形象。结果，他的战略成功了，他不仅以微弱的优势获得共和党提名，而且在总统大选中，大败民主党对手，荣登美国总统宝座。

在人们的印象中，一般都认为说服一个人应当凭借好口才，用语言攻势，打败对方，让人信服。其实不然，偶尔采取沉默战术同样可以达到说服的效果。沉默可以引起对方注意，使对方产生迫切想了解你的念头。以下我们就来看看一个利用沉默成功说服他人的例子。

日本一家著名的电机制造厂召开管理员会议，会议的主题是《关于人才培育的问题》。会议一开始，山崎董事就用他那特有的声音提出自己的意见："我们公司根本没有发挥人才培训的作用，整个培训体系形同虚设，虽然现在有新进职员的岗前训练，但之后的在职进修却成效不显著。职员们只能靠自己的摸索来熟悉工作情况，很难与当今经济发展的速度衔接起来，因而造成公司职员素质水平普遍低下、效益不高。所以我建议应该成立一个让职员进修的培训机构，不知大家看法如何？"

"你所说的问题的确存在，但说到要成立一个专门负责培训职员的机构，我们不是已经有这种机构了吗？据我了解，它也发挥了一定的功用，我认为这一点可以不用担心……"社长说。

"诚如社长所说，我们公司已经有组织，但它并没有发挥实际作用。实际上，职员根本无法从中得到任何指导，只能跟着一些老职员学习那些已经过时的东西，这怎么能够将职员的业务水平迅速提升呢？而且我观察到许多职员往往越做越没有信心，越做越没干劲。所以，我认为它的功能不佳，所以还是坚持……"山崎不卑不亢地说。

"山崎，你一定要和我唱反调吗？好，我们暂时不谈这个话题，会议结束后，我们再做一番调查。"社长有些生气。

就这样，一个月后公司主管们重新召开关于人才培训的会议。这次社长首先发言。

"首先我要向山崎道歉，上次我错怪他了。他的提案中所陈述的问题确实存在。这个月我对公司进行了抽样调查，结果发现培训机构确实未能发挥应有的功效。因此，今天召集大家开会是想讨论一下应该如何改变目前人才培训的方法，请大家尽量发表意见吧！"

社长的话一出口，大家就开始七嘴八舌地提出建议，但令人奇怪的是，这一次山崎董事始终一语不发地坐在原位，安静地聆听着大家的意见，直到最后他都没说一句话。

会议结束以后，社长把山崎董事叫进社长办公室晤谈。"今天你怎么啦？为什么一句话也不说？这个建议不是你上次开会时提出来的吗？"

"没错，是我先提出来的。"山崎说，"不过上次开会我把该说的都说了，其实那无非是想引起社长你对这个问题的重视罢了。现在目的已经达到，我又何必再说一次呢？还不如多听听大家的建议。"

"是吗？不错，在此之前我反对过你的提议，你却连一句辩解也没有。今天大家提出的各种建议都显得很空洞，没有实际的意义，反倒是你的沉默让我感到这个问题带来的压力。这样吧，这件事就交给你去办好了！今天起由你全权负责公司的人才培训工作。请好好努力吧！"社长终于交底了。

"是，谢谢您对我的信任，我一定会努力把这件事做好！"山崎说。

上面这个例子是个典型的沉默说服法成功的案例。如果你真能适时地利用沉默，有时发挥的作用可能反而要比说话大得多。

·第五章·

完美笑话公式

——幽默能够使语言更具魅力

美国科学家提出一个完美笑话公式：$x = (fl + no)/po$。根据这一公式，人们不仅可以批量生产笑话，而且还可以得出最完美的笑话。x 表示笑话的完美程度，f 代表笑话的有趣程度，l 表示笑话的长度，n 表示听笑话者笑得前仰后合的次数，o 表示引起的尴尬的程度，p 表示双关语的数量。x 的值在 0 到 200 之间，200 分的笑话就是最完美的笑话。

科学家将完美笑话定义为"能在语句简练的叙述中，通过具有喜剧因素的妙语让人笑得前仰后合，但又不会引起社交场合的尴尬"。科学家认为，笑话成功的关键在于是否具备让人乐不可支的妙语。同时，笑话的长度也很有讲究，不能太短也不应太长。科学家公布的这个笑话公式，对以往强调的双关语因素嗤之以鼻，凡是过多使用双关语的笑话，都被科学家判定为"构思平庸"。这个笑话公式是由一些心理学家和喜剧表演艺术家切磋后得出的。据说他们进行这项研究的动机是想证明看似严肃的科学家其实也很有幽默感。这个笑话公式的作者之一 ——心理学家海伦·皮彻认为，人们完全可以根据这个公式批量生产笑话，但创作者是否有喜剧天分，仍是笑话作品成功与否的关键。

言语多点幽默，让话语变有趣

幽默是运用意味深长的诙谐语言抒发情感、传递信息，以引起听众的快慰和兴趣，从而感化听众、启迪听众的一种艺术手法。如果我们的言语中能多点幽默，那么我们所说的话将会更加有趣，会吸引更多的人。

一位著名的作家曾经说过：生活中没有哲学还可以活下去，然而没有幽默的话，恐怕只有愚蠢的人才能生存。幽默是一个人的各种学识、才华、智慧在语言中的集中闪现，是一种能抓住可笑或诙谐想象的能力，它是对社会上种种不协调、不合理的荒谬、偏颇、弊端、矛盾实质的揭示和对某些反常规言行的描述。幽默的语言可以使我们内心的紧张和重压释放出来，化作轻松的一笑。在沟通中，幽默的语言如同润滑剂，可有效地减小人与人之间的"摩擦系数"，化解冲突和矛盾，并能使我们从容地摆脱沟通中可能遇到的困境。

有一对夫妇带着一个6岁的孩子去租房，他们看中了一处房子，可房东不肯将房子租给他们。原因是她喜欢安静，从不将房子租给有孩子的人。夫妇交涉无果，于是6岁的孩子对房东说："您可将房子租给我呀，我没有孩子，只有爸爸妈妈。"房东真的把房子租给了他们。孩子从成人的视角看问题，构成了独特的趣味思维形式，让人享受到一种自然天成的天真情趣。

由此看来，幽默不是故作天真，而是从多重视角去透视事件或问题，并找出其中富有情趣的一面，对其进行凸现化、集中化的语言处理，从而化紧张、严肃为轻松、谐趣。幽默是人们适应环境的工具，是人类面临困境时减轻精神和心理压力的方法之一。契诃夫说过："不懂得开玩笑的人，是没有希望的人。"可见，生活中每个人都应当学会幽默。多一点幽默感，就会少一点气急败坏，少一点偏执极端。

幽默可以淡化人的消极情绪，消除沮丧与痛苦。具有幽默感的人，其生活充满情趣，许多看来令人痛苦烦恼之事，他们却应付得轻松自如。用幽默来处理烦恼与矛盾，会使人感到和谐愉快、友好幸福。那么，怎样使语言富有幽默感呢？不妨试以下几种方法：

1. 颠倒成趣

把正常的人物关系，或者动机与效果在一定条件下互换位置。

曾风靡一时的舞蹈家邓肯写信向幽默大师萧伯纳求爱，她在信中说："如果我们俩结合，生下的孩子，既有我美丽的外表，又有你睿智的头脑，这该多妙呀！"

萧伯纳却风趣地回信说："如果孩子的外表像我，头脑却像你，那该有多糟啊！"

2. 移花接木

把在某种场合下十分恰当的情节或语言，移植到另一迥然不同的场合中，达到张冠李戴、"荒唐"可笑的幽默效果。

生物学家格瓦列夫在一次讲课时，一位学生突然学起鸡叫，引起一片哄笑。格瓦列夫却不动声色地看了下自己的挂表说："我这只表误时了，没想到现在已是凌晨。不过，请同学们相信我的话，公鸡报晓是低等动物的一种本能。"

3. 故意卖关子

首先故意提出一个容易使人产生误解的结论，然后再做出一个出人意料的分析和解释。

作家柯南·道尔在罗马时，一次乘坐出租车去旅馆，途中两人聊了起来。司机问："你是柯南·道尔先生吗？"

"你怎么知道我的名字？"柯南·道尔奇怪地问道。

"啊，简单得很，你是在罗马车站上车的，你的穿着是英国式的，你的口袋里露出一本侦探小说来。"

"太了不起了！"柯南·道尔叫起来，他很惊奇在意大利会碰到第二个"福尔摩斯"。他习惯地问一句："你还看到其他什么痕迹没有？"

"没有，没有别的，除了在你的皮箱上我还看到你的名字外。"

可见，司机故意卖关子，让柯南·道尔误以为他是第二个"福尔摩斯"。然后，司机再出乎意料地解释，造成强烈的幽默感。

4. 巧设悬念

当你叙述某件趣事的时候，不要急于显示结果，应当沉住气，给听众营造一种悬念。假如你迫不及待地把结果讲出来，或通过表情动作的变化透露出来，幽默就会失去效力，只能让人感到扫兴。

美国有个倒卖香烟的商人到法国做生意。一天，他在巴黎的一个集市上大谈抽烟的好处。突然，从听众中走出一位老人，径自走到台前，那位商人吃了一惊。

老人在台上站定后，便大声说道："女士们，先生们，对于抽烟的好处，除了这位先生讲的以外，还有三大好处呢！"美国商人一听这话，连连向老人道谢："谢谢您了，先生，看您相貌不凡，肯定是位学识渊博的老人，请你把抽烟的三大好处当众讲讲吧！"老人微微一笑，说道："第一，狗害怕抽烟的人，一见就逃。"台下听众一片轰动，商人不由得心里暗暗高兴。"第二，小偷不敢偷抽烟者的东西。"台下听众连连称奇，商人更加高兴。"第三，抽烟的人永不老。"台下听众惊诧不已，商人更加喜不自禁，听众中要求解释的声音一浪高过一浪。老人把手一摆，说道："请安静，我给大家解释！"商人格外振奋，催促老人快说："老先生，请您快讲！""第一，抽烟之人驼背的多，狗一见到他认为是在弯腰拾石头打它，能不害怕吗？"台下听众笑出了声，商人心里一惊。"第二，抽烟的人夜里爱咳嗽，小偷以为他没睡着，所以不敢去偷。"台下听众一阵大笑，商人大汗直冒。"第三，抽烟人短命，所以没有机会衰老。"台下听众哄堂大笑。此时，大家发现商人不知什么时候溜走了。

这则幽默故事一波三折，层层推进，老人在把听众的胃口吊得足够"高"时，才不慌不忙地把真实意思表达出来。这就是巧设悬念的魅力。

在与别人交往时难免会发生一些不必要的摩擦。如果此时从容地开个玩笑，紧张的气氛就能得以缓解，而且对方还会被你的魅力所吸引，被你的宽广胸怀所感动，最后真正乐意去接受你。

幽默是一种智慧的表现，它必须建立在拥有丰富知识的基础上。一个人只有具备审时度势的能力、广博的知识，才能做到谈吐幽默，妙言成趣。因此，要培养幽默感必须不断充实自我，不断从浩如烟海的书籍中汲取幽默的智慧。

善用调侃，让自己获得好人缘

拥有好人缘，未必要比他人多付出多少艰辛，未必要给他人多少好处。好人缘是在日常生活中通过各种方式不断沉淀和积累而来的，适当的调侃是让自己获得好人缘的有效手段之一。

幽默是人的天性，没有人不向往愉悦的生活。当遇到不如意时，会调侃的人更懂得如何调剂。当受到不公平待遇时，他们即使心情郁闷到极点，也会通过独有的幽默和调侃的语言传递给人快乐的信息。这样的人乐天且幽默，对生活充满激情，浑身上下洋溢着一种能使人愉悦的气场。

在机关单位上班的老陈人缘极好，单位中无论是领导还是同事，只要提到老陈，没有人会说他的不好。

老陈是个大胖子，行动不便，可是他从未因为胖而自卑。一次，办公室的同事们趁午休的空当闲聊，说到了"胖"这个话题。性格开朗的老陈对同事们说："你们信不信，其实我是个极具亲和力的男人。当在公交车上让座时，我完全能够让两位老人或三位身材苗条的女士坐下。"老陈的一席话博得在座的同事哈哈大笑，这种轻松愉快的自我调侃表现出他非凡的亲和力。老陈的谈吐给同事们带来了轻松感，使交谈的氛围更加和谐融洽。

其实，适当的调侃不但能在日常社交中起到催化剂的作用，让你获得好人缘，还能给你意想不到的收获呢！

紫欣是个性格挑剔而又感性的女孩，大学毕业后交过几个男朋友，结果都无疾而终，这令家人和朋友都很不理解。在众人的期盼之下，紫欣终于宣布了自己即将结婚的消息！

结婚那天，紫欣的好多亲友都来了，看着她幸福的样子，好朋友们禁不住问她："你丈夫到底有什么好，能让你义无反顾地选择了他？"因为朋友们都知道，紫欣的丈夫并不是众多追求者中的佼佼者，他既不是最帅的，也不是最有能力的，而紫欣却毅然地接受了他的求婚。紫欣嫣然一笑，说道："其实没有什么特别的，只是和他在一起时我觉得很快乐，无论遇到什么情况，他都能用他那恰到好处的幽默来逗我笑！"

原来如此。新郎以幽默的调侃赢得美人的芳心，"侃"到爱人，"侃"出好姻缘。

调侃可以为我们带来正面效应，但我们不要就此认为只要是调侃都会收到理想的效果。适当的调侃的确可以为平淡的生活带来一份美意，一丝涟漪，让生活变得不无聊。但是，调侃千万不能过度，肆无忌惮的调侃会让人觉得自己

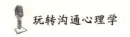

是在被人开涮，会让人产生误会，更别说获得对方的好感和认可了。

所以，要掌握好调侃的度。调侃要分时间、场合，最重要的是要注意被调侃的对象，说话要分轻重，这样才能避免过度调侃而引发的不快。

将幽默融入意见中去

想要向别人表达不满或者其他意见却又不想直接说时，我们可以将幽默融入到意见中，这样既不伤人，又能达到预期的目的。

工作和生活中经常会出现一些让人不能认同的做法，如果理直气壮地说出自己的想法，甚至略带指责的语气，那么对方不仅无法心悦诚服地接受你的意见，还会认为你是个自大狂。此时不妨换个方式提意见，将幽默融入你的意见之中。

当遇到令人不痛快的事情时，利用幽默来表达自己的意见，双方相互一笑，事情也就过去了。

杨小姐是一家餐厅的服务员，时常遭遇客人的刁难。一天，餐厅来了一位喜欢挑剔的女士，点了一份煎鸡蛋，正好是杨小姐接待的。女士对杨小姐说："我要的煎鸡蛋和别人的不一样，蛋白要全熟，但是蛋黄要生的。放少许盐，放少许胡椒粉。最重要的是，鸡蛋一定要是乡下散养的柴母鸡刚刚下的新鲜鸡蛋！"

杨小姐听过她的诸多要求后，气得不行，但是她没有用不满的语气提出意见，而是出乎意料地说："您提出的这些要求我都记下了，但是对于您所要求的那只下蛋的母鸡我还要确认一下，它的名字叫小美，您看合适吗？"

故事中，杨小姐没有直接表达她对这位挑剔女士所提的苛刻要求的不满，而是顺着对方的思路，提出了一个更不符合逻辑的可笑问题来提醒对方：她的要求实在是过分，根本无法满足。

杨小姐所说出的任何一个字都没有伤及对方，这样不但提出了意见，而且也维护了那位女顾客的自尊。试想，在这种情况下，那位挑剔的女士还会因为对母鸡的名字的不满而继续挑剔吗？

婉言曲说成幽默

对于有些事，直接发表自己的见解不太合适，容易让人误解或产生不愉快，婉言曲说是很好的方法，而且这种婉言曲说不同于修辞里的委婉修辞方法，它是形成幽默的一种语言艺术。

王麻子是个极爱占小便宜的人，常常在别人家白吃白喝，吃完了上顿等下顿，住了两天住三天。一次，他在一朋友家里吃了三天后，问主人道："今天弄什么好吃的呀？"

主人想了想，说："今天我们弄麻雀肉吃吧！"

"哪来那么多麻雀肉呢？"

主人说："先撒些稻谷在晒场上，趁麻雀来吃时，就用牛拉上石磨一碾，不就得了吗？"

这个爱占便宜的人连连摇手说："这个办法不行，这样还不等石磨过来，麻雀早就飞跑了。"

主人一语双关地说："麻雀是占惯了便宜的，只要有了好吃的，怎么碾（撵）也碾（撵）不走。"

现在我们谈论的"婉言曲说"的幽默法，可以说是"婉曲"的变格，它是说话人故意把所要表达的本意绕个圈子，曲折地说出来，利用婉言来获得幽默效果。

克诺先生来到一个陌生的城市，走进一家小旅馆，他想在那儿过夜。

"一个单间带供应早餐要多少钱？"他问旅馆老板。

"不同房间有不同的价格，二楼房间15马克一天，三楼房间12马克一天，四楼10马克，五楼只要7马克。"

克诺先生考虑了几分钟，然后提起箱子就走。

"您觉得价格太高了吗？"老板问。

"不，"克诺回答，"是您的房子还不够高。"

一般说来，幽默应避免敌意和冲突，否则，幽默感就会被削弱或者消失。

从这个意义上讲，婉言曲说最适合构成幽默。

一个法国出版商想得到著名作家的赞扬，借以抬高自己的身价。他想，要得到一个大人物的好感，必须先赞扬他。

这天，他去拜访一位知名作家。他看到作家的书桌上正摊着一篇评论巴尔扎克小说的文章，便说："啊，先生，您又在评论巴尔扎克了。的确，多少年来，真正懂得巴尔扎克作品的人太少了，算来算去，也只有两个。"

作家一听就明白了出版商的意图，便让他继续说下去。"这两个人，其中一个是您了。可是还有一个呢？您说，他应当是谁？"

作家说："那当然是巴尔扎克自己了。"

出版商顿时像泄了气的气球，悻悻地走了。

出版商想求得知名作家的赞扬，故意登门拜访。作家呢，不好直接拒绝，就来了个婉言曲说。出版商把世间懂巴尔扎克作品的人确定为两个，一个，他自然要送给作家了；另一个，他是给自己预备的。但自己说出来，那太没涵养，况且自己认可的东西并不一定能得到作家的赞同，还是启发作家说出来吧。由此，出版商一直沿着自己的设计和思路，准备着一种情感——他期待着作家的赞扬，让作家指出他是懂巴尔扎克作品的人。

作家并不回绝对方的话，因为那太扫人兴了。但是他有意漠视对方的"话外音"，一句答话，让对方的期待栽了个大跟头，作家回答的是，另一个懂巴尔扎克的人是巴尔扎克自己。于是对方没戏唱了，只好散场。

凡有大成就者，向来都是说话的专家，他们不仅仅专长于自己的一份事业，而且在待人接物上有着独到的迂回之术，他们能够在让人发笑的过程中不知不觉加入自己的观点。

著名的法国钢琴家乌尔蒙，年轻时有一天，他弹奏了拉威尔的名曲《悼念公主的孔雀舞曲》，节奏太慢，正在听他弹奏的拉威尔忍不住地对他说："孩子，你要注意，死的是公主，而不是孔雀。"

在这里，拉威尔将公主与孔雀这两种原来互不相干的事物，出人意料地联系起来，使人们感到惊奇，并在笑声中意会到拉威尔话语的真正含义。

拉威尔对乌尔蒙的演奏节奏太慢，并不是采取直接批评的方式，而是采用婉转的暗示："死的是公主，而不是孔雀。"这样，演奏者首先得回味一下，拉威尔的话到底是什么意思？弄清楚了，便意识到自己处理作品中的失误。应该加快速度，快到什么程度呢？拉威尔的话给了提示，是孔雀舞曲。演奏者的脑海中定会浮现出美丽的孔雀翩翩起舞的英姿。拉威尔的旁敲侧击，使乌尔蒙明白了自己的毛病所在。

一群人围在伦敦白厅前，中间躺着一个小男孩，蜷缩在地，痛苦地呻吟着。原来他吞了一枚 10 英镑的硬币到肚里。围观的人眼看孩子痛得不行了，都急得不知如何处置。这时，从人群中走出一位先生，他走到小孩身边，抓住小孩的腿，把他倒提起来，猛力地摇晃了几下，忽然听到"呼"的一声，那枚硬币从小孩子的嘴里喷了出来。围观的人舒了一口气。

一位旁观者问那位先生："你是医生吗？"

"不！"那人回答，"我在税务局工作，叫花子见到我都逃。"

此幽默令人喷饭，把税务局抠钱的本领夸张得无以复加。

幽默是一种高超的语言艺术，这种艺术是在婉言曲说中产生的。说话直愣的人不可能创造出幽默来。按部就班，一是一，二是二，实说实，虚说虚，没有任何的发挥就不可能碰撞出幽默的火花。

拿自己开玩笑

犯了错误或者身陷尴尬境地时，不妨自我嘲笑一下，你失误的影响将随着笑声削弱，而你也会在他人的心中留下了豁达可爱的形象。

如果你有风趣的思想，轻松地面对自己，你便会发现自己可以原原本本地接受自己的身高、体重或其他身体特征；你也会发现幽默能帮你以新的眼光去看待你对经济的忧虑。也许你无法得到真诚的爱，但是你能使你的人际关系充满温暖和谐——与人分享欢乐，甚至和仅仅有一面之缘的人也会有很好的关系。

自嘲是自己对自己幽默，是消除自己在沟通中的胆怯的良方。

自嘲是运用戏谑的语言，向别人暴露自身的缺点、缺陷与不幸，说得俗一些，就是把脸上的灰指给对方看。

自嘲有着独到的表达功能以及实用价值。

苏格拉底的妻子是有名的泼妇，一次苏格拉底正同朋友们谈话时，他的妻子突然冲进书房大骂苏格拉底，并随手将脸盆中的水浇在苏格拉底身上，把他全身都弄湿了。正当大家感到尴尬万分之际，苏格拉底笑了笑说："我就知道，打雷之后，必有大雨下来。"

正如人们喜欢谈论一些关于别人的笑话一样，在适当的时候，也要拿自己开开玩笑，要善于自嘲。

美国著名的律师乔特是最善于讲关于自己的笑话的人。有一次，哥伦比亚大学的校长蒲特勒在请他做演讲时，极力称赞他，说他是"我们的第一国民"。

这实在是一个卖弄自己的绝好机会。他可以自傲地站起来，挂上一副得意扬扬的神气，仿佛是要对听众说："你们看，第一国民要对你们演讲了。"

但是聪明的乔特并没有如此。他似乎对这种称赞充耳不闻，却转而调侃自己的"无知"。这种自嘲很快博得了听众的好感。

他说："你们的校长刚才偶然说了一个词，我有点听不太懂。他说什么'第一国民'，我想他一定是指莎士比亚戏剧里的什么国民。我想，你们的校长一定是个莎士比亚专家，研究莎士比亚很有心得，当时他一定是想到莎士比亚了。诸位都知道，在莎氏的许多戏剧中，'国民'不过是舞台的装饰品，如第一国民、第二国民、第三国民，等等。每个国民都很少说话，就是说那一点点话，也说得不太好。他们彼此都差不多，就是把各个国民的号数彼此调换，别人也根本看不出有什么分别的。"

这实在是一种非常聪明的方法，它使自己与听众居于同等的地位，拉近了自己与听众的距离。他不想停留在蒲特勒所抬举的那种高高在上的地位上。如果他换一种说法，用庄重一点的言辞，比如，"你们校长称我为第一国民，他的意思不过是说我是舞台上的一个无用的装饰品而已"。虽然表达的意思是一样的，但是却无法把那种礼节性的赞词变为一种轻松的笑话，也绝对不会取得那样的效果。

无论是在一帮很好的朋友中，还是在一大群听众中，能够想出一些关于自己的笑话，能够适当地自嘲，是赢得别人尊敬与理解的重要方法，这远远比开别人玩笑重要得多。拿自己开开玩笑，可以使我们对世事抱有一种健全的态度，因为如果我们能平等地对待别人，就可以为自己赢得不少的朋友。相反，如果我们为显示自己是怎样的聪明，拿别人开玩笑，以牺牲别人来抬高自己，那我们一生一世也难以交到一个朋友，更不用说成功了。

成功的人士从不试图掩饰自己的弱点，相反，有时他们会拿自己的弱点开玩笑。而现实生活中，我们经常遇到一些喜欢遮掩自己弱点的人，他们也许脸上有些缺陷，也许所受教育太少，也许举止粗鲁，他们总要想出方法来掩饰，不让人知道。但这样做以后，他们却于无形中背弃了诚恳的态度，毫无疑问，与之交往的朋友会对他们形成一种不诚恳的印象，使人们不敢再与之交往。

世界上最不幸的就是那些既缺乏机智又不诚恳的人。很多人常常自以为很幽默，经常喜欢拿别人开玩笑，处处表现出小聪明，结果弄得与他交往的人不敢再信任他，以前的朋友也敬而远之，纷纷躲避。

适当地拿自己开开玩笑吧，这不仅是一种机智，更是驱散忧虑、走向成功的法宝。

用幽默巧解纠纷

幽默而风趣的语言能使当事人体会到说话之人的温和及善意，拉近人与人之间的距离，进而化解纠纷。

人与人之间发生争吵在所难免，一旦有了纷争，即使认为自己在理，也应避免过分地数落、指责别人。这时，最好的方式是用调侃、幽默的语言，轻松浇灭对方的怒气，化解纠纷。

妻子虚荣心很重，当夫妻商量出席友人的婚礼时，她缠着丈夫要买一种昂贵的花帽。此时家里正闹经济危机，丈夫自然不答应花这笔钱。争吵中妻子赌气地说："你看人家小金的爱人多大方，早就给自己的夫人买了这种花帽，哪像你，小气鬼！"

丈夫不愿争论，只是故意夸张地说："可是，她有你这样漂亮吗？我敢说，她要是也有你这么美，根本就不用买帽子装饰了，你说是吗？"妻子一听笑了，一场争吵也随之止息了。

善用幽默而风趣的语言，往往可以化解纠纷。面对剑拔弩张、针锋相对的当事人，自然得体的风趣言语，往往能调节紧张气氛，避免矛盾激化。

一对中年夫妇婚后近十年双方关系一直不错。但最近在社交应酬问题上，两人发生了矛盾，谁也说服不了谁，面临着离婚的危机。在领导和亲朋好友的劝导和说服下，两人终于心平气和地坐下来相互交心，但谁也不愿公开认错，最后还是男方先开了口，说："我们是在斗争中求团结、求生存、求发展的。今天，能进入这样一个和平民主、共同协商的新阶段，是我们双方努力的结果，是大家积极促成的结果，它实在来之不易啊！"女方就势接过话头说："是啊！正因为它来之不易，所以我们要倍加珍惜今天这个安定团结的大好局面！"夫妻两人就这样在亦庄亦谐、妙趣横生的对话中言归于好了。

采用幽默的方式把话说出来，能够缓和当事人心中的不满和现场剑拔弩张的紧张气氛，使其较容易接受幽默的劝解，大事化小，小事化了，矛盾纠纷便可以迎刃而解了。

让幽默为你的友谊添彩

如果朋友之间能够说说笑笑，用幽默的话彼此调侃，友谊自然更富色彩。

家人天天见面，天天交流，而朋友不常见面，不常交流，但若每次交流、每次相见，都相谈甚欢，这样的友谊则能持久。

苏轼和黄庭坚是一对以诗文闻名于世的好朋友。有一次，他们一起讨论书法，苏轼说："您近来的字虽愈来愈劲道，不过有的地方却显得太瘦硬了，几乎像树梢绕蛇啊！"说罢大笑。

黄庭坚说："师兄批评一语中的，令人折服。不过，师兄的字……"

苏轼忙说："你干吗吞吞吐吐，怕我受不了了吗？"

黄庭坚于是大胆说道："师兄的字，铁画银钩，遒劲有力，然而，有时写得就像是石头压住的蛤蟆。"语音一落，两人都笑得前仰后合。

苏轼和黄庭坚两人在谈笑间互相磨砺、互相促进，增进了友谊。

朋友之间有矛盾是在所难免的，一旦双方产生了小矛盾，开个玩笑，说句逗趣的话，比一本正经说道理更强。

老王和老张是一对好朋友，最近由于误会而产生了隔阂。有一天，老王跑到老张家，进门便说："老张啊，我今天是来唱'将相和'的。"老张感到很不好意思，忙接过话头说："要唱'将相和'也该我'负荆请罪'啊！"两人在笑声中握手言欢。

试想，老王与老张若不用这种说笑式交谈，那么要驱除两人心中的隔阂则不知要费多少口舌，而且效果未必有这么好。

巧言妙语能够增添家庭的乐趣

家是避风的港湾，如果能够用巧言妙语增添家庭中的乐趣，那么你的家庭将更加和谐，你的家庭生活也会更加美好！

家庭琐事繁多，父母、孩子之间的关系处理不好，既影响生活的质量，又影响夫妻间的感情。若要避免这种情形出现，就要在言谈上多下功夫。

1. 注意闲谈的技巧

一家人能够说说笑笑，生活则显得和睦、融洽。它是一种情感的交流，是家庭生活的点缀。假如一家子冷言冷语，家便是一个地狱。

母亲：你今天又没回来吃晚饭，是怎么回事？

儿子：哦，单位里应酬太多！

母亲：你也太忙了，其他人不可以分担一点吗？

儿子：你不知道，现在是什么年代了？

母亲：还喝点鸡汤吗？

儿子：不啦！

母亲：明天家里有亲戚来，你晚上回来吃饭，行吗？

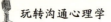

儿子：明天再说吧。

母亲的一副热心肠却换来儿子的冷言冷语，这只会让做母亲的心寒。其实，儿子可以讲些公司里有趣的事，让母亲乐呵乐呵，家里才会有生气。

2. 谅解为上

矛盾是不可避免的，所以你要学会谅解，承认矛盾的存在。用亲切温存的话安慰人，使之抛却烦恼，营造和谐的家庭气氛。

丈夫下班回家满脸怒气，一言不发。妻子安慰道："单位里有什么不如意的事？忘掉它！岂能事事尽如人意，事事称己心！来，卡拉OK一首。"丈夫立时就消了火，拿起话筒唱起了歌。有一回妻子生闷气，怔怔地发呆也不做饭，丈夫说："气大伤身呢，来，我们合唱一曲《黄梅戏》，你唱男声，我唱女声。"妻子开始还不唱，后来看丈夫正儿八经地捏着嗓子唱"树上的鸟儿成双对"，她的气就消了。

谁都有不顺心之时，我们要学会温言软语说服人，给家庭和睦创造条件，才能营建一个幸福的家庭。

出其不意，用幽默制胜

面对别人的职责或挑剔时，出其不意地运用幽默的语言进行反驳，可以扭转不利的局势，化解尴尬的局面。

利用幽默出奇制胜，往往会使你的语言更有说服力，达到奇妙的沟通效果。

德国诗人歌德，有一天在公园里散步。在一条只能通过一个人的小道上，他迎面遇到了一个曾经对他的作品提出尖锐批评的评论家。这位评论家高声喊道："我从来不给傻子让路！"

"而我则相反！"歌德一边说，一边满面笑容地让路。

歌德运用幽默战术，出其不意地将了对方一军，达到了"反败为胜"的目的。

有一条狗疯狂地向一个农夫扑去，农夫忍无可忍，用粪叉打死了那条狗。于是狗的主人将农夫告到法院，要农夫赔偿损失。法官说："你要是把叉子倒过来，用没有尖刺的那一头，不就没有这事了吗？"

农夫回答说："您说得对，法官先生，要是那狗倒着向我扑过来，我会那样做的！"结果农夫被宣判无罪。

农夫在法庭上遇到急迫而又棘手的问题时，他随机应变，以一句幽默的话使自己立于不败之地。

一个顾客在酒店喝酒，他喝完第二杯后，转身问老板："你一星期能卖多少桶啤酒？"

"35桶。"老板得意扬扬地回答。

"那么，"顾客说，"我倒想出一个能使你每星期卖掉70桶啤酒的方法。"

老板很惊讶，忙问："什么方法？"

"这很简单，只要你将每个杯子里的啤酒装满就行了。"

这位顾客的本意是指责老板卖的啤酒只有半杯，但他利用老板唯利是图的心理，设下一个"圈套"，让老板不知不觉地钻了进去，巧妙地指责了老板的恶劣行为。

有一位绅士正在餐馆里进餐，忽然发现菜汤里有一只苍蝇。他扬手招来侍者，冷冷地说道："请问，这小东西在我的汤里干什么？"在这种情况下，无论侍者如何解释、道歉，都只能受到尖锐的批评，甚至会引起顾客更大的愤怒。但是，幽默帮了他的忙，把他从困境中解救出来，使气氛得以缓和。侍者弯下腰，仔细看了半天，回答道："先生，它是在仰泳！"餐馆里的顾客被逗得捧腹大笑。

恰当使用幽默不但让人愉快，还能扭转不利的局势，化解尴尬的局面。

反常规的类比幽默

在类比幽默中，对比双方的差异越明显，对比的时机和媒介选择越恰当，所造成的不协调程度就越强烈，对方对类比双方差异性的领会就越深刻，所造成的幽默意境也就越耐人寻味。

人们的日常生活和科学研究一样，凡分类都是约定俗成的，得用同一标准，否则，必然造成概念的混乱，导致思维无法深入进行。人们从小就被训练来掌握这种最起码的思维技巧。如，马、牛、羊、桃就不能并列在一起，人们会把桃删去，这是科学道理，但并不幽默。

在类比分类时要产生幽默的趣味恰恰要破坏这种科学的逻辑规律，对事物加以不伦不类的并列。

赵阿婆的女儿吵着要买嫁妆，赵阿婆气恼地说："死丫头，你的婚事也不和我商量，东西我不买！"

母女大吵起来，引得许多邻居来看。

邻居陈伯站出来说："你不能怪她没和你商量啊！"

赵阿婆问："为什么？"

"你当年成亲时不是也没和女儿商量吗？"陈伯反问道。

赵阿婆一时语塞。女儿却高兴起来，陈伯又转身对姑娘说："你妈不给你买是不对，可你妈出嫁时，你给她买了吗？人要彼此一样才好呀！"

母亲成亲和女儿商量或母亲成亲女儿买嫁妆，都是不可能的事，并列一起，意思完全相反，差异巨大，但说明了母女二人争吵是因为都没有为对方着想。因此，经陈伯如此点化，母女二人不得不心服口服。

类比幽默术是反常规的，它借着一丝灵气，将事物不伦不类地加以归类。因其具有简便的特征，常为人们所使用。

星期六，一位年轻人照例进城卖鸡蛋。他问城里常打交道的中间商："今天鸡蛋你们给多少钱一个？"

中间商简单地回答："两美分。"

"一个才两美分！这价真是太低了！"

"是啊，我们中间商昨天开了个会，决定一个鸡蛋的价格不能高于两美分。"

年轻人艰难地摇摇头，很无奈，但也只好将蛋给卖掉，回去了。

第二个星期六，这个年轻人照例进城了，见的还是上次那个中间商。中间商看了看鸡蛋，说："这个星期你的鸡蛋太小了。"

"是啊，"年轻人说，"我们的母鸡昨天开了一个大会，它们做出决定，因为两美分实在太少，所以不能使劲下大蛋了。"

一个是人开会，一个是鸡开会，并列一比，妙趣横生。

类比幽默的幽默感是"比"出来的，其情趣也是"比"出来的。这样就有利于对方在心理上接受。我们看下面一例：

有一位中学生，成绩很好，几乎每次考试都是全班前两名。有次考到第五，她妈妈生气地说："去年我为你感到骄傲，这次你怎么了，你曾经是班上考得最好的呀！"

女儿微笑着说："每个同学的妈妈都想为自己的孩子考第一而骄傲。如果我老是第一，他们的妈妈可怎么办呀？"

将孩子得第一的妈妈的心情和孩子成绩差的妈妈的心情并列相比，两种心情完全相反，其趣就生于此。类比幽默是把风马牛不相及的一些概念，或彼此之间没有历史的或约定俗成的联系的事物放在一起对照比较，显得不伦不类，以揭示其差异之处，即不协调因素。它能使人在会心的微笑或难堪的境况中开启心智，受到教育。

人们都清楚，微妙的男女关系里由不少玄妙的心理因素支配着，要是你能巧妙地掌握和运用这些因素为自己服务，你将战无不胜！而这里所说的技巧就是幽默。

男人在没有竞争的情况下，获得女性的青睐后，他的自大心理便会油然而生，自以为很了不起，并且在自大之余，还会小看那位女性，不珍惜那段情感。因此，女性这时就有必要抬高自己的身份去对付他，以便获得较公平的对待。这时幽默是绝佳工具。

因为男人有保护、支配女人的愿望，同时对于容易获得的常常漠然视之，而对不易到手的却有着憧憬的倾向。巧妙利用这一心理，采用实用效果极佳的类比幽默术是再好不过的了。

女朋友："我得告诉你，今天我接吻了 5 次。"
男朋友："什么？你说你今天是第 5 次接吻了？"

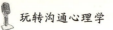

女朋友："是！"

男朋友："还有 4 个是谁？"

女朋友（故意停顿一下）："苹果、橘子、蔷薇、姐姐的孩子。"

这里的幽默之趣就出在那不相称的排列上，一时把男朋友的心搞得七上八下，会让他永远记住这一次的吻。你的智慧能使他认为你是有价值的女性而对你另眼相看。

运用类比幽默时，要注意将智慧和超脱精神结合起来，因为你的智慧能帮你选择多种的类比对象，而你的超脱精神则能保证你不受一些不合理的或常规思想的束缚。当你使用幽默时，不妨参考一下先辈前人在这方面所留下的经典范例，从中你可以得到不少经验。

拒绝伪幽默

幽默之所以成为幽默，其必要条件就是使人快乐，而一切痛苦或不愉快的因素都不能因它而生，否则就不是真正的幽默。

何为幽默？

对于幽默的含义各人都有不同的理解，当年鲁迅、蔡元培、林语堂等大家为译成"幽默"还是"诙摹"有过一番争论。"幽默"一词在中国得以广泛流传，林语堂功不可没。

林语堂说"humor"既不能译为"笑话"，又不尽同"滑稽"；若必译其意，或可用"风趣""谐趣""诙谐"，无论如何，总是不如音译的直截了当，也省得引起别人的误会。凡善于幽默的人，其谐趣必愈幽隐；而善于鉴赏幽默的人，其欣赏尤在于内心静默的理会，大有不可与外人道的滋味。

幽默，生动有趣而意味深长，中国古代称笑话为雅谑或雅浪，而幽默从字义看，幽者雅也，默则可理解为机智冷静，林语堂的译法可谓独到。

幽默应是对噱头、调侃、贫嘴、说教、卖弄、装傻卖乖或尖酸刻薄的超越。让人感到非常遗憾，在我们当下流行的文化里，在我们的电视里，在我们的广播里，噱头、调侃、贫嘴、说教、卖弄、尖酸刻薄和装傻卖乖等伪幽默已经泛滥成灾。

"幽默"这个外来词进入我们的生活已有很长时间，随着时间的流逝，幽默的定义逐渐被曲解了；"幽默"这个高雅的词也被滥用了；被称之为"有趣"的东西实际上是低级趣味；被称之为"可笑"的东西常常令人似笑非笑而感到乏味；被称之为"意味深长"的东西实际上是意味"伸长"到无影无踪。

有个不争的事实，荤段子已经臭了大街。起初大众还能容忍，然而一旦泛滥，便难免倒了人的胃口。

在幽默语言中，不管是舞台表演的，还是人际交往的，性暗示过分强烈的，叫作荤幽默或黄色幽默，反之则可以理解为"素幽默"。

黄色幽默发生在公开场合，有伤大雅，引人反感，即使本来可能接受它的人，也往往顾忌朋友师长的态度而不知如何反应。所以，这种荤幽默最不宜在公众场合讲，否则不但令人不愉快，而且还会减少自己的魅力。

中国是深受儒家文化熏陶的国家，讲究的是"非礼勿听，非礼勿视"。所以，我们要注意绝对不要在公众场合，尤其是有异性、长辈、上级等在场的情况下谈及这种笑话。

不顾国情、毫无节制地讲露骨的笑话，其实也是对别人的一种侵害，更是对自己人格的贬低。

另外，幽默的制造千万不要拿别人的要害当"原料"，勿以讽刺他人为乐。

众所周知，幽默是以社会生活为基础产生的，它不是虚飘在空中的幻景，它的存在本身体现了人们多方面的社会功利需要，包括惩恶扬善、沟通心灵、调解纷争，等等，这使幽默必然地要和讽刺、嘲笑、揭露联系在一起。

但是，幽默所有的善意的讽刺、温和的嘲笑，其中灌注着深厚的情感因素，正像萨克雷《布朗先生致侄儿书》所说的："幽默是机智加爱。"爱削弱了幽默批评的锋芒，通过诱导式的意会发生潜移默化的作用。

苛刻的幽默很容易流于残忍，使人受到伤害、陷于焦虑之中。通常，讥讽、攻击、责怪他人的幽默，也能引人发笑，但是它却常常造成意想不到的后果，使本应欢乐的场面变得十分难堪。

一般来说，无知是可笑的，无知还偏要装得有学问、精明，就更可笑了。将无知作为幽默"原料"，虽然有些道理；若问题牵涉到乡民的无知，如果忘记当时的背景，只是嘲笑他们，是不公平的，也是不近人情的。

幽默之所以成为幽默，其必要条件就是使人快乐，而一切痛苦或不愉快的因素都不能因它而生，否则就不是真正的幽默。

另外，千万别歧视别人的职业或种族。

职业歧视很致命。你嘲笑对方本来就不满意的职业无异于嘲笑对方的才干、信仰、人品甚至人格，因而随意玩笑的结果只能是造成彼此深切的隔阂。

一位向来内向、腼腆的女大学生在自谋职业之时，被迫改变初衷做了一家宾馆的公关小姐，她讨厌终日在客人面前说笑周旋，而渴望当一名文静的女教师。一日，当她出席同学聚会时，她最亲密的女友迎过来："哇，好漂亮！全体起立，向我们的卖笑女郎致敬！"欢快的笑声中，本来春风满面的她顿时目瞪口呆，随即伤心地冲出了聚会厅。

人的职业选择有自愿和不自愿两种，因而心理上也会产生骄傲和自卑两种截然不同的情结。洋洋得意者固然从你的风趣中感受到了羡慕，而更多的失意者则只能从你的调侃里嗅出轻蔑的气味，由此产生无法消除的误解。

同样，种族蔑视也是施展幽默的一大障碍。人，特别是东方人最讲究宗族，民族的一切都被披上神圣的色彩，轻慢抑或戏谑对于民族感情来说是十分危险的。不但费力不讨好，还可能招致灾祸，引起强烈的不满。

幽默家赫伯·特鲁有一次去看一个朋友，他以这样一句话来开始彼此的谈话："我来讲个波兰人的笑话。"

"算了，赫伯，"他的朋友说，"我不愿听。"

"我真不明白，"他抗议道，"你是波兰裔的美国人，而我也算半个波兰裔的美国人。为什么我们不能说个波兰人的笑话来听听呢？"

"算了吧，"朋友坚持，"不要告诉我任何波兰人的笑话。"

这个例子中所蕴藏的正是一种"说不清道不明"的微妙情绪，如果冒犯它无疑会引发冲突，从而带来关系与感情的破裂。

· 第六章 ·

欲扬先抑定律
——"打"与"送"的顺序决定批评的效果

心理学中有这样一个现象：先贬后褒，先抑后扬，易得人好感。这就是欲扬先抑定律。批评一个人应该讲究方法，可以运用一下欲扬先抑定律，对别人先否定后肯定，先抑后扬，这样你批评的话语别人才更乐意接受。

批评时应遵守的原则

批评者如果能够遵循批评的基本原则，那么他的批评将会更容易被对方所接受。

世上没有十全十美的人，每个人都有可能会犯错。有的人会忍不住大发雷霆，严厉斥责犯错的人。然而在一阵狂风暴雨之后，你可能会沮丧地发现，你的"善意"并没有被对方所接受。倘若，我们给批评裹上"糖衣"，也许批评会更容易为人所接受。

其实，批评不一定要用尖刻的言语，有时"温柔细语"更能起到劝说、批评想要的效果。

在生活和工作中，批评是必不可少的，因为缺点每个人都有，只有认识到自己的缺点并加以改正，才有可能获得进步。这就是批评的价值所在。

但是，在批评时，一定要讲究方式、方法，否则难以达到预期效果。那么，批评需要遵循哪些原则呢？

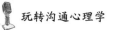

1.体谅对方的情绪

开门见山地批评他人显得有点残酷，会给对方的心理蒙上一层阴影。所以，当你在批评他人时，不妨设身处地地站在对方的立场考虑一下，自己是否能接受得了这种批评。如果批评的话自己听来都有些生硬，那么就该注意一下自己的措辞。

另外，也要考虑批评的场合。不注意场合的批评，任何人都很难接受。

2.诚恳而友好的态度

批评是一个敏感的话题，哪怕是轻微的批评，都不会使人感到舒畅，而且，批评者此时会显得很挑剔。所以，如果批评者的态度不诚恳，居高临下，反而会引发矛盾，使对方产生对立情绪。

因此，批评必须注意态度，诚恳而友好的态度往往能使摩擦减少，使批评达到预期效果。

3.只说眼前，不提过去

批评应该站在如何解决当前问题、将来如何改进的立场上进行。这样的批评才是理想、得当的。

4.批评时一对一，莫让他人听到

批评时若有他人在场，被批评者会有屈辱感，由此心生反感，找理由辩解，而无心自省。因此，不到万不得已，不要当众批评他人。

寻找最佳突破口

人的心理是客观现实在头脑中的反应，外界的刺激会引起人的心理变化，突然的刺激会导致心理波动。这时人往往情绪反应强烈，特别是年轻人，情感更为动荡、极易冲动，情感有余，而理智不足。情感的潮水会漫过理智的堤坝，在激情的驱使下采取事后追悔莫及的过火行为。

如果抓住情绪已经产生强烈波动即将导致不正常行为的时刻予以说服，阐明利害得失，对方就会受到震动，恢复理智，幡然醒悟。而过早地进行说服，会被对方认为神经过敏或无中生有；时过境迁，再去说服教育，易被对方看成"事后诸葛"，或秋后算账，都不能收到好的效果。

要抓住最佳时机，就要善于在人的思想、情绪容易发生变化或可能出现问题的关口及时进行说服教育。一般来说，人们在面临工作调动、毕业分配、入党入团、家庭事件、婚恋受挫、升职加薪、意外事故、住房分配、子女就业、战士报考军校、退伍回乡、请假探家、负伤患病等情况时，极容易产生思想波动，这也正是进行说服的好时机，在这种时刻要及时劝导提醒，防患于未然。

　　个别说服的时机是否恰当，可以通过观察对方的情绪表现进行判断。如果对方心平气和，或者表现出情绪超乎平静的迹象，这往往说明时机较为合适。如果发现对方表现出反感或对立情绪，我们除应检查谈话方式、方法或自己的观点、态度是否正确外，还应考虑谈话的时机是否成熟，及时中止谈话，以免造成不好的后果。这时，我们应积极观察，耐心等待；或者采取恰当措施，创造有利的时机，使说服一举奏效。

　　实际上，"最佳时机法"所强调的最佳时机，并没有具体标准，也并不仅限于上面事例中所展示的模式，全靠我们在具体情况下从说服的目的出发，针对对方的思想状态和心理特点，自己揣摩和把握。

　　只要我们具有敏锐的观察力，准确的预测和果断、灵活的思维能力，我们的说服工作就会像杜甫诗句中"知时节"的"好雨"那样，"当春乃发生"，恰到好处地滋润人的心田。寻找说服的最佳突破口，不仅仅是从把握最佳时机着手，我们还可以从对方最得意的事情说起。

　　生活中，其实每个人都有自己认为得意的事情，事情的本身究竟有多大价值，是另一问题，而在他本人看来，却可能是一件值得终身纪念的事。如果你能预先打听清楚，在有意无意之间，很自然地讲到他得意的事情，只要他对你没有厌恶的情绪，或只要他目前没有其他不如意的事情，在情绪正常的情况下，他一定会高兴地听你说的，当然此时说服他就容易多了。

　　当然，我们在进行说服时要注意技巧，表示敬佩，但不要过分推崇，否则会引起对方的不安。对于这件事情的关键，要慎重提出，加以正反两方面的阐述，使他认为你是他的知己。到了这种境地，他自然会格外高兴，会亲自讲述，你应该一边听，一边说几句表示赞赏的话，如此一来，即使他是个冷静的人，也会变得和蔼可亲，你再利用这个机会稍稍暗示你的意思，进行试探，作为第二次进攻的基点。这不是失败，而是你说服他的初步成功。对于涉世不深的人，得此成绩，已不算坏，若想一举成功，除非对方与你素有交情，又正逢高兴的时候，而且你的谈吐又是很容易令人接受的，否则千万不要存此奢望。

不过对方得意的事情要从哪里去探听，那当然要另谋途径，试着在你的朋友中找一下有否与对方交往的人，如果有，向他打听当然是最容易的。如能留心报纸上的新闻或其他刊物，平日记牢关于对方的得意事情，到时便可以应用。此外，随时留心交际场中的谈话，像这些时候谈到对方得意的事情，也是很平常的。因为对方在高兴的时候，易于接受你的请求；在对方不高兴的时候，虽是极平常的请求，也会遭到拒绝。比如对方新近做成了一笔生意，你称赞他目光精准、手腕灵活，引得他眉飞色舞，乘机稍示来意，也是好机会。诸如此类的例子很多，全在于你随时留心，善于利用。不过，当你提出请求时，你要看时机是否成熟，另外，你在说服过程中要保持不亢不卑。过分显出哀求的神情，反而会引起对方藐视你的心理。尽管你的心里十分着急，但说话表情还是要表现得大方自然，并且要说出为对方着想的理由来，而不只是为你自己打算。

批评别人时要给对方台阶下

当批评别人的时候，可能会出现对方下不来台的情况。这个时候如果能巧妙地给人台阶下，就可以为对方挽回面子，缓和紧张难堪的气氛，使事情能顺利进行。要达到这样的目的，就应该学会使用下列技巧，在批评别人时给对方台阶下。

1. 给对方寻找一个善意的动机

装作不理解对方的尴尬举动，故意给对方找一个善意的行为动机，给对方一个台阶下。

有一位老师曾经讲过这样一个故事：

一天中午，他路过学校后操场时，发现前两天帮助搬运实验器材的几位同学正拿着一个实验室特有的凸透镜在阳光下做"聚焦"实验。当时那位老师就想：他们哪来的透镜？难道是在搬器材时趁人不备拿了一个？实验室正好丢了一枚。是上去问个究竟还是视而不见绕道而去？为难之时，同学们发现了那位老师。从同学们慌忙的神情中，老师肯定了自己的判断。当时的空气就像凝固了似的，但是这位老师很快想出了一个主意，他笑着说："哟，这透镜找到了！谢谢你们！昨天我到实验室准备实验，发现少了一个透镜，我想大概是搬器材过程中丢失了，我沿途找了好几遍都未能找到，谢谢你们帮我找到了这个透镜。这样吧，你们继续实验，下午还给我也不迟。"同学们轻松地点了点头，一场尴尬就这样被轻松化解了。

这位老师采用了故意曲解的方法，装作不懂学生的真实意图，反装作是他们帮助自己找到了透镜，将责怪化成了感激，自然令学生在摆脱尴尬的同时又羞愧不已。

2. 顺势而为

依据当时当场的势态，将对方的尴尬之举加以巧妙解释，使原本只有消极意味的事件转而具有积极的含义。

有一次，县教委的一些同志来学校听课，校长安排 1 班的李老师讲课，这下可使李老师犯难了。他既怕课讲得不好，又忧虑有的学生答问题时成绩不佳，有失面子。课堂上，他重点讲解了词的感情色彩问题。在提问了两位同学取得良好效果后，接着提问县教委一位领导的孩子："请你说出一个形容×××的美丽的词或句子。"

或许是课堂气氛紧张，或许是严父在场，也可能兼而有之，这名同学一时为难，只是站着。

李老师和那位领导都显出了尴尬的脸色。瞬间，这位老师便恢复正常，随机应变地讲道："好，请你坐下，同学们，××同学的答案是最完美的，他的意思是说这个人的美丽是无法用文字和语言来形容的。"

这一妙解为县教委领导的孩子尴尬的"呆立"赋予了积极的意义，使他顺利下了台阶，而李老师本人和那位领导本人也自然摆脱了难堪。

3. 委过于不在现场的第三者

故意将对方的责任归于不在现场的他人，主动地为对方寻找遮掩不妥行为

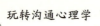

的借口。

一位女顾客在某商场为丈夫购买了一套西服，回家穿后，丈夫不大喜欢这种颜色。于是，她急忙将西服包好，干洗后拿到商场去退货。面对服务员，她说那件衣服绝没穿过。

服务员检查衣服时，发现衣服有干洗的痕迹。机敏的服务员并没有当场找出证据来拆穿她，因为服务员懂得一旦那样做，顾客会为了顾及自己的面子而死不承认的。这位服务员就为顾客找了一个台阶。她微笑着说："夫人，我想是不是您家的哪位搞错了，把衣服送到洗衣店去了？我自己前不久也发生过这类事，我把买的新衣服和其他衣服放在一起，结果我丈夫把新衣服送去洗了。我想，您大概也碰到了这种事情，因为这衣服确实有洗过的痕迹。"

这位女顾客知道自己错了，并且意识到服务员给了她台阶下，于是不好意思地拿起衣服，离开了商场。

4. 将尴尬的事情严肃化

故意以严肃的态度面对对方的尴尬举动，消除其中的可笑意味，缓解对方的紧张心理。

第二次世界大战时，一位德高望重的英国将军举办了一场祝捷酒会。除上层人士之外，将军还特意邀请了一批作战勇敢的士兵，酒会自然是热烈而隆重的。没料想，一位从乡下入伍的士兵不懂酒席上的一些规矩，捧着面前的一碗供洗手用的水喝了，顿时引来达官贵人、夫人小姐的一片讥笑声。那士兵一下子面红耳赤，无地自容。此时，将军慢慢地站起来，端着自己面前的那碗洗手水，面向全场贵宾，充满激情地说道："我提议，为我们这些英勇杀敌、拼死为国的士兵们干了这一碗。"言罢，一饮而尽，全场为之肃然，少顷，人人均仰脖而干。此时，士兵们已是泪流满面。

在这个故事里，将军为了帮助自己的士兵摆脱窘境，恢复酒会的气氛，采用了将可笑事件严肃化的办法，不但不讥笑士兵的尴尬举动，而且将该举动定性为向杀敌英雄致敬的严肃行为。乡下士兵不但一扫而尽了尴尬，而且获得了莫大的荣誉，成为在场的焦点人物。

批评孩子的同时还需要对其正确引导

冲突本身并不可怕，关键在于如何正视冲突，并合理地处理和化解冲突。

随着社会的发展，人们的价值观、世界观发生了巨大的变化，父母与孩子之间由于生活在不同的时代而产生了基本价值观的差异，比如，孩子嫌父母古板、循规蹈矩，父母抱怨儿女不踏实、太新潮……

孩子与父母之间的这种冲突是孩子成长过程中必经的关口。冲突本身并不可怕，关键在于如何正视冲突，并合理地处理和化解冲突。

有时候，林女士会羡慕别的家庭，他们的孩子怎么就能和父母无话不谈？甚至连恋爱的秘密也一起分享。但她女儿灿灿最爱说的就是："妈妈你别管了，我自己会处理。"

林女士第一次发现灿灿特有主见还是在中考时。

那时，灿灿已经被通知保送，直升本校重点高中。灿灿学习成绩一直很好，能保送就算是进了保险箱。但在此前，灿灿一直在考虑报考一所更好的学校。到底该如何选择？要知道，被保送已经是许多孩子梦寐以求的了。

那个月，这个话题一直在林女士家的饭桌上讨论不休。如果放弃保送，万一考不上，对灿灿会不会是个沉重的打击？而且，即便那时再考上本校，还要多交一大笔学费。而且，本校会不会不愿意接收呢……他们尽可能倾听灿灿对学校的感受，和灿灿商讨各种可能性，并介绍自己在工作生活中的教训……其实，林女士和她丈夫心中早有定数：希望她还是接受保送。"但我们能替孩子做决定吗？谁又能保证她执行的效果？"于是他们告诉灿灿："这件事由你自己决定。"

其实，女儿非常认真地听取了她们的意见。林女士心里也在打鼓："我和丈夫应该支持孩子在事关前途的问题上冒险吗？"

终于有一天，女儿回家后淡淡地说："爸，妈，我今天对老师说，我放弃保送名额了。"

一瞬间的震惊。林女士和丈夫迅速对视一眼，马上表示："那就这样吧！"

再没多说什么。可是回到卧室，她和丈夫谈到深夜，心中不知是惊喜还是担忧。没想到孩子这么小就有了决断力和对自己负责的态度，她既然愿意逼自己一下，不管结果如何他们都接受。

几个月过去了，孩子还是以几分之差落回了本校。之后半年多的时间，孩子经历了期望值的失落、对学校的不满意和与其他同学比较后的失衡。看着她烦躁的神情，林女士的担心真是难以形容。

就在那时候，林女士常常用自己的经历来给女儿打气。她给灿灿讲述她18岁离家插队时，单纯、胆怯，对社会一无所知，十多年来，面对艰难困苦的生活，她和丈夫是如何熬过来的、如何靠着自己的奋斗走出困境。她对灿灿说："我跟你爸爸现在拥有的大部分好的经验、能力也都是在不断的失败中得来的，经历点挫折也不是坏事，这是成长中一次重要的心理考验，别人无法替代。只有依靠自己不断地打拼、锻炼才能取得成功。"林女士的丈夫一直都在灿灿的身边默默地支持她。后来，灿灿逐渐从失败的阴影中走出来，并考上了北京的一所著名的高等学府。

其实，独立是孩子成长的需要，处于青春期的个体具有明显的独立性和成人感心理。若父母对这些"准大人"仍采取强权态度，喜欢命令孩子，不但没有效果，反而会增加孩子的抵触情绪，加深父母与孩子之间的代沟。假如父母能认识到这是孩子个性的表现，抱着理解、尊重和正确引导的态度去面对，那么两代人之间的代沟自然容易消除。

以柔克刚，正话反说吐逆耳忠言

很多谈话高手在批评别人时，都会选择一种委婉的方式。

人们总是认为，口才好的人总能在交际中左右逢源，随机应变。而语讷的人常常会感到自惭形秽，认为自己不善于交际，对人际交往失去信心。其实在社会交往中，如何把话说得恰到好处才是成败的关键。

俗话说："良药苦口利于病，忠言逆耳利于行。"我们要把话说得恰到好处，那么为何不用顺耳的忠言、温柔的言语来化解矛盾呢？试想一下，公园里草地上竖立的牌子，有的写着："小草默默含羞笑，来往游客莫打扰""百花迎得嘉宾来，请君切莫用手摘"，有的则用诸如"禁止""罚款"等字眼。哪一种更能博得游人的喜爱，使花草得到爱护，这是不言自明的。

不论是工作还是生活中，一个人的能力毕竟是有限的，不可能把任何事情都做到十全十美，时常犯一些错误是在所难免的，同学之间、同事之间，如果真诚地提出善意的批评，对于双方都是有益的。对于他人的任何批评和帮助，我们要满怀诚意，虚心接受。但是，既然是批评，语言可能会尖锐一些，语气也会严厉一些，忠言逆耳或者顺耳，批评能否被接受，这取决于批评者说话的方式方法。

某领导发现秘书写的总结有不妥之处。他是这样批评秘书的："小张，这份总结总的来说写得不错，思路清楚，重点突出，有几处写得很有见地，看来你下了功夫。只是有几个地方提法不妥，有点言过其实，有的地方尚缺定量分析，麻烦你再修改一下。你的文笔不错，过去几次写总结也是越修改越好，相信你这次也一定能改出一个好总结来。"

这样说，秘书会感到领导对自己很公正、很器重，充满期望和信任，因而就会很卖力地把总结改好了。

人活一张脸，树活一张皮。一个人的自尊是最宝贵的也是最脆弱的。很多谈话高手在批评别人时，都会选择一种委婉的方式。聪明人总是在发现对方的不足时，想办法找个机会私底下向他透露，而且批评也是较为含蓄的，甚至他会将批评隐藏在玩笑中，这样就能很容易地让对方接受建议了。

把握好说话的分寸，不可太露骨

事情有缓急，说话有轻重。有些人在日常交际中，考虑问题缺乏理智，不计后果，说话没轻没重，以致说了一些既伤害他人也不利于自己的话。其实，把话说得有轻有重，并非人们想象的那么难。只要将心比心，把对别人说的话当作对自己说的，想一想，就知道我们所说的话有多少分量了。

说话轻重，通常出现在规劝或批评对方的情况中，所以掌握好轻重的比例，是非常重要的。谁都知道"人非圣贤，孰能无过"，所以，当我们发现对方行为有所缺失时，不必说得太露骨，稍微暗示一下对方，或者旁敲侧击地提醒，对方通常能够明白你的意思，还会对你的善意规劝表示好感。

宋朝益州的张咏，听说寇准当上了宰相，对其部下说："寇公奇才，惜学术不足尔。"张咏与寇准是多年的至交，他很想找个机会劝劝老朋友多读些书。

恰巧时隔不久，寇准因事来到陕西，刚刚卸任的张咏也从成都来到这里。老友相会，格外高兴。临分手时，寇准问张咏："何以教准？"张咏对此早已有所考虑，正想趁机劝寇准多读书。可是仔细一琢磨，寇准已是堂堂宰相，居一人之下、万人之上，怎么好直截了当地说他没学问呢？

张咏略微沉吟了一下，慢条斯理地说了一句：《霍光传》不可不读。"回到相府，寇准赶紧找出《汉书·霍光传》，从头仔细阅读，当他读到"光不学无术，阇于大理"时，恍然大悟，自言自语地说："此张公谓我矣！"是啊，当年霍光任过大司马、大将军要职，地位相当于宋朝的宰相，他辅佐汉朝立下大功，但是居功自傲，不好学习，不明事理。这与寇准有些相似之处。因而寇准读了《霍光传》，明白了张咏的用意。

虽然张咏与寇准过去是至交，但如今寇准位居宰相，直截了当地说不一定合适。在这种情况下，张咏的一句赠言：《霍光传》不可不读。"可以说是绝妙的。别小看这一句话，其实它胜过千言万语。而张咏通过让寇准去读《霍光传》这个委婉的方式，使寇准愉快地接受了自己的建议。

那些熟谙暗示手段提醒别人的人，通常能将自己善意的评价和论断很好地传达给对方，其结果通常使评价方和被评价方获得双赢。虽然人人皆知直言不讳是耿直的表现，但是物极必反，有时候态度越强硬，越达不到你想要的效果。最为高明的手段根本不提"批评"二字，而是逐渐"敲醒"听者，启发他自我反省。

奉劝别人的话并不是随口说出来的，我们必须思考应该以什么样的方式把它说出来而不会让对方难堪。对于那些有自知之明的人，最好采用暗示的方式，因为这样做就可以达到劝说的目的了，若是把话挑明，反而多加一层伤害。

看透但不点透：事情说得太白会伤和气

人非圣贤，有时难免会做一些不适当的事。在这种情况下，就要把握好指责他人的分寸，即使看破别人的心思也不要去点破。

在人际交往中，有的事不必弄得太明白，只要大家心知肚明就可以了。俗话说：看透别说透。事情说得太白，反而会伤和气，或显得太无聊。懂得此道理，在交际中自然游刃有余。

一日，老姜在县上巧遇好友老刘。一番寒暄之后，老刘说道："我正想去找你，恰好你来了。"

"有啥事我能帮上忙的？"老姜好奇地问。

"×镇的朱××诉H镇的周××赔偿一案，你们受理的吧？"

"是啊。"

"周××是我的老乡。他是复员军人，共产党员，这人……"老刘说。

老姜插话笑道："你不必介绍他的政治面貌了，我们又不选拔干部。如果看政治面貌，那么，若遇上一件书记告贼的民事案子的话，岂不是连审判程序也不必进行，直接判书记胜诉就行了吗？"

"对对对。"老刘连连点头。

"但凡人们总爱把犯过错误的人看扁，犯过错误的人又不敢激烈申辩自己的正确主张。你是明理之人，为他辩护即可起到维护其合法权益的作用。你说，对吗？"老姜说。

"言之有理。"

一番说笑后，二人分手了，没有因此产生半点隔阂。

相反，那些事事追究到底、口无遮拦地说出心中所想的人，在很多时候往往会破坏原本融洽或是可能融洽的气氛。

在一次会议上，张教授遇见了一位文艺评论家。互通姓名后，张教授对这位文艺评论家说："久仰久仰，早就知道您对星宿很有研究，是位大名鼎鼎

83

的天文学家。"评论家半天没有反应过来，以为是张教授搞错了，忙说："张教授，您可真会开玩笑，我是搞文艺评论的，并不研究什么天文现象。您是不是弄错了。"张教授正言答道："我怎么是跟您开玩笑呢。在您发表的文章里，我时常看到您不断发现了什么'著名歌星''舞台新星''歌坛巨星''文坛明星'等众多的星宿，想来您一定是个非凡的天文学家。"弄得这位评论家尴尬不已，什么也没说，坐了一会儿就走了。

为人处世，虽需练就一双"火眼金睛"，同时也要做一只"闷嘴葫芦"，这样才能万无一失。像故事中的张教授以为自己看得挺明白，于是就对人大加指责；而故事中的老姜则不同，他明白"看透不说透"的道理。这两种人在处理事情时得到的结果也自然不同了。

谁都会有出错的时候，如果只是一味地泄私愤、横加批评、讲刺话，总是数落对方"你怎么这么笨""你怎么总是这样""你这样做太不应该了"等，是不太妥当的。

因此，当某人行事真有问题时，当他内心已经在反省，觉得抱歉、恐慌、不知所措时，如果你再批评指责他，那么他会因为你的谴责而羞愧难过，有的甚至从此一蹶不振，无法再树立自信。如果换种语气，换个方式，比如，"从今以后，你会做得比这次好"，或者"我想，下次你一定不会再犯这样的错误了"等诸如此类的话，对方不仅会感激你对他的信任，同时会感受到你的真诚，更重要的是有了改正错误的信心，对方在今后的工作、生活中，必定会更加小心谨慎。

中 篇

摸清心理

巧妙表达

·第一章·

妙语寒暄，寻找共鸣沟通

得体的客套礼貌周到

客套，包含着客气、谦卑，处处显示出对别人的尊重；客套，还显示出你的平和与内敛。

客套是语言艺术中的一种。我们往往在教育孩子的时候会说"见了大人要打招呼，借了同学的橡皮要说谢谢，不小心碰倒了人家要说对不起"等，这是最基础的礼貌教育。

客套的书面文字是那么的枯涩、乏味，但是变成语言之后，却是那么的悦耳和动听。

一次，李女士去看重病中的好朋友，看到对方非常痛苦的样子，她没有说一句话。她没有说话是因为当时有许多的顾虑：说客套话吧，不能表达自己的心情；不说话吧，又被认为冷眼旁观。她太内向了。

这种"内向"要比虚情假意和口蜜腹剑的做法诚实得多。但是，由于不能充分地表达自己的内心，在他人看来一切都等于零。一个人如果连一句最普通的客套话都不会说，探望病人的时候，连一句"没事吗"都说不出口，这种人会给人一种冷酷的感觉。

所以，生活中要学会说客套话，用自己的语言表达出自己的感情，比如"没事吗"这句话，你并不是只把字面的含义说给对方，这里面，你可以加进去自己的真实感情，比如"有什么我能帮你的？""我看到你难受的样子非常难过！""没事吗？好了之后，我们一起去打保龄球。"这样，更有益于促进彼此之间的关系。

客套不是低声下气，是尊重；客套不是虚伪，是礼貌。

生活、工作，哪一样都需要语言作为纽带。人要衣装，佛要金装，语言也要靠包装。语言的魅力，在于使人心悦诚服，语言的运用，在于修养气度。

会客套的人，说出来的话叫人喜欢听、愿意听，别人也会欣然接受；不会客套的人，常常面临许多的尴尬，造成许多的误解，出现人际关系的障碍，导致自己的人脉越来越窄。

有的人说，客套多，朋友多；朋友多，好事多。这句话一点都不假。因为客套和寒暄可以帮助你认识很多朋友，缩短人与人之间的距离，从而促成两人的交往。

在生活当中，我们往往会听到如"谢谢您""多谢关照""劳驾""拜托"之类的客套话。这样的客套话可以向别人表示感谢，能沟通人与人的心灵，建立融洽的人际关系。在求人做事以后，应真诚地说一声"谢谢"。如果你不说一声"谢谢"，只把感激之情埋在心底，对方会有一种不快的感觉，他的劳动没有得到肯定，会认为你不懂礼貌，今后也不会再帮助你。同样，在打搅别人、给别人添麻烦时，能真诚地说一声"对不起"，对方的气就会减少一半。所以，在人际交往、求人办事的过程中，我们千万不要忽视客套的作用。

许多时候，客套就是表现出对对方的尊重、礼节和谦虚。比如有人作报告或讲话，总会说"我资质不高，研究不够，恐怕讲不好"，或者是"我讲得不好，请大家批评指正"。诸如此类的客套话，看起来是随口而出，实际上起着表达讲话者的谦恭愿望的作用。

客套必须要自然，要真诚，言必由衷，富有艺术性。

小王是上海某大饭店里的服务员。著名美籍华裔舞蹈家孟先生第一次到该饭店，小王向他微笑致意："您好！欢迎您光临我们酒店。"第二次来后，小王认出他来，边行礼边说："孟先生，欢迎您再次到来，我们经理有安排，请上楼。"随即陪同孟先生上了楼。时隔数日，当孟先生第三次踏入酒店时，小王脱口而出："欢迎您又一次光临。"孟先生十分高兴地称赞小王："不呆板，不制式。"

小王之所以会受如此表扬，在于他并不是鹦鹉学舌，见客只会一声"欢迎光临"，而能根据交际情境的变化运用不同的方法，表现出他对工作的热爱和说话的艺术。

"人有礼则安，无礼则危。故曰，礼者不可不学也。"可见，人类从很早以前就开始呼唤礼仪，呼唤文明。有的人总是说，礼仪中的寒暄是人际交往的废话，其实这句话是不正确的。

在人际交往中往往少不了客套，客套会使我们彼此之间的关系更加和谐。要把"谢谢、对不起、请"常挂嘴上。请人办事，说一声"劳驾"，送客临别，讲一句"慢走"。这些都能显示出你礼貌周到、谈吐文雅。擅长外交的人们像精通交通规则一般精于客套，得体的客套同我们美好的仪容一样，是永久的荐书。以下是一些日常生活中常用的客套话：

> 初次见面说"久仰"，好久不见说"久违"。
> 请人评论说"指教"，求人原谅说"包涵"。
> 求人帮忙说"劳驾"，求给方便说"借光"。
> 麻烦别人说"打扰"，向人祝贺说"恭喜"。
> 请人改稿称"斧正"，请人指点用"赐教"。
> 求人解答用"请问"，赞人见解用"高见"。
> 看望别人用"拜访"，拖人办事用"拜托"。
> 宾客来到用"光临"，送客出门称"慢走"。
> 招待远客称"洗尘"，陪伴朋友用"奉陪"。
> 请人勿送用"留步"，欢迎购买叫"光顾"。
> 与客作别称"再见"，归还原物叫"奉还"。
> 对方来信叫"慧书"，老人年龄叫"高寿"。

得体的"致谢"会更加温暖对方的心窝，也能使你的语言更加充满魅力。得体的"道歉"是你送给对方的最廉价的礼物，也是调和紧张关系的一帖灵药……有的人往往容易把应酬、客套、寒暄甚至是聊天这些基础的交往行为看作是虚伪、庸俗和毫无意义的东西，在思想上加以排斥，在行动上加以抵制。这样的人违背了人类的某些本性，在交际上会屡屡受挫，连连吃亏。

客套并不一定表现在语言上，一个眼神、一个手势，点一下头，微笑一下，或给对方送些小礼物，凡此种种，都属于客套的范畴。换句话来说，客套是一个比较宽泛的概念，客套是一种礼节，如果客套运用得好，会使你收到意外的惊喜。

日本松下电器公司的松下幸之助是个很讲客套的人。他在交托下属去执行某一件事时，会说："这件事拜托你了。"遇到员工时，他会鞠躬并说"谢谢你""辛苦了"之类的客套话，有时会亲自给员工斟一杯茶，或者送给员工一件小礼物。

就是因为这种客套，员工才毫无怨言地为他尽心竭力地工作。

人类是一种感性的动物，从某种意义上说，人际关系正是出于人类感情交流的需要才存在的。客套是温暖的，能加深对方的了解，亲切关系，增加友谊，彼此之间的关系因为客套而发生变化，心理距离也会随之缩短，感情自然有了呼应和共鸣。

在人际交往中，要想使别人怎么对你，你首先就要学会如何对待别人。客套一下，看似平常，可它却能引起人际间的良性互动，成为交际、办事成功的促进剂。

沟通要有情感共鸣点

场面上，要想使得场面更和谐，就一定要找到对方感情的突破口，只有情感上有了共鸣，场面话才能继续说下去。

日常交往并不是总在熟人间进行，有时你甚至要闯入陌生人的领地。当进入陌生的家庭、环境时，要迅速打开局面，首先要寻找理想的突破口。有了突破口，便可以以点带面或由此及彼地发挥开去，从而实现让对方在感情上接受你的效果。

纽约某大银行的乔·理特奉上司指示，秘密进入某家公司进行信用调查。正巧理特认识另一家大企业公司的董事长，这位董事长很清楚该公司的行政情形，理特便亲自登门拜访。

当他进入董事长室，才坐定不久，女秘书便从门口探头对董事长说：

"很抱歉，今天我没有邮票拿给您。"

"我那12岁的儿子正在收集邮票，所以……"董事长不好意思地向理特解释。

接着理特便开门见山地说明来意，可是董事长却含糊其辞，一直不愿做正面回答。理特见此情景，只好离去，没得到一点儿收获。

不久，理特突然想起那位女秘书向董事长说的话，同时也想到他服务的银行的国外科每天都有许多来自世界各地的信件，那上面有各国的邮票。

第二天下午，理特又去找那位董事长，告诉他自己是专程替他儿子送邮票来的。董事长热诚地欢迎了他。理特把邮票交给他，他面露微笑，双手接过邮票，就像得到稀世珍宝似的自言自语："我儿子一定会高兴得不得了。啊！多有价值！"

董事长和理特谈了40分钟有关集邮的事情，又让理特看他儿子的照片。之后，没等理特开口，他就自动地说出了理特要知道的内幕消息，足足说了一个钟头。他不但把所知道的消息都告诉了理特，又召来部下询问，还打电话请教朋友。理特没想到区区几十张邮票竟让他圆满地完成了任务。

人常说：要让一个母亲开心，那就去赞扬她的孩子。找到情感共鸣，沟通自然会顺畅。

分清别人说的场面话

场面话大家都在说，但究竟哪些场面话是真的，哪些场面话是虚言的应酬，我们要做到心中有数。

走入社会后，很多人就会发现，虽然自己名片盒里的名片越来越多，可真正无话不谈的朋友还是那么几个。绝大多数是场面上的朋友，迎来送往，无非是个"你好"加上"再见"。苦恼的是，若是真正的朋友，就算相对无语，彼此也不觉得尴尬。但场面上的朋友就不同了，毕竟从见面到分手之间的一段空白还是要去填的。善于应酬的人，也就是公认的社交高手，总能漂亮地完成使命，让彼此轻松愉悦地度过一段时间；反之，则空留尴尬的笑脸和一段难熬的时间。

一个法资公司的大老板每年环球巡游一次，听各国首席执行官们述职。当然，也顺便见一下各国雇员。只是全球数万张面孔，哪儿记得过来？于是他每年都问同样的三个问题：你是哪个大学毕业的？学的是什么专业？何时来到我们公司的？除了首席执行官们之外，公司其余的人每年要回答一次。

大多数员工对待这三个问题就像对待元首阅兵一样，把答案像口令一样喊出来而已，从不奢望自己能被大老板记住，除了一个信息技术工程师。他每次回答完"我的专业是建筑设计"之后，都会解释一下为何原来的建筑设计师会转行到信息技术领域。这是个漫长的故事，但大老板老是记不住，于是他连续讲了三年。第四年，当他又开始讲第四次的时候，大老板制止了他："好像有个挺长的故事是吗？无论如何，我代表公司感谢你的努力工作。"可怜的人只好把他那感人的奋斗史收了起来。

老板只是客套一下，谁知他竟当了真。

坐上大老板的位置后，也许不用再花心思设计机灵的场面话；但下属就不同了，场面上反应机敏与否，直接关系到将来的前程。

一次会议的中场休息之后，许多人迟到。大老板面露愠色。大部分人默默地进来，默默地入座，空气十分凝重。只有一个中层女经理人未到，话先到："哎呀呀，卫生间的队好长啊。老板，你怎么雇了这么多女人啊！"一句话把大老板逗乐了。

在一个鸡尾酒会上，有个商人模样的老外过来打招呼，琳达马上放下冰橙汁，与他握手。他笑问琳达："为什么你的手冰冰的呀？"她忙着解释，朝那杯冰橙汁乱指。他马上摇头："不不不，你只需要说'但我的心是热的'就行了。"

一句话提醒了琳达。

其实他并不关心为何琳达的手是冷的，而琳达也并无义务解释为何自己的手是冷的。不过是两个陌生人找个话题混个脸熟而已，什么话开心、什么话可以博个笑脸，就讲什么话。

场面话人人都在说，但究竟所说的场面话哪些是真的、哪些只是基于社交的礼节，我们的心中要有数，这样就不至于因为没有分清对方的场面话而造成尴尬的局面。

面对不同的人用不同的交谈方式

不同的人所关注和喜欢的东西也会不同，面对不同的人，我们要学会说不同的场面话。只有投其所好，场面话才能引起对方的兴趣，谈话才能持续下去。

与人交谈时，如果想要达到"交谈甚欢"的境界，最常见的方法就是"投其所好"。如果想要求人办事，那就更得在说话的时候投其所好。要知道，如果你能投其所好，说的话就能深入人心。如果反其所好，只会招来对方的厌恶，甚至还会给自己带来麻烦。有个人们耳熟能详的童话故事就能说明这个道理：

有一个年轻的渔夫，一天收网的时候，发现网里有一个旧瓶子。他把瓶塞打开，突然一阵浓烈的烟雾喷出来，很快变成一个比山还大的巨魔。

这时，巨魔突然笑着说："哈哈！年轻人，你把我救出来，本来我应该感谢你的，可是，你做得太迟了，倘若你早几年把我救出来，你就可以得到一座金山啦！唉，又让我等了500年，我太不耐烦了，我已经许了恶愿，要把救我出来的那个人一口吃掉！"

那年轻人吃了一惊，但立即镇定地说："哟，这么小的一个瓶子，怎么能把你盛下呀，你一定在说谎，你再回到瓶子里让我看看吧。"

那巨魔听后，竟大笑说："哈哈哈哈，我不会上当的！《天方夜谭》早把这个古老的故事说过了，我如果再钻入瓶子里，你把塞子塞上，我不就完蛋了吗？"

"你看过《天方夜谭》？真是一个博学多才之士呀！你看过苏格拉底的哲学著作吗？"

"哼！这500年来，我躲进瓶子里，穷读天下的经典著作，苦苦修行，莫说是西方的巨著，连中国的《大学》《中庸》《论语》《孟子》我都念得熟透了。"

"啊，那么《史记》你也颇有研究吧？墨子的著作也有涉猎吗？"

"别说了，经史子集无一不通！"

"不过，我想你一定没有见过《红楼梦》的手抄本，这是一部难得一见的版本呢！"

"哼！你这个小子太小觑我了，这本书的收藏者正是我呀！让我拿出来给你开开眼界吧！"

刚说完，只见巨魔立即又化作一阵浓烟，徐徐进入瓶子里。这时候，年轻的渔夫不再迟疑，连忙用瓶塞堵住了瓶子。

每个人都有可能是他兴趣所在领域的专家，激发对方的兴趣，你不仅会获得新知，有时加以利用，还能够逢凶化吉。年轻的渔夫就是利用这一点降服了巨魔。

与对方能够畅谈的原则，就是能够顺着对方的喜好，投其所好地交谈。心理学家告诉我们，对于不同类型的人，要用不同的交谈方式。

1. 人际关系型

如果对方时常提到自己和某个人的关系，或是某个人和另一个人的关系，就代表他对人际关系很有兴趣。如果你让他知道你也懂得人际关系学，那么，他就会很喜欢和你谈下去。

2. 逻辑思维型

如果这个人说话有条理、很利索，而且用词精确，这种人通常喜欢有逻辑性地去思考，谈话滴水不漏。因此在对话时，你不能只是说出自己的感觉，要尽量调动自己的"分析"因子，去分析事物背后的道理。

3. 情感丰富型

当你们讨论到对于某个人或某件事情的想法时，如果对方说出"这个人好可怜……"之类的话，代表他情感丰富，凡事凭感觉，而且好恶分明。面对这种人，不要谈理论、讲求逻辑分析，他对此可能一点兴趣也没有。

4. 艺术欣赏型

这种人喜欢谈论美术或音乐等话题，你可以和对方讨论最近最热门的商品设计或是音乐表演等，请教对方的意见，不仅让对方有一个表现的机会，你也能从中学到一些知识。

有一位学者曾说过："如果你能和任何人连续谈上10分钟并且让对方产生兴趣，那你便是一流的说话高手。"两个陌生人初次见面，如果不能善用机会，投其所好地找出话题，说不好该说的场面话，必然不能取得交谈的成功。投其所好，谈论别人感兴趣的事物，会使人感觉受到尊重，同时也是一种深刻了解别人，并与之愉快相处的方式。

给别人面子就是给自己面子

说话一定要给别人留情面，要知道给别人面子就等于是给自己面子，这样彼此才都有面子。

"人要脸，树要皮"，让你有面子的最有效方法：先给别人一点面子。

有位文化界的朋友，每年都会受邀参加某单位的杂志评鉴工作。这项工作虽然报酬不多，但却是一项荣誉，很多人想参加却找不到门路，也有人只参加一两次，就再也没有机会了。有人问这位文化界人士，为何他能年年有此"殊荣"。他在年届退休，不再参加此项工作后才公开秘诀。

他说，他的专业眼光并不是关键，他的职位也不是重点，他之所以能年年被邀请，是因为他很会给面子。

他说，他在公开的评审会议上一定把握一个原则：多称赞、鼓励而少批评。但会议结束之后，他会找来杂志的编辑人员，私底下告诉他们编辑上的缺点。

因此虽然杂志有先后名次，但每个人都保住了面子。正因为他顾虑到别人的面子，因此无论是承办该项业务的人员，还是各杂志的编辑人员，都很尊敬他、喜欢他，当然也就每年找他当评审了。

每个人都要面子。如果你是个对面子无所谓的人，那么你必定是个不受欢迎的人；如果你是个只顾自己面子，却不顾别人面子的人，那么你必定是个要吃亏的人。

年轻人常犯的错误是，自以为有见解，自以为有口才，逮到机会就大发宏论，把别人批评得脸一阵红一阵白，他自己则大呼痛快。如此下去，总有一天会吃到苦头。

事实上，给人面子并不难，也无关乎道德，给人面子基本上就是一种互助。

初次见面，赞美的话要说得准

对于初次见面的人，最好避免以对方的人品或性格为谈话内容，即使是赞美对方"你真是个好人"，对方也容易产生"才第一次见面，你怎么知道我是好人"的疑念及戒备心。

通常情况下，不是直接称赞对方，而是称赞与对方有关的事情，这种间接赞美在初次见面时比较有效。打个比方，如果对方是女性，她的服装和装饰品将是间接赞美的最佳对象。

　　唐码和不少朋友的家人都相处得很好，其中与一位夫人的友谊甚至超过和她丈夫的友谊。本来唐码只认识她的丈夫，那么他怎么成了她全家的朋友呢？起因是在与她初次见面的那次宴会上唐码随便说出的一句话。

　　当时，唐码被介绍给这位朋友的夫人，由于当时没有适当的话题，就顺口说了一句"你佩戴的这个坠子很少见，非常特别。"唐码说这句话完全是无意的，因为他根本不懂女人的装饰品。出人意料的是，这个坠子果然很特别，只有在巴黎圣母院才买得到，这是她的心爱之物。随便说出的这句话，使夫人联想起有关坠子的种种往事，从此他们便成了好朋友。

　　要恰如其分地赞美别人是件很不容易的事。如果称赞不得法，反而会遭到排斥。为了让对方坦然说出心里话，必须尽早发现对方引以为豪、喜欢被人称赞的地方，然后对此大加赞美。在尚未确定对方最引以为豪之处前，最好不要胡乱称赞，以免自讨没趣。试想，一位原本已经为身材消瘦而苦恼的女性，听到别人赞美她苗条、纤细，又怎么会感到由衷的高兴呢？

　　赵明长得很像一位演员。每当他和朋友一起到饭店去，初次见到他的服务小姐都会对他说："你长得真像电影明星！"的确，无论是赵明的容貌还是气质都与那位演员非常相似。一般而言，说某人很像名演员，是一种恭维之词，被称赞的人通常不会不高兴。赵明的反应却不同，他听了服务小姐的奉承后，原本不喜欢开口的他，变得更加沉默了。

　　对于赵明的反应，服务小姐很是诧异。赵明的反应一点也不奇怪，因为服务小姐的赞美根本不得法。赵明了解自己的缺点，就是容易给人冷漠的印象，而那位电影明星在屏幕上所扮演的正是冷酷无情的角色。所以，如果说他酷似那位电影明星，这哪里是在赞美，分明是指出了赵明的缺点。

　　另外，从第三者口中得到的情报，有时在初次见到对方时能起到重要的作用。因此，利用所得到的情报当面夸奖对方，也会为自己赢得主动。但是，如果你将这些情报、传言直接转述给对方，恐怕只会遭到冷遇。所以，赞美之词一定要说得准确，才能帮助你进一步开展人际关系。

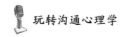

餐桌上会说话，感情上好沟通

餐桌是交流感情、拉近彼此距离的一个重要场所，聪明的人在餐桌上要巧说话，借由请客吃饭沟通感情，拉近彼此之间的距离。

无论在哪个国家，参加宴会决不只是为了吃东西，而是交流。既然是交流，就少不了要说话，那么餐桌上应当怎样说话呢？

在正式用餐之前，通常主人会先招待客人喝点餐前酒，吃些小点心，一方面开开胃，另一方面也可等到客人来齐了再上桌。这是你与其他客人建立联系、交流信息的最佳时刻！不妨趁此机会主动与其他人交流，帮助主人照顾好别的客人，使聚会的气氛更加活跃。

在一场由营销业人士参与的宴会上，幽默的宴会主持人说："我们得先规划一下市场，大家千万不要喝出状况了，请各位先对自己做好定位啊！"宴会上少不了做自我介绍，刘先生第一个开口："我来做一下前期炒作吧！"老朋友李先生也站起来："来来来，我们做个联合炒作，一起推销吧！"其他人一听，乐了："你们蛮会做关系营销嘛！不过，可千万别搞恶性竞争啊！"

并非每个人都有新闻发言人那样的口才，也不可能上知天文下知地理，所以在与人交流时，难免会遇到一时答不上来的问题，这时不要感到太难为情，也不要不懂装懂，应该先弄清楚对方的意图，然后尽你所能地帮助对方解疑释惑。

不管是商业交流，还是朋友聊天，都要注意语言表达的得体。同时，要尽量使自己的语言表达具有幽默感，营造一个和谐、轻松、愉悦的氛围。

·第二章·

摸清心理，与不同的人说不同的话

谈论别人感兴趣的事情

"酒逢知己千杯少"，两个意气相投的人在一起总觉得有说不完的话。因此，我们在和陌生人交往时，不妨多多寻求彼此在兴趣、性格、阅历等方面的共同之处，使双方在越谈越投机的过程中获得更多关于对方的信息，迅速拉近距离，增进感情。

美国耶鲁大学的威廉·费尔浦斯教授，是个有名的散文家。他在散文《人类的天性》中写道：

"在我 8 岁的时候，有一次到莉比姑妈家度周末。傍晚时分，有个中年人慕名来访，但姑妈好像对他很冷淡。他跟姑妈寒暄过一阵之后，便把注意力转向了我。那时，我正在玩模型船，而且玩得很专注。他看出我对船只很感兴趣，便滔滔不绝讲了许多有关船只的事，而且讲得十分生动有趣。等他离开之后，我仍意犹未尽，一直向姑妈提起他。姑妈告诉我，他是一位律师，根本不可能对船只感兴趣。'但是，他为什么一直跟我谈船只的事呢？'我问道。

"因为他是个有风度的绅士。他看你对船只感兴趣，为了让你高兴并赢取你的好感，他当然要这么说了。"

谈论别人感兴趣的东西能够很容易拉近人与人之间的距离。对于这一点，下面的例子可以做证：

美国马里兰州的爱德华·哈里曼，退伍之后选择了风景优美的坎伯兰谷居住，但是在这个地区很难找到工作。哈里曼通过查询得知一位名叫方豪瑟的企业家，控制了附近一带的企业。这位白手起家的方豪瑟引起了哈里曼的好奇心，他决定去造访这位难以接近的企业家。哈里曼如此记载了这段经历：

"通过与附近一些人的交谈，我知道方豪瑟最感兴趣的东西是金钱和权力。他聘用了一位极忠诚而又严厉的秘书，全权执行不让求职者接近的任务。之后我又研究了这位秘书的爱好，然后出其不意地去她的办公室。这位秘书担任保护方豪瑟的工作已有15年之久，见到她后，我开门见山地告诉她，我有一个计划可以使方豪瑟先生在事业和政治上大获其利。她听了颇为动容。接着，我又开始称赞她对方豪瑟先生的贡献。这次交谈使她对我产生了好感，随后她为我定了一个时间会见方豪瑟先生。

"进到豪华巨大的办公室之后，我决定先不谈找工作的事。那时，他坐在一张大办公桌后面，用如雷的声音问道：'有什么事，年轻人？'我答道：'方豪瑟先生，我相信我可以帮你赚到许多钱。'他立刻起身，引我坐在一张大椅子上。我便列举了好几个想好的计划，都是针对他个人的事业和成就的。

"果然，他立刻聘用了我。20多年来，我一直在他的事业里与他共同成长。"

谈论别人感兴趣的话题，对双方都有好处。不仅可以使人对你产生兴趣，钦佩你，而且可以使自己更关心别人，关心别人对自己的要求。

看清谈话对象，然后再开口

我们应该懂得在交际中遇到不同的人说不同的话，以便满足对方的心理需求，从而赢得对方的好感。这是因为只有赢得对方的好感，你才有可能获得想要的东西。这也是成大事的一大技巧。

与人说话，要先明白对方的个性，对方喜欢婉转，应该说流利的话；对方喜欢率直，应该说激切的话；对方崇尚学问，应该说高深的话；对方喜谈琐事，应该说浅近的话。说话方式能与对方个性相符，自然就能一拍即合。

1. 与地位高于自己的人谈话要保持个性

懂得到什么山头唱什么歌的人在与地位高于自己的人谈话时，会保持自己的个性，维持自己的独立思考，不会去做一个"应声虫"。同时，与地位高者谈话还应注意以下几点：

（1）态度表现出尊敬。

（2）对方讲话时全神贯注地听。

（3）不随意插话，除非对方希望自己讲话。

（4）回答问题简练适当，尽量不讲题外话。

（5）说话自然，不紧张。

2. 与老年人谈话要保持谦虚

长辈教育后辈时常说："我走过的桥比你走过的路还多。"这是很有道理的。老年人虽然接受的知识较后辈少，可是无论怎样，其经验要丰富得多。因此外圆内方的人在与长者谈话时，会保持谦虚的态度。

人们不喜欢别人说自己年高，他们喜欢显得比自己的真实年龄更年轻，或努力获得如一个青年人一般的活力和健康的神气，这并非说他们企图隐瞒自己的年龄。事实上或许是因为他们为自己能生活得很健康而感到骄傲。

所以懂得到什么山头唱什么歌的人在与老年人谈话时，不会直接提起他们的年纪，而只提起他们所干的事情，这样就能温暖老年人的心，而使他们觉得自己是一个非常令人喜欢的人。

老年人较之常人更易情绪激动，在他们的一生中，曾做过许多值得骄傲的事情，而他们就喜欢谈论这些作为。他们常喜欢人家来求教和听他们的劝告，喜欢人们尊敬他们。

其实，与老年人谈话是很容易的，因为他们很喜欢谈话。他们说话常滔滔不绝，如果打断他，就会显出粗鲁无礼。因此，有时与他们谈话很费时间，可是，只要用心听，他们的话是很有裨益的。

3. 与年幼者谈话要保持深沉

懂得到什么山头唱什么歌的人在与年幼者谈话时，会保持深沉、慎重的态度。这是因为年幼者的思想虽然超前，但有些方面的知识不及自己，因而不宜降低身份，还要注意不要给他们机会直呼己名。

与年幼者谈一些他们感兴趣的事物，让他们相信自己是从他们的立场来观察事物的，让他们能够明白自己也有与他们一样年轻的观念，这样谈话就能顺

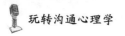

利地进行下去了。

与完美主义者对话

"世界是不完美的，我要追求完美。"这通常是追求完美的人的座右铭。完美主义者的性格中有一个很显著的特征，即关注细节，力求完美。他们多半不能容忍污点，正义感和责任感都很强，对自己的要求极高，同时对周围的人也会"高标准，严要求"。

完美主义者通常不会注意到自己是否快乐，他们只关注他们"应该"做和"必须"做的事情。他们很少会问自己真正需要什么，只知道去做正确的事情。

如果你看过美剧《绝望主妇》，那么你一定记得女主角之一 Bree，她就是典型的完美主义者。不仅对生活的细节要求极高，对家人也一样高标准。完美主义者不论是在生活上、感情上，还是在工作中，都比较冷静，做任何事情有条理、有目标，善始善终。

完美主义者是在这个并不完美的世界里追逐完美的人，有时候他们的认真与执着会让我们感动。没有他们的严谨和讲求原则，这个世界会变得很糟糕。

但是，追求完美的人也有他的缺陷。

例如，一些完美主义的管理者，他们常常喜欢把大小事务揽在自己身上，事必躬亲，从来都不放心把一件事交给下属去做。这样，看起来似乎整天忙忙碌碌，实则大多没有什么实在的价值。

孔子的学生子贱做某县的地方官。平日里，大家只见他弹琴作乐，悠然自得，根本没见他走出过公堂。然而在他的治理之下，这个地方生活富足，百姓安定。后来，子贱离开了这里，接替他的官吏每天早出晚归，为了工作，吃不香，睡不好，大小事务无不亲自处理，却还是有很多的问题。

这位官吏非常苦恼，便特意向子贱请教。子贱得知他的来意后，微微一笑，说道："我哪里有什么窍门呀！只不过我在任时凭借大家的力量处理政务。而你用的方法是只靠自己，光靠自己的力量治理当然辛苦了。"

子贱的为官之道告诉我们一个道理：没有人是万能的，你可以适当依靠别人的力量，让别人帮你办事，可能会离成功更近一步。完美主义者很多时候就是缺少这种"依靠"他人的特质，不懂得解放自己双手的管理之道。

与过度老实的人交谈

"先天下之忧而忧，后天下之乐而乐"的"大我"精神一直是过度老实的人的人格中最闪耀的地方。过度老实的人的性格如果用一种颜色来表示的话，最合适的莫过于绿色：温和、不刺激、有希望的力量还有温暖人心的热忱。他们永远不会咄咄逼人，帮助别人时也是出于一种责任。因此可以说他们是社会责任感最强和最有爱心、同情心的人。

他们从来都是在按照他人的意愿做事，因为他们做事的初衷就是为了"讨好"别人。长大了，他们的性格中就会有隐忍、宽厚的一面，同时还有依赖性太强的特点。过度老实的人不够独立，总是想站在一个强者的背后，希望寻找一棵大树好乘凉，而从来不想着要依靠自己的双手去创造。

对于总是喜欢在他人授意之下才有所行动的老实人，要他们提出自己的意见并按照自己的意思去办事，可能比登天还难。一个人倘若没有自己的主见，就如同木偶一样，被人牵着走。下面故事中的主人公就犯了这样的错误，以致白白坐失良机。

一名喜欢写作的学生苦心撰写了一篇小说，请一位知名作家点评。因为作家正患眼疾，学生便将作品读给作家听。读到最后一个字，学生停了下来。作家问道："结束了吗？"听语气似乎意犹未尽。这一追问，引发学生的激情，立刻灵感喷发，马上接续道："没有啊，下部分更精彩。"他以自己都难以置信的构思叙述下去。

到达一个段落，作家又似乎难以割舍地问："结束了吗？"

小说一定摄魂勾魄，叫人欲罢不能！学生更兴奋，更激昂，更富创作激情了。他不可遏止地一而再，再而三地接续……最后，电话铃声骤然响起，打断了学生的思绪。

有人找作家，而且情况比较急，作家匆匆准备出门。那么，没读完的小说呢？

"其实你的小说早该收笔，在我第一次询问你是否结束的时候，就应该结束。该停就停，看来，你还是缺少决断。决断是当作家的根本，否则，绵延逶迤，如何打动读者？"

学生追悔莫及，觉得自己恐怕不是当作家的料。

不久，这位年轻人遇到另一位作家，谈及往事，谁知这位作家惊呼："你的反应如此迅捷、思维如此敏锐，这些正是成为作家的天赋呀！假如正确运用，作品一定能脱颖而出。"

"横看成岭侧成峰，远近高低各不同"，这两句诗用在此处再恰当不过了。每个人对同一个问题通常也是见仁见智的。

认识浪漫主义者

紫色：浪漫，高贵，极具美感，忧伤……浪漫主义者的性格就像是紫色。浪漫主义者具有卓尔不群的审美情趣，他们感情细腻，内心活动丰富，因此他们总是能够迅速捕捉到对方传递的信息。

一般来讲，浪漫主义者很快就能够看出对方的心思。现代这个社会，每个人都不会把话说得太明白，只有靠我们各自的"悟性"，而浪漫主义者天生悟性极高，无人能及。在这方面大概只有观察家能够与之相比，但浪漫主义者比观察家又多了一份人情味，因而更易获得他人的理解和帮助。除此之外，浪漫主义者还有换位思考的习惯，这就使得他们更易捕捉到别人的心理活动，解决问题也更为有效。

但是，用"孤芳自赏、清高、自恋"，这些词汇来描绘浪漫主义者也是最合适不过的。他们无法忍受庸俗不堪的现实生活，所以才会给自己建造一个"世外桃源"，在那里释放自己的情感，让灵魂安放。在浪漫主义者的心中，通俗的东西让人难以接受。阳春白雪的事物才是他们所爱。其实，浪漫主义者常犯一个常识性错误——通俗不是庸俗。

浪漫主义者是生活在云端的一族，只有当他们愿意脚踏实地地生活时，他们才会懂得平平淡淡总是真的朴素道理。浪漫主义者尤其要改变自己对爱情要求过高的"不切实际"的想法，因为他们总是认为天长地久是没有尽头的，爱情是不可战胜的。

浪漫的他们，满脑袋都是美丽的想象，好想法也很多，遗憾的是他们往往仅让它们停留在脑海中，很少付诸行动。换句话说，浪漫主义者做事情全凭热情，"三分钟热度"是常有的事，不够踏实是他们成功道路上的拦路虎。他们认为那些脚踏实地却很"闷"的人很无趣，他们崇尚的是很飘忽的感觉。

同时，浪漫主义者往往不会控制自己的情绪。他们常常会陷入悲观与忧郁的困境中。他们喜欢伤春悲秋，却忘记了快乐的要义，尽管他们也很容易感受到快乐，却总是不能持久。

浪漫主义者通常给人的印象是多愁善感的，容易悲观伤感。这可能要归于他们热爱幻想的个性。正因为他们的这种个性才使得他们极易迷失快乐，被悲观与痛苦羁绊。

如何打动冷眼旁观者

"君子之交淡如水"这往往是冷眼旁观者的交际法则。

观察者就像是冷眼旁观的裁判，用其世界观来替整个世界做诊断。他们如灰色一样无所不包、低调不事张扬，也像灰色一样与周围的世界保持着距离。他们总是一副不愿意与别人深交的样子，对任何人、任何事都保持着一种冷漠的态度。其实，这恰是观察者们深得交际艺术的地方，因为保持距离是一种安全的选择，也是让友谊长久的保鲜法。

冷眼旁观者几乎人人都是观察家，善于观察、勤于思考，喜欢总结就是观察者们最好的写照。他们总是能够看到别人看不到的地方，缜密地思考，客观地下结论。

某大公司招聘人才，应聘者云集。其中多为高学历、多证书、有相关工作经验的人。

经过三轮淘汰，还剩11个应聘者，最终将留用6人。但是在第四轮总裁亲自面试的时候，却出现了12个应聘者。总裁问："谁不是应聘的？"

坐在最后一排的男子站了起来："先生，我第一轮就被淘汰了，但我想参加一下面试。"在场的人都笑了，包括站在门口闲看的老头子。

总裁饶有兴趣地问："你连一关都过不了，来这儿又有什么意义呢？"

男子说："我掌握了很多财富，我本人即是财富。"大家又一次笑得很开心，觉得此人不是太狂妄，就是脑子有毛病。但是男子接着说："我只有一个本科学历，一个中级职称，但我有 11 年工作经验，曾在 18 家公司任过职……"

总裁打断他："你学历、职称都不算高，工作 11 年倒是很不错，但先后跳槽 18 家公司，太令人吃惊了。我不欣赏。"

男子站起身说："先生，我没有跳槽，是那 18 家公司先后倒闭了。"在场的人第三次笑了。

一位应聘者："你真是倒霉蛋！"

男子也笑了："相反，我认为这是我的财富！我不倒霉，我只有 31 岁。"

这时，站在门口的老头子走进来，给总裁倒茶。男子继续说："我很了解那 18 家公司，我曾与大伙努力挽救那些公司，虽然不成功，但我从那些公司的错误与失败中学到了许多东西，很多人只是追求成功的经验，而我，更有经验避免错误与失败！"

男子离开座位，一边转身一边说："我深知，成功的经验大抵相似，而失败的原因各不相同。别人成功的经历很难成为我们的财富，但别人的失败过程却能！"

男子就要出门了，忽然又回过头说："这 11 年经历的 18 家公司，培养和锻炼了我对人、对事、对未来的洞察力，举个例子吧，真正的考官不是您，而是这位倒茶的老人。"

全场 11 个应聘者一片哗然，惊愕地盯着倒茶的老头。那老头笑了："很好！你第一个被录取了，因为我急于知道，我的表演为何失败。"

这个例子可以说是观察者们最好的表演，他们明察秋毫的眼睛与缜密思考的心思绝不是一般人能具有的。

观察者的性格特征很明显，因为他们总是习惯冷静客观地看社会，不愿与他人分享，因此也会给人一种难以接近的感觉。用一句话来总结观察者的这个缺点应该是：不缺少心思，但缺少"达则兼济天下"的心胸。

投其所好应对享乐主义者

"人生不如意十之八九，何不开心快乐点？开心过一天也是过，不开心 24 小时也一样过，何不让 24 小时里尽可能地多一点开心呢？"这就是享乐主义者的生活哲学。

享乐主义者的性格颜色是快乐的橙色，他们轻松愉快，不愿意带给别人压力，也害怕别人给他们施压。无拘无束的生活是他们追求的方向与目标。他们绝对是一群懂得放松、快乐、享受的人。

他们有做到潇洒的智慧，他们豁达大度又多才多艺，潇洒、狂放不羁的外表下藏着热爱生活的心。他们是最有情调、最懂得享受生活的一群人。他们不会像完美主义者一样因为害怕出错而战战兢兢；不会像过度老实的人那样只想着别人而从不考虑自己；也不像实用主义者那样过度追名逐利；不会像浪漫主义者那样杞人忧天；也不会像冷眼旁观者一样冷淡地拒人于千里之外；更不会像怀疑论者那样从不相信陌生人。他们就是这样洒脱的人，因为他们懂得人生短暂，红了樱桃绿了芭蕉，流光容易把人抛，不如快乐地活着！

他们永远能将生命之外的名利看淡、豁达大气。另外，他们也将工作视为一种可有可无的享受，因此，也只有他们最单纯、最快乐，不会觉得工作很累。

虽然，享乐主义者的豁达的人生态度令人赞赏，但是，如果从另外的角度来看，他们又有很多的缺点。

首先，他们往往会为了避免使自己负责任而想出各种妙招。就像顽皮地不愿意长大的孩童，他们拒绝成人的世界，不想担负起成人的责任。

其次，他们做事常常虎头蛇尾，三天打鱼，两天晒网，他们的身上少了一种恒心。他们属于典型的害怕受苦的那一类，做事情常常只有三分钟热度，没有耐心与恒心。

最后，他们的世界观里容忍不了苦难的存在，在他们心中，人生苦短还是及早寻乐为好。其实并非他们不能吃苦，只是他们习惯逃避苦难，这样，他们常常让周围的人觉得玩世不恭，不能够挑重担。

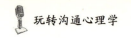

学会跟和事佬打交道

和事佬的典型代表人物是刘邦，他们本人的能力可能并不是很强，但是他们都能将最强的人留在自己身边。刘邦就曾经说过他"运筹帷幄不如张良，调兵遣将不如韩信，供需粮草处理政务不如萧何"，但他却是他们的"领导"，这种能力是和事佬的突出特点。

一个人的胸怀有多大，他的事业往往也就有多大。和事佬以其大度的胸襟、兼容并包的大气而闻名。他们总是尽力地避免争吵，同时他们能将争执的各方都聚集在一起，让大家求同存异，并聚拢在自己周围。他们不会要求别人一定要赞同自己的观点，相反，他们认为每个人的建议都有其独到之处。和事佬最有魅力的地方正在于此，他们不会为了意见不同而容不下他人的话语权，也不会因为自己不喜欢某种建议而否决他人，更不会为了一点小事而斤斤计较。

和事佬是非常善于利用"关系"来办事的一群人，他们清楚周围的人的强项与短处，在面临重大问题的时候总是能够找到能用的人。同时，他们能够灵敏地探测到各种对解决问题有关的信息，并以其独有的宽厚博大来感染周围的人，将他们的能力变相地化为己有，在需要的时候，该出手时就出手。

但是，做自己想做的人，就要求有主见，做事有决断力，而这也是和事佬所欠缺的。

和事佬的协调能力非常罕见，但是他们的弱点在于，面对那么多人提出的建议他常常会感到无所适从。他们一方面觉得谁的话都有道理，另一方面又会觉得无法抉择，因为谁也不想得罪。

另外，和事佬平时性格温和，很少发火，但那只是因为他们将不满放在了心里而已，等到合适的机会才会发泄出来，而他们的表达方式就是抱怨。好像谁都对不起他们，他们付出的太多，得到的太少。可以说，和事佬是最爱抱怨的一族。

温和的和事佬常常给人一副好脾气的印象，像位英国绅士一样礼貌周到，但是你不要被他们这不温不火的个性所迷惑，他们虽然"喜欢"听别人的建议，但是骨子里相当固执，甚至爱钻牛角尖。顽固不化，像牛一样固执，这是他们个性中很隐秘却又很突出的特点，因而做起事情来有时候难免不够灵活变通。

· 第三章 ·
妙语解围，营造轻松的交往气氛

话不投机时，不想尴尬快转弯

在我们日常与他人进行交流之时，因话不投机往往也会造成一些尴尬，令气氛紧张。话不投机有多种情况，第一种情况是，某种言谈举止使人为难，那就要及时转换话题，以缓和气氛。

两个青年去拜访老师，在谈话中提到：

"老师，听说您的夫人是教英语的，我们想请她指教，行吗？"

老师为难地沉默了片刻，说："那是我以前的爱人，前不久分手了。"

"哦？对不起，老师……"

"没什么，喝点水吧。"

"老师，您的书什么时候出版？快了吧？……"

这样转换话题，特别是提出对方很愿意谈的话题，就会使谈话很快恢复正常，气氛活跃起来。

话不投机的第二种情况，是有人有意或无意地和你开玩笑，带有挖苦意味，使你窘迫甚至生气。如你的头发脱落许多，快成秃子了，有人很可能挖苦你是"电灯泡""不毛之地"。在这种情况下，你不可恼羞成怒，伤了和气，也不能忍气吞声，硬装没事。最好是一笑置之，豁然大度地来两句："好啊！这说明我是绝顶聪明。没听说吗？热闹的大街不长草，聪明的脑袋不长毛！"这样答复，话题未转，内容却引申、转折了，既摆脱了窘境，又自我表扬，岂不妙哉？

　　第三种情况是双方意见对立谈不拢，但问题还要解决，不能回避。这种话不投机的情况就需要绕路引导。

　　在找对象的问题上，母子有矛盾。儿子不愿也不能和母亲闹僵，只好等待时机再说。这天吃饭时，母亲又唠叨起来："你这孩子，怎么就不听妈的话呢？人家局长的女儿，人长得不错，又有现成的房子，你为什么不和人家谈，偏要……""妈，快吃饭吧，菜凉了不好吃……"儿子先回避话题，意在绕路引导。

　　联系工作，洽谈生意，也可能话不投机，陷入僵局。只要还有余地，就可提出新的话题，绕弯引导。如甲方推销四吨卡车，而乙方不要四吨的，想要两吨的。这时，甲方若硬着头皮争执，只会越谈越僵，不欢而散。如能转移话题，绕弯引导，从季节、路途、载重多少与车辆寿命长短等各种因素来促使乙方考虑只用两吨的弊病，或许能"柳暗花明又一村"，开辟新的途径。

　　在社交应酬场合，有时候会遇到一些让人左右为难的问题，如果按照对方设计的思路去想问题、回答问题，无论如何回答都会落入对方设计的圈套。此时，就需要人们有非凡的反应能力，最好能够借助周围的环境，迅速转移话题，以有效地避免自己的尴尬。

　　当然，这种及时转弯的应变能力是靠不断的实践培养出来的，但也并不是遥不可及的。只要平时多加锻炼，必然会有所收获。

避难从易，避大取小

　　汉元帝刘奭上台后，将著名的学者贡禹请到朝廷，征求他对国家大事的意见。这时朝廷最大的问题是外戚与宦官专权，正直的大臣难以在朝廷立足，对此，贡禹不置一词，他可不愿得罪那些权势人物。贡禹只给皇帝提了一条，即请皇帝注意节俭，将宫中众多宫女放掉一批，再少养一点马。其实，汉元帝这个人本来就很节俭，早在贡禹提意见之前已经将许多节俭的措施付诸实施了，其中就包括裁减宫中多余人员及减少御马，贡禹只不过将皇帝已经做过的事情再重复一遍，汉元帝自然乐于接受。于是，汉元帝便博得了纳谏的美名，而贡禹也达到了迎合皇帝的目的。

《资治通鉴》的作者司马光对贡禹的这种做法很不以为然，他批评说："忠臣服侍君主，应该要求他去解决国家所面临的最困难的问题，其他较容易的问题也就迎刃而解了；应该补救他的缺点，他的优点不用说也会得到发挥。当汉元帝即位之初，向贡禹征求意见时，他应当先国家之所急，其他问题可以先放一放。就当时的形势而言，皇帝优柔寡断，谗佞之徒专权，是国家亟待解决的大问题，对此贡禹一字不提。恭谨节俭，是汉元帝的一贯心愿，贡禹却说个没完没了，这算什么？如果贡禹不了解国家的问题，他算不上什么贤者，如果知而不言，罪过就更大了。"

司马光可能忽视了，古代的帝王在即位之初或某些较为严重的政治关头，时常会下诏求谏，让臣下对朝政或他本人提意见，表现出一副弃旧图新、虚心纳谏的样子，其实这大多是一些故作姿态的表面文章。有一些死心眼的大臣十分认真，不知轻重地提一大堆意见，这时，常招来嫉恨，埋下祸根，早晚会受到帝王的打击报复。但贡禹十分精明，他专拣君上能够解决、愿意解决甚至正在着手解决的问题去提，而回避重大的、急需的、棘手的问题，这样避重就轻，避难从易，避大取小，既迎合了卜意，又不得罪人。

相反，大凡那些喜欢直来直去，不会拐弯的人，常常会吃亏。因为你针锋相对地进行争执和批驳，对方很难从内心真正接受，还可能使自己"惹火上身"，因此在说话表达和行事方式上学会拐弯，效果就好多了。

面对有意刁难，要化被动为主动

在应酬场上，你难免会遇到一些刁钻古怪的人，他们会进行刁难。如果你恼羞成怒，对刁难者进行指责，就会激起对方的反击，由此引发"战争"。但如果你表现得过于温和，又会让对方觉得你是一个软弱易欺的人，没准还会找机会再刁难你。

不仅是从政者，社交人士也需要掌握一些应酬技巧，巧妙应对别人的有意

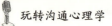

刁难，才能既保住自己的面子，又不至于因回敬过头而显得失礼。

1. 装糊涂

应酬时，有时会遇到某些人针对一些细微的事情对你发难，存心要让你难堪，意图让你成为全场的笑话。这时，如果你和他针锋相对，就会中了他的激将法，丧失了自己的风度。你不妨揣着明白装糊涂，全当不懂对方的话，让对方的预期心理落空，自讨没趣。

2. 用一个反问来作答

应酬场上，有些人就是喜欢抛给别人两难问题，喜欢看别人左右为难的样子。这时，与其是与不是两个答案中左右为难，不妨把这个问题直接抛回给对方，来一句："不知您的看法如何呢？"

3. 以相同思维反击

应酬中，当面对别人的有意刁难，你不能直接回答时，不妨采用与对方一样的思维，照他的逻辑，再设一个相同句式的问题来反问他，请君入瓮，这样就可以巧妙地把球踢还给对方，让他也尝尝这左右为难的滋味。

此外，在面对他人的有意刁难时，我们应先有意放松、消除对方的戒备心理，为能牢牢地把握主动权打好基础，再予以反击，令对方措手不及。

总之，应酬时，当我们遇到别人的有意刁难时，一定要保持沉着冷静的心态，化被动为主动，这才是商务应酬达人的最佳应酬法。

用类比法反驳诘难

不管是在生活中还是在工作中，都会遇到突如其来的诘难，如果处理得不好，就会影响自己的生活和工作，还会影响到与他人和客户的关系，此时采用类比的方式处理会更轻松一些。

一家公司的经理在一次业务谈判中，受到了另一家公司业务员的顶撞，为此，他气冲冲地找到那家公司的经理，吼道：

"如果你不向我保证，撤销上次那个蛮横无理的工作人员的职务，那么，显然是没有诚意和我公司达成协议！"

这家公司的经理听了微微一笑，说："经理先生，对于工作人员的态度问题，是批评教育还是撤职处理，完全是我们公司的内部事务，无需向贵公司做什么保证。这就同我们并不要求你们的董事会一定要撤换与我公司工作人员有过冲突的经理的职务，才算是你们具有与我公司达成协议的诚意一样。"

　　先前怒气冲冲的经理顿时哑口无言，态度也和缓了许多。

　　在这里，后一家公司的经理就巧妙地运用了类比的技巧。虽然说这两家公司有很多不同之处，但有一点却是相似的，即两家公司对工作人员或经理的处理完全属于各公司的内部事务，与有没有诚意和对方合作无关。该经理就是抓住了这一相似点做对比，从而告诉了对方所提要求的不合理之处，表达了对其诘难的反驳。

　　苏联诗人马雅可夫斯基在一次演讲会结束后，与对他怀有敌意的发问者展开了争论。发问者说："您的诗太骇人听闻了，这样写诗是短命的，明天就会完蛋，您本人也会被忘却，您不会成为不朽的人。"

　　马雅可夫斯基答道："请您过 1000 年再来，那时我们再谈吧。"

　　问者又说："您说，有时应当把沾满'尘土'的传统和习性从自己身上洗掉，那么您既然需要洗脸，这就是说，您也是肮脏的了。"

　　诗人回答："那么，您不洗脸，就认为自己是干净的吗？"

　　问者又说："您的诗不能使人沸腾，不能使人燃烧，不能感染人。"

　　诗人答道："我的诗不是大海，不是火炉，更不是鼠疫！"

　　这段话引起人们的长久的掌声和笑声。诗人巧妙地运用了类比的手法，使自己的反驳充满了幽默感。诗人反驳了对方的观点，给唇枪舌剑的争辩添上了诙谐的情调。

　　反驳诘难要从逻辑上来说明么？那你可能陷入一场无休止的争论之中。聪明人会用类比的方式，找一个相似的事物所具有的属性或特点，来证明对方诘难的荒谬。这是一种以曲为直的方法，在达到反驳目的的同时，让对方也能心平气和地接受你的观点。

诱导对方说"是"

在与人谈话的过程中，我们有时候想得到对方的肯定回答，但是所处的形式往往对自己不利，这个时候就要想办法诱导对方走入我们设置的话题圈中，让其不得不同意我们的意见，并给予肯定的答案。

日本有个聪明绝顶的小和尚，他的名字可谓家喻户晓：一休。有一次，大将军足利义满把自己最喜爱的一只龙目茶碗暂时寄放在安国寺，没想到被一休不小心打碎了。就在这时，足利义满派人来取龙目茶碗。

大家顿时大惊失色，不知所措，茶碗已被一休打碎，拿什么去还呢？

一休道："不必担心，我去见大将军，让我来应付他吧！"

一休对将军说："有生命的东西到最后一定会死，是不是？"

足利义满回答："是。"

一休又说道："世界上一切有形的东西，最后都会破碎消失，是不是？"

足利义满回答："是。"

一休接着说："这种破碎消失，谁也无法阻止，是不是？"

足利义满还是回答："是。"

一休和尚听了足利义满的回答，露出一副很无辜的神情接着说："义满大人，您最心爱的龙目茶碗破碎了，我们无法阻止，请您原谅。"

足利义满已经连着回答了几个"是"，所以他也知道此事不宜再严加追究了，一休和尚和外鉴法师便这样安然地渡过了这一难关。

在说服中，可以先巧设陷阱，在对方没有防备的情况下，诱其说"是"。让对方多说"是"的好处就是使对方在不知不觉中就范，这时候你便牵住了他，对方于是不得不就范。

促使对方说"是"的方法很多，最简单的方法就是以双方都同意的事开始谈话，这样就可以让对方多说"是"，少说或不说"不"。

一个人的思维是有惯性的，当你朝某一个方向思考问题时，你就会倾向于一直考虑下去，这就是为什么有些人一旦沉醉于某些消极的想法之后，就一直难以自拔的原因。在人际交往中，我们应懂得并善于运用这一原理。与人讨论某一问题时，不要一开始就将双方的分歧亮出来，而应先讨论一些你们具有共识的东西，让对方不断说"是"，渐渐地，你开始提出你们存在的分歧，这时对方也会习惯性地说"是"，一旦他发现之后，可能已经晚了，只好继续说"是"。

詹姆斯·艾伯森是格林尼治储蓄银行的一名出纳，他就是采取了诱导对方不得不说"是"的办法挽回了一位差点失去的顾客。

"有个年轻人走进来要开个户头，"艾伯森说，"我递给他几份表格让他填写，但他断然拒绝填写有些方面的资料。"

"在我没有学习人际关系课程以前，我一定会告诉这个客户，假如他拒绝向银行提供一份完整的个人资料，我们是很难给他开户的。但今天早上，我突然想，最好不要谈及银行需要什么，而是顾客需要什么，所以我决定一开始就先诱使他回答'是，是的'。于是，我先同意他的观点，告诉他，那些他所拒绝回答的资料，其实并不是非写不可。但是，假定你碰到意外，是不是愿意银行把钱转给你所指定的亲人？"

"'是的，当然愿意。'他回答。"

"那么，你是不是认为应该把这位亲人的名字告诉我们，以便我们届时可以依照你的意思处理，而不致出错或拖延？"

"'是的。'他再度回答。"

"年轻人的态度已经缓和下来，知道这些资料并非仅为银行而留，而是为了他个人的利益。所以，最后他不仅填写了所有资料，而且在我的建议下，开了一个信托账户，指定他母亲为法定受益人。当然，他也回答了所有与他母亲有关的资料。"

"由于一开始就让他回答'是，是的'，这样反而使他忘了原本存在的问题，而高高兴兴地去做我建议的所有事情。"

很多人先在内心制造出否定的情况，却又要求对方说"是"，表现出肯定的态度，这样做是不可能让对方点头的。假如你要使对方说"是"，最好的方法是制造出他可以说"是"的气氛，然后慢慢诱导他，让他相信你的话，他就

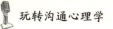

会像是被催眠般地说出"是"。换句话说，你不要制造出他可以表示否定态度的机会，一定要创造出他会说"是"的肯定气氛。

多说两个"对不起"，可化解瞬间爆发的火气

戴尔·卡耐基时常带着自己心爱的小狗，到家附近的森林公园去散步。为了保护游客的安全，这个公园有个规定，必须为狗戴上口罩，拴上链条，才可以进入公园。一开始，卡耐基按照规定遛狗，可是看到自己的爱犬可怜的模样，很不忍心，于是就将口罩和链条取下，让爱犬无拘无束地在公园里玩耍。

没想到这被一位公园警察看到了，他走了过来，对卡耐基说："你没有看到公园门口贴的公告吗？"

卡耐基争辩道："噢，我的狗是不会咬人的。"

警察一听，厉声警告卡耐基："法官可不会因为你的狗会不会咬人而放过你，下次再被我看到，你自己对法官说去！"

过了几天，卡耐基一大早就带了爱犬，到公园里一处很空旷的地方溜达，看看四下无人，于是又将狗的口罩和链条取了下来。

说来也巧，上回碰到的那个警察，不知从哪里钻出来了。卡耐基见到警察慢慢地走过来，心想大事不妙，这下准逃不掉。根据上次的经验，和他争辩只会让他更恼火。

卡耐基想了想，以满面羞愧的表情迎上前去。

他故意很难为情地对警察说："警官，对不起，你才警告过我，可我又犯错了，我有罪，你逮捕我吧！"

警察愣了一下，笑意爬上原本严肃的脸庞，他很温和地对卡耐基说："我知道谁都不忍心看到自己的狗可怜兮兮的模样，何况这里没有什么人，所以你取下了口罩。"

卡耐基轻声回答道："但是，这样做是违法的。"

警察望了望远处说："这样吧！你让小狗跑到那个小丘后头，让我看不见，这件事就算了。"

"对不起"这三个字看来简单，可是它的效用，不是别的字所能比拟的。这三个字，能使顽固者点头，能使怒气消减，甚至能化敌为友。

你在汽车上踩了别人的脚，说声"对不起"，被踩的人自然不会计较什么了。若因为你的过失，使别人吃亏，而你还不承认自己的错误，好像别人吃亏是咎由自取似的，这就不能使别人原谅你了。

消除厌恶感，避免伤害对方的感情，最聪明的办法是：自己谦逊一点。自己有过失的时候立刻道歉，别人会给予宽容。

"对不起"三个字，意思无非是让别人占上风，你既然让他占了上风，他还有什么更多的要求呢？

从刚懂事起，父母、老师就教导我们要诚实，要勇于认错，要知错就改。想想小时候养成了一个多么好的习惯啊，而长大后却逐渐生疏起来。看看我们的周围，经常可以听到"我不会……因为遗传……""我迟到，因为……""我的计划没完成，因为……"等，即使错了，"对不起"之类的话我们也难以说出口。面对同事和朋友，我们拉不下脸面，怕被瞧不起；面对长辈和领导，我们怕失去信任；面对小辈，我们怕失去威信；面对客户，我们怕承担责任……正是在这些害怕中，我们一点点地丧失勇气，迷失自己。更重要的，容易让人感到我们没有修养。

在我们工作中真的发生了很多很多点点滴滴的失误，可我们并没有及时地说"对不起"，我们忙于找借口来拒绝承担自己的责任。

在交际应酬的过程中，说了"对不起"，认了错就真的会被瞧不起，会被认为能力差，会丢面子，会得不到信任，会失去威信吗？我们都知道，多少夫妻之间的相濡以沫、多少同事关系的一如既往，关键皆在于，双方能坦然地承认自己错了。卡耐基有名的人际关系原则中有一条：如果错在你，应当立即、断然地承认。我们要认识到认错并不会丢面子，也不会说明你能力差，相反，它还能证明你是个有勇气的人，大家也都会喜欢一个勇于承认错误的人。

· 第四章 ·

从"心"说服，把话说到对方的心窝里

把话说到对方的心窝里

日本有一个这样的故事。真田广之替已过世的父亲守灵。

他的老家离东京很远，即使坐电车也要花 3 个钟头，而且那时的电车还不像现在这样每一小时发一班车，所以可以说交通很不方便。当时他心里想：外地的亲戚朋友是不可能前来吊唁的了。但出乎意料的是，在整个晚上都没有任何一个亲属到来的情况下，一个女子突然出现在他的面前。

"田中小姐，你怎么来了……"

当时真田简直感动得难以言表，因为她不过是他的一名同事而已，真难以想象她会在下班之后，搭乘电车赶到他的老家来。况且当时天色已经很晚，她又不太认得路，肯定是挨家挨户询问才找到他家的。"你经常来这里？"

"不，今天是第一次，我只是想来凭吊一番……"

"太谢谢你了，太谢谢你了！"

真田简直感动得不知道该说什么才好，心想，她是个多么好的同事啊！这位同事的确拥有很好的人际关系，在公司里，不论男女都是这么认为的。她得到了大家的信任，只要是她说的话，大家都认为不会错，而且也愿意按照她说的去做。这同时也表示，她是个说服力极强的人。

经过那晚的谈话，真田明白了她之所以说服力极强的秘密。平时别人遇到什么麻烦，田中小姐总是会伸出援助之手，这令所有人都为之感动。先得了人心，别人自然会心甘情愿听她的话。

可能平时我们没有太多时间和精力去助人为乐，但该事例告诉了我们一个关键信息，就是说服他人的核心在于征服他人的内心，使对方在情感上有所共鸣。

文学家李密，曾在蜀汉时担任过尚书郎的官职，蜀汉灭亡后，居家不出。晋武帝知道他有才干，便下诏命他进朝为太子洗马，但李密拒绝了。为此，晋武帝大怒。在这种情况下，李密写了一封信给晋武帝。

"……我想圣明的晋朝是以孝来治理天下的，凡是年老之人，都得到了朝廷的怜恤和照顾，何况我祖孙特别孤零困苦。"

"我年轻的时候在蜀汉朝做官，任职郎中，本来就希望仕途显达，并不矜持名声节操。现在我是败亡之国的低贱俘虏，身份卑微的人，却受到过分的提拔，宠幸的委命已经非常优厚，哪里还敢迟疑徘徊，有更高的渴求呢？

"只是因为我祖母刘氏如西山落日，已经是气息短促，生命不长。我如没有祖母的抚育，就难以有今日。祖母如失去了我的奉养，也就无法多度余日。祖孙二人相依为命，因此我实在不能抛开祖母离家远行。

"微臣李密今年44岁，祖母刘氏今年96岁。因此，我为陛下尽忠效力的日子还长，而报答祖母的养育之恩的日子短呀！故此我以这种乌鸦反哺的私衷，乞求陛下准允我为祖母养老送终。

"恳请陛下怜恤我的一片愚诚，慨允我微小的志愿，使祖母刘氏可以侥幸保其晚年，我活着也将以生命奉献陛下，死后也要结草图报。臣内心怀着难以承受的惶恐，特地作此书，奏闻圣上。"

这就是流传百世的《陈情表》。将心比心，以情说理，李密在柔言细语中陈述自己的处境。武帝颇为感动，心头的怒火也自然平息了，他还赐给李密奴婢二人，并令郡县供养其祖母。

杰克·凯维是加利福尼亚州一家电气公司的一位科长，他一向知人善任，并且每当推行一个计划时，总是不遗余力地率先做榜样，将最困难的工作承揽在自己的身上，等到一切都上了轨道之后，他才将工作交给下属，而自己退身幕后。虽然他这种处理事情的方法是很好的，但他太喜欢为他人做表率，所以

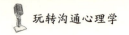

常常让人觉得他似乎太骄傲了。

最近不知怎么回事，一向精神奕奕的凯维却显得无精打采。原来最近的经济极不景气，资金方面周转不灵，再加上预算又被削减，使得科里的运转差点停顿。这种情形若继续下去，后果一定不可收拾。于是他实施了一套新方案，并且鼓励职工："好好干吧！成功之后一定不会亏待你们的。"但没想到眼看就要达到目标，结果还是功亏一篑，也难怪他会意志消沉了。平日对凯维就极为照顾的经理看了这些情形后，便对他说："你最近看起来总是无精打采的，失败的挫折感我当然能够理解，但是我觉得你之所以会失败，乃是因为你只是一味地注意该如何实现目标，却忽略了人际关系这种软体的工程，如果你能多方考虑，并多为他人着想，这种问题一定能够迎刃而解。"经理停顿了一下，又接着说："大丈夫要能屈能伸，才是一个好的管理人员。我觉得你就是进取心太急切了，又总喜欢为职工做表率，而完全不考虑他们的立场，认为他们一定能如你所愿地完成工作，结果倒给了职工极大的心理压力。大概也就是这个缘故，虽然大家都说你能干，但你的部属却很为难。每个人当然都知道工作的重要性，你实在大可不必再给他们施加压力。你好好休息几天，让精神恢复过来，至于工作方面，我会帮助你的。"

杰克·凯维的一段亲身经历让我们知道，必须站在别人的立场，将心比心才能真正达到说服对方的目的，否则，再多的自信和能力也无法让人服从你。会打棒球的人都知道，当我们要接球时，应顺着球势慢慢后退，这样的话，球劲便会减弱。与此相似，我们在说服他人的时候，如果借鉴接棒球的那一套，相信说服会变得更容易。

唐代大诗人白居易说："动人心者莫先于情。"意思是说，要说服人、打动人，必须动之以情，言语必须是诚心诚意的，发自内心，富有人情味和同情心，让人听后觉得你是真心为他好，是设身处地地为他着想，而不是在应付他。相反，冰冷的态度、程式化的言辞，都会引起对方的逆反心理，增加说服的难度。

林肯在当律师时曾碰到这样一件事：

有一位老妇人是美国独立战争时一位烈士的遗孀，每月只靠抚恤金维持风烛残年。前不久出纳员非要她交纳一笔手续费才准领钱，而这笔手续费相当于抚恤金的一半，这分明是勒索。

林肯知道后怒不可遏，他安慰了老妇人，并答应帮助她打这个没有凭据的官司（出纳员是口头勒索）。

开庭后，因原告证据不足，被告矢口否认，情况显然不妙。林肯发言时，上百双眼睛都盯着他。

林肯首先把听众引入对美国独立战争的回忆，他两眼闪着泪花，述说爱国战士是怎样揭竿而起，又是怎样忍饥挨饿地在冰天雪地里战斗。渐渐地，他的情绪激动了，言辞犹如挟枪带剑，锋芒直指那个企图勒索的出纳员。最后他以严正的设问，做出了令人怦然心动的结论：

"1776年的英雄早已长眠地下，可是他们那衰老而可怜的遗孀还在我们面前，要求代她申诉。这位老人也曾是位美丽的少女，曾经有过幸福愉快的生活。不过，她已牺牲了一切，变得贫穷无依，不得不向自由的我们请求援助和保护，而这自由是用革命先烈的鲜血换来的。试问，我们能熟视无睹吗？"

发言至此，戛然而止。听众早已激动了：有的捶胸顿足，扑过去要撕扯被告；有的泪水涟涟，当场解囊捐款。在听众的一致要求下，法庭通过了保护烈士遗孀不受勒索的判决。

这就是感情的力量。唯有真挚的感情才能打动人、说服人，才能唤起民众、唤醒民心。

婆婆是家里的一把手，财政大权控于掌中，媳妇感到很不愉快。一天晚饭后，她诚恳地对婆婆说："您老人家操管全家的生活真是辛苦。有些事，我们可以办的，您尽管吩咐。现在大家收入增加了，不愁吃穿，生活可以安排得更丰富些。家里的经济收支，您安排得很好，以后您可以让我们试试，如果您觉得不对的地方，也好帮我们改正。"

婆婆非常乐意地接受了媳妇的要求。家庭气氛一如既往，其乐融融。

说服不是一项硬件工程，它需要先让人心动，然后才能把人说动，一切从"心"出发吧！

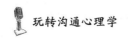

以"利"服人

你是否会为他人着想，为他人做一点事呢？几乎所有脱离群体、以自我为中心的人，他们的座右铭都是"人不为己，天诛地灭"，这也就是为什么一旦有人优先考虑他人所托之事时，就会被传为美谈，而且备受众人称颂和尊重的原因了。因为这样的人实在是太少！

是的，通常我们行动的目的都是"为自己"，而非"为别人"。如果能够充分理解这一点，那么想要说服他人就有如探囊取物般容易了。只要了解对方真正想追求的利益何在，进而满足他的欲望便可达到目的。

肿瘤患者放疗时，每周测一次血常规，有的患者拒绝检查，主要是因为他们没意识到这种监测的目的是保护自己。

一次，护士小王走进 4 床的房间，说："王大嫂，该抽血了！"

患者拒绝说："不抽，我太瘦了，没有血，我不抽了！"

小王耐心地解释："抽血是因为要检查骨髓的造血功能是否正常，例如，白细胞、红细胞、血小板等等，血象太低了就不能继续做放疗，人会很难受，治疗也会中断！对身体也不好。"

患者更好奇地说："降低了又会怎样？"

小王说："降低了，医生就会用药物使它上升，仍然可以放疗！你看，别的病友都抽了！一点点血，对你不会有什么影响的。再说还可以补过来呀。"

患者被说服了："好吧！"

相信很多人都经历过，在说服人或想拜托别人做事情时，不管怎样进攻或恳求对方，对方总是敷衍应付、漠不关心。这时你首先要用利益来吸引对方的关注，然后再说服诱导。在推销方面，推销员为了吸引顾客的注意，提高购买率，往往是先诱导、后说服。

在英国工业革命方兴未艾时，以发明发电机而闻名的法拉第，为了能够得到政府的研究资助，他去拜访首相。

法拉第带着一个发电机的雏形，非常热心并滔滔不绝地讲述着这个划时代的发明。但首相的反应始终很冷淡，一副漠不关心的样子。

事实上，这也是无可奈何的事情，因为他只是一个了不起的政治家，要他看着这种周围缠着线圈的磁石模型，心里想着这将会给后世产业结构带来大转变，实在是太困难了。但是法拉第在说了下面这段话后，却使原本漠不关心的首相突然变得非常关心起来。他说道："首相，这个机械将来如果能普及的话，必定能增加税收。"

显而易见，首相听了法拉第所说的话后，态度突然有了强烈的转变。其原因就是因为这个发动机，将来一定会获得相当多的利润，而利润增加必能使政府得到一笔很大的税收，首相关心的就在于此。

在很多人眼里都把利益看成最首要的，那么以"利"服人是一大先决条件。但是，将这条最基本要件抛于脑后的却大有人在，他们没有满足对方最大的利益，一心一意只是想要满足自己的私欲。例如以下这个故事：

日本某酒厂的负责人成功研发了新水果酒，为求尽快让产品打进市场，他决定说服社长批准大量生产。

"社长，又有新的产品研发出来了。这次的产品是前所未有的新发明，绝对能畅销。连我都喜欢的东西，绝对有市场性。我敢拍胸脯保证。"

"什么新产品？"

"就是这个，用梨汁酿制的白兰地。"

"什么？梨汁酿的白兰地？！那种东西谁会喝？况且喝白兰地的人本来就少，更甭说用梨汁酿的白兰地……就是我也不会去喝。不行！"

"请您再评估评估，我认为很可行。用梨汁酿酒本来就不多见，再加上梨子有独特的果香，一定很适合现代人的口味。"

"嗯，我觉得还是不行。"

"我认为绝对会畅销……请您再重新考虑一下。"

"你怎么这样唠叨？不行就是不行。"

"好歹也要试试看才知道好坏，这是好不容易才研发出来的呀！"

"够了，滚吧！"

最后，社长终于忍不住发火。这位负责人不仅没能说服社长，反而坏了自己的名声。

该如何做呢？首先应充分考虑对方的利益为何，再考虑自己的利益何在，然后将两者合并起来，找出双方共有的利益所在，最后再着手进行劝说。先不要急着说双方没有共同的利益，一定会有的。重要的是，不要放弃，直到找出为止。

下面我们再看一个例子。卡内基作为钢铁大王却对钢铁制造不甚了解，那么他成功的原因是什么呢？关键就在于他知道如何统御众人。

他知道名字对一个人的重要。当他还是个孩子的时候，在田野里抓到两只兔子，他很快就替它们筑好了窝，但发现没有食物，因此他想到了一个妙计——把邻居小孩找来，如果他们能为兔子找到食物，就以他们的名字来为兔子命名。

这个妙计产生了意想不到的效果，因此卡内基永远也忘不了这个经验。

当卡内基与乔治·波尔曼都在争取一笔汽车生意时，这位钢铁大王又想起了兔子给他的经验。

当时卡内基所经营的中央能运公司正在与波尔曼的公司竞争，他们都想争夺太平洋铁路的生意，但这种互相残杀对彼此的利益都有很大的损害。当卡内基在与波尔曼都要去纽约会见太平洋铁路公司的董事长时，他们在尼加拉斯旅馆碰面，卡内基说："波尔曼先生，我们不要再彼此玩弄对方了。"

波尔曼不悦地说："我不懂你的意思。"

于是，卡内基就把心里的计划说出来，希望能兼顾二者的利益，他描述了合作的好处以及竞争的缺点。波尔曼半信半疑地听着，最后问道："那么新公司要叫什么名字呢？"卡内基立刻答道："当然是叫波尔曼汽车公司啦。"

波尔曼顿时展露了笑容，说道："到我的房间来，我们好好讨论这件事。"

我们都知道说服他人要攻其要害，而逐利就是每个人的通病。

一个人可能会同时具有想去相信人，却并不真正相信别人的两种心态。谨慎而顽固的人多持不信任人的态度，并以这种心态来左右自己的行为。他并不是没有相信人的意念，但他更具有希望人家能信任他的强烈意念。对于这种人，先为他设计一套理由："你这么做，不但对你自己，对他人也是有帮助的。"以此来晓以大义将更有说服力，毕竟利益是多多益善的。

譬如，一位买卖宝石和毛皮的推销员对一个正在犹豫不决的主妇说：

"你用这些东西一定能使你更美，你的先生也会更喜欢你。"

这句话的含意是说你这么做并非全是为了自己，同时也为了你先生。她必定极乐意买下。如果更进一步地说：

"即使你买了它，若想脱手也能高价卖出，这样对于你的家又何尝没有帮助？"

对方一听，必定会认为她买下这个东西并非为她一人，也是为了家等等。对于一个正在犹豫不决的主妇来说，最好的方法是对她说"不仅对你好，对整个家都好"等类的话语，这必定很容易将货品推销出去。

这种方法并非只适用于商场。日本古代名人丰臣秀吉有一次想没收所有农民的刀枪铁器等，但遭到了农民们的激烈反对。由于他们受过太多的欺骗，对那些统治者也早已恨透了，此时若施以强压手段必引起农民的反抗。于是他便灵机一动说："这次我要用这些没收的武器来制造寺庙用的器材、铁钉等，使民众得以供奉。并且为了国家、为了全民，更需要百姓专心于耕作。"于是农民们便都心甘情愿地将武器交出了。

在被劝说者缺乏自信心的时候，为了将其导向你所设置的既定目标，必须突出这样的利与得，而害与失最好就避而不谈，这是说服对方所采取的一种策略。

刚柔相济，劝诫更有效

张嘉言驻守广州时，沿海一带设有总兵、参将、游击等官职。总兵、参将部下各有数千名士兵，每天的军粮都要平均分为两份。

参将的士兵每年汛期都要出海巡逻，而总兵所管辖的士兵都借口驻守海防，从来不远行。等到每过三五年要修船不出海时，参将部下的士兵只发给一半的军粮，如果没有船修而不出海，就要每天减去三分之一的军粮，以贮存起来待修船时再用。只有总兵的部下军粮一点也不减，当修船时另外再从民间筹集经费。这种做法已沿袭很久，彼此都视为理所当然。

不料，有一天，巡按将此事报告了军门，请求以后将总兵部下的军粮减少一些，留待以后准备修船时再用。恰巧，这位军门和总兵之间有矛盾，于是就仓促同意削减军粮。

总兵各部官兵听到消息后，立即哄然哗变。他们知道张嘉言在朝廷中很有威信，就径直围逼到张嘉言的大堂之下。

张嘉言神色安然自若，命令手下人传五六个知情者到场，说明事情真相。士兵们蜂拥而上，张嘉言当即将他们喝下堂去，说：

"人多嘴杂，一片吵闹声，我怎么能听清你们说些什么。"

士兵们这才退下。当时正下大雨，士兵们的衣服都淋湿了，张嘉言也不顾惜，只是叫这几个人将情况详细说明。这几个人你一言我一语，都说过去从来没有扣减总兵官兵军粮的先例。

张嘉言说："这件事我也听说了。你们全都不出海巡逻，这也难怪上司削减你们的军粮了。你们要想不减也可以，不过那对你们并没有什么好处。上司从今以后会让你们和参将的士兵一样每年轮换出海巡逻，你们难道能不去吗？如果去了，那么你们也会同他们一样，军粮会被减掉一半。你们费尽心机争取的东西还是拿不到，这些肯定要发给那些来替换你们的士兵。如果是这样，你们为什么不听从上司，将军粮稍微减少一点呢？而你们照样还可以做你们大将军的士兵。你们再认真考虑一下吧！"

这几个人低着头，一时无法对答，只是一个劲地说："求老爷转告上司，多多宽大体恤。"

张嘉言问："你们叫什么名字？"

他们都面面相觑，不敢回答。

张嘉言顿时骂道："你们不说姓名，如果上司问我'谁禀告你的'，让我怎么回答？"

这几个人只好报了自己的姓名，张嘉言一一记下，然后对他们说：

"你们回去转告各位士兵，这件事我自有处置，劝他们不要闹了。否则，你们几个人的姓名都在我这儿，上司一定会将你们全部斩首。"

这几个人顿时吓得面容失色，连连点头称是，退了出去。

后来，总兵部下的士兵每日被扣军粮，士兵们竟然再也没有闹事的。张嘉言的这招恩威并施堪称经典。

在说服他人的过程中，采用刚柔相济的劝诫之术，一方面能使别人体面地"退"，另一方面又坚持自己的原则，使自己的主张得到采纳，这种方法为许多事情的处理留有余地。

太史公司马迁在《史记·滑稽传》记载：战国时期，齐威王荒淫无度，不理国政，好为长夜之饮。上行下效，僚属们也全不干正事了，眼看国家就要灭亡。可是就在这种节骨眼上却没有谁敢去进谏，最后只好由"长不满四尺"的淳于髡出面了。但是淳于髡并没有气势汹汹、单刀直入地向齐威王提出规谏，而是先和他搭讪聊天。

他对齐威王说："咱们齐国有一只大鸟，落在大王的屋顶上已经3年了，可是它既不飞，又不叫，大王您知道是什么原因吗？"

齐威王虽然荒淫好酒，但是他本人却和夏桀、商纣一样的坏到骨子里去的人物有着巨大的不同，所以当听到淳于髡的隐语之后，他就被刺痛并醒悟了，于是很快回答说："我知道。这只大鸟它不鸣则已，一鸣就要惊人；不飞则已，一飞即将冲天。你就等着看吧！"

说毕立即停歌罢舞，戒酒上朝，切实清理政务，严肃吏治，接见县令共72人，赏有功者1人，杀有罪者1人。随后领兵出征，打退要来侵犯齐国的各路诸侯，夺回被别国侵占去的所有国土，齐国很快又强盛起来。

淳于髡并没有以尖锐的语言来进行劝谏，而是避开话锋，柔语细说中又带有一丝强硬与责备，这样对方很容易主动接受建议。

软硬兼施的方法还可以以两种人合作逼人就范的形式来实施。

一位深受青年喜爱的作家的很多作品都被拍成电影，好多人都曾在影院看过经他的原著改编的影片，影院的观众席都挤满了，观众不时为故事的新颖奇妙鼓掌喝彩，就像20世纪30年代的美国人为卓别林的表演忍俊不禁一样。影片是侦探片，而最吸引人的是影片中审讯犯人的绝妙技巧：警员声色俱厉地威胁、恐吓犯人，把他逼到山穷水尽的困境；这时又一位陪审的警员出场，他态度十分温和地对罪犯表示信任和理解。

首先罪犯由攻击型的警员来审问，以凌厉的攻势摧毁对方的意志，向他说明他的罪证确凿、他的同伙都招供了等等，把他逼到进退两难的边缘。接受了这样的审讯后，有的人会屈服，而顽固的罪犯则会死不认罪。

这种情况下，则派另一位温和型的警员审问他。警员完全站到罪犯的立场上，真心地安慰他、鼓励他"你的兄长都希望你得到宽大处理，希望你为他们考虑"等。对这种软招，罪犯往往会自惭形秽，坦白自己的一切犯罪行为。

无论是在影片中还是现实生活中，使用这种技巧，罪犯十有八九会坦白认罪的。

这种手法是一种奇异的心理法则，又称"缓解交代法"。由温和型和攻击型的两个人合作，两者之一首先把对方逼到心理的死胡同里去，令他一筹莫展；这时另一个人出来给他指点一条路。这种情况下，对方会自然地奔向那条可以脱身的路了。

将计就计对着说

"请不要阅读第七章第七节的内容"，这是一个作家在他的著作扉页上的一句饶有趣味的话。后来这个作家做了一个调查，不由得笑了，因为他发现绝大部分的读者都是从第七章第七节开始读他的著作的，而这就是他写那句话的真正目的。

当别人告诉你"不准看"时，你却偏偏要看，这就是一种"逆反心理"。这种欲望被禁止的程度越深，它所产生的抗拒心理也就越强。所以如果能善于利用这种心理倾向，就可以将顽固的反对者软化，使其固执的态度有180度的大转弯。

某建筑公司的李工程师，有一次折服了一个刚愎自用的工头。这个工头常常坚持反对一切改进的计划。李工想换装一个新式的指数表，但他想到那个工头必定要反对的，所以他想了个办法。李工去找他，腋下挟着一个新式的指数表，手里拿着一些要征求他的意见的文件。当大家讨论这些文件的时候，李工把指数表在左腋下移动了好几次。工头终于先开口了："你拿着什么东西？"李工漠然地说："哦！这个吗？这不过是一个指数表。"工头说："让我看一看。"李工说："哦！你不能看！"并假装要走的样子，还说："这是给别的部门用的，你们部门用不到这东西。"工头又说："我很想看一看。"当他审视的时候，李工就随意但又非常详尽地把这东西的效用讲给他听。他终于喊起来说："我们部门用不到这东西吗？它正是我想要的东西呢！"李工故意这样做，果然很巧妙地把工头说动了。

逆反心理并不是执拗的人才有，有些人总喜欢跟别人对着干，因为他们不愿乖乖服从于任何人。

某报曾登载过一篇以父子关系为主题的纪事文章《我家的教育法》，是说某社会名人的孩子在学校挨了顿骂后便非常怨恨他的老师，甚至想"给他一点颜色瞧瞧"，他父亲听了也附和道：

"既然如此，不妨就给他点颜色看。"但接着又说，"倘若纵使你达到报复的目的，却因此而触犯了法律，还是得三思才是。"听父亲这样一说，儿子便取消了报复的念头。

另外还有一个例子。某太太认为她丈夫极不像话，于是便和朋友说她要离婚。她满以为朋友会劝她打消离婚的念头，不料那位朋友却说：

"如此不像话的丈夫还是趁早和他离婚，免得将来受苦。"

这位太太听朋友这么一说，反倒认为："其实，我丈夫也并非坏到这般地步。"从而收回了离婚的念头。

如果有一个人想做某事，而旁人也在拼命说些"不要这样做"或"千万不能这样做"之类的话，更是助长了他去做的意念；相反，若你说："如果你真想做的话，那就做吧！"他必定会感到很泄气，想不到旁人竟不予阻止反而鼓励他，这完全背离了他原先的期待。这种对于劝阻的期待，一旦为他人背离反而会失去原有的意义。

据说明朝时，四川的杨升庵才学出众，中过状元。因嘲讽皇帝，所以皇帝要把他充军到很远的地方去。朝中的那些奸臣更是趁机要公报私仇，于是向皇

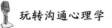

帝说，把杨升庵充军海外或是玉门关外。

杨升庵想：充军还是离家乡近一些好。于是就对皇帝说："皇上要把我充军，我也没话说。不过我有一个要求。"

"什么要求？"

"任去国外三千里，不去云南碧鸡关。"

"为什么？"

"皇上不知，碧鸡关呀，蚊子有四两、跳蚤有半斤！切莫把我充军到碧鸡关呀！"

"唔……"

皇帝不再说话，心想：哼！你怕到碧鸡关，我偏要叫你去碧鸡关！杨升庵刚出皇宫，皇上马上下旨：杨升庵充军云南！

杨升庵利用"偏要对着干"的心理，粉碎了奸臣的打算，达到了自己要去云南的目的。

尤其是那些大人物，你对他们提出要求，他们总是会想：我为什么要听任你的摆布，我可是一个响当当的人物！因此，在说服这类人的时候，从反方向着手更容易成功。

小孩子天真、单纯，你说东，他偏往西，这是他们的天性。

某一有名的教育家，他对不喜欢练小提琴的孩子尤其独具慧心。在教孩子们练琴时，经常碰到的难题就是儿童学琴意识低落，然而他却能使这些孩子们个个乐意接受他的指导。用逼迫的方式吗？不！因为这种办法只能收到一时之效，并不能持久。而他所使用的"特效药"就是这么一句话："我想这件事你必定做不好，你还是放弃吧。因为你的技能比人家差，所以你才不想练习。"

你让他放弃，他偏要证明给你看。

只要是从事教育工作的，便经常会体会到这一类情形。尤其小学生更是如此，很少有能够自动进取的，他们常以投机取巧的方式来达到他们偷懒的目的。对于这样的孩子，你若说："难道你是不喜欢它吗？"这会毫无效用的，而要对他们说："这样的事情对你来说是勉强了点，可能你没办法做得好，因为你的能力比别人差。"

有的时候只要这一句话，大多数孩子都会自发地行动起来。

换个角度说话让他心悦诚服

西方人有个习俗：男子戴帽，入室必摘下；而女士戴大檐帽，在室内可以不摘。

某电影院常有戴帽的女观众，坐在她们后排的人十分反感，便向经理建议，请其设禁令。

经理不以为然，说："公开设禁令不妥，只有提倡戴帽才行。"提建议者听罢大失所望。

第二天，影片放映前，银幕上果然打出一则启事："本院为了照顾衰老高龄的女客，允许她们照常戴帽，不必摘下。"

通告既出，所有戴帽者全都将帽子摘下来了，无一例外。因为西方人忌讳别人说自己老，尤其是女性。

可见，说服他人做什么事可以不用面对面提出你的意愿，也不用说得明白无误，采用一种旁敲侧击的方法有时候更奏效。

公元前 636 年，在外流浪 19 年的晋公子重耳，在秦穆公的帮助支持下，就要回国为王了。

渡河之际，壶叔把他们流亡时的旧席破帷仍然当宝贝似的搬上船，一件也不舍得丢掉。重耳一看，哈哈大笑，说自己就要回国为王了，还要这些破烂干什么？他命令全部抛弃这些东西。狐偃对重耳这种未得富贵先忘贫贱的言行非常反感，担心以后重耳会像抛弃破烂一样，把他们这些陪伴他长期流浪的旧臣也统统抛弃。

于是，他当即向重耳表示，他愿意继续留在秦国，因为在外奔波了 19 年，自己现在心力交瘁，身体已经像刚才重耳丢弃的旧席破帷一样无法再用，回去也没有什么价值了。

重耳一听便明白了狐偃的意思，马上做了自我批评，并让壶叔把东西一一捡回，表示返回国后，一定不会忘掉狐偃的功劳和苦劳，要狐偃和他同心同德，治理晋国。

在对别人进行劝服时，由于种种原因不好直说，往往不能直截了当地点出对方的意见和观点是错误的，这时若能旁敲侧击，以事物启发人，会更容易被对方所接受。

著名的出版业巨人哈斯特是从创办一份小型报纸起家的，经过几年的奋斗，他拥有了23种报纸和12种杂志。一次，这位杰出的人物遇到了一件令人烦恼的事情：著名的漫画家纳斯特为他绘制了一幅令他大失所望的漫画。

哈斯特觉得这样可不行，一定要想办法让他重画一幅令人满意的漫画才行，可是怎样才能让那位著名的漫画家能够重画一幅作品呢？而且，这样一来原先那幅失败的作品就会因此而报废，他一定会有受挫感的，怎样才能让他愉快地重画呢？

当天晚上，大家一起共进晚餐的时候，哈斯特着重对那幅失败的作品好好地赞赏了一番，他表示："本地的电车时常让许多小孩子不慎伤亡。有的时候，驾驶电车的司机看上去简直不像活人，倒像个死人。照我自己看来，那些人好像只是瞠目结舌地看着孩子们在街上玩耍，却毫无顾忌地冲上前去。"这时，纳斯特激动地一跃而起，惊奇地说道："老天！哈斯特先生，这个场景足以画出一张让人震撼的图画来啊！你把我那张画作废吧，我给你重新画一张更出色的。"就这样，纳斯特异常激动地待在旅馆里，连夜赶制这幅漫画，第二天果然就送来了一幅异常深刻的漫画。

精明的哈斯特诱使纳斯特主动提出将自己的画作废，并自愿加班赶制一幅新的漫画，是哈斯特利用暗示将看似突发奇想的灵感不着痕迹地移植到了纳斯特的心里，以致纳斯特兴致勃勃地完成了一幅新的杰作。

对于有抵触情绪的人正面说服虽然能够表达说服者的诚心，却不能达到解除对方抵触的目的，而如果在形式上加以改变，却能达到重点说服所不能达到的效果。

那是在第二次世界大战末期，美军付出很大代价攻占了太平洋上的一座日本岛屿。最后的十几名日本士兵退到一个山洞里。无论洞外的美军怎么喊话，他们拒不缴枪，并拼命朝外射击。美军此时真是无可奈何。忽然有位美国兵灵机一动，半开玩笑式地向洞里的日本兵做出一个许诺：如果投降，就让他们去好莱坞一游，看一看影星们的风采。没想到这句话产生了意想不到的效果。枪声停止了。那些刚才还开枪顽抗的日本兵一个个爬出了洞穴，缴枪投降了。最后，美军司令部为了维护信誉，竟真的安排这些俘虏飞抵好莱坞，大饱了一次眼福。

侧面说服并非是歪打正着。二十几岁的日本兵虽被灌输了不少武士道精神，但正当年少，哪个不做少年郎的梦？好莱坞是个梦幻的世界，它吸引着世界各地成千上万的年轻人的心，它对于这些无视生命的日本兵来说也有着超凡的魅力。美国人正是利用了这种心态，达到了说服的效果。

约翰的公司正值生意兴隆之际，忽然因一件意外的事件濒临破产。约翰回到家中，痛哭流涕，想到这20年的艰难创业即将毁于一旦，他的精神陷入极端绝望的境地。他不吃饭不睡觉，心里满是自杀的念头。妻子琼开始也和约翰一样悲痛欲绝，但她看到约翰的样子，明白该是自己拿出勇气的时候了。她一遍遍地劝慰约翰，说些"忘记这一切，从头干起"的鼓励话。但约翰好像没有听到，依然沉湎于自己的绝望心境中。琼看到正面的劝慰不能奏效，灵机一动，计上心来，她坐在约翰的身旁，大哭了起来，一边哭一边诉说起今后生活的可怕。"你的公司破产了，我们这个家可怎么办，两个孩子的学费怎么筹，我怎么和孩子们去解释？他们将不能和同学一起去度假。"琼哭得那么伤心，约翰在妻子哭声中，从迷茫的状态下慢慢清醒了过来。他想起了自己对妻儿的责任，想起这个打击也同样降临到了家人身上。他立刻收起了悲伤，对琼说："不要难过，我们重新开始。"琼笑了，对约翰说："看来得要扮演被安慰者才行。"

关键时刻，琼调转了角色，变换了角度，使约翰重新恢复了勇气。

我国的古人很喜欢采用一种叫"隐语"的手法来表达自己的意见。这种方法更为含蓄，给人一种优美、曲折的感觉。通常是借别的词语或手势动作做出暗示，让对方猜测。巧妙使用隐语不仅可以把话讲得生动、脱俗，而且容易引

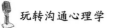

起对方的注意和兴趣。

周武王灭殷，入纣都朝歌。听说殷有位德高望重的长者，于是武王前去面见，询问殷朝所以灭亡的原因。

殷长者对武王说："您要知道这个答案，请以某一天的中午时分为期，到时再谈。"约定的日期到了，可是殷长者没有来。武王感觉很奇怪。周公说："我已经知道了。此人是个君子，礼义要求他不能非难自己的君王，所以不能明言直说。至于他期而不到，言而无信，实际上暗示了殷所以灭亡的原因。他是在用隐语来回答我们的问题啊。"

齐景公伐鲁，接近许城时，找到一个叫东门无泽的人。齐景公问他："鲁国的年成如何？"东门无泽回答说："背阴的地方冰凝到底，朝阳的地方冰厚五寸。"齐景公不明白，把这事告诉了晏子。晏子回答说："这是一位有知识的人，您问年成，而他回答冰，这是合于礼的。背阴的地方的冰凝固，朝阳的地方冰结五寸，这表明节气正常，节气正常意味着政治平和，政治平和上下就团结，上下团结年成自然好。您攻打一个粮食充足、群众团结的国家，恐怕会把齐国百姓弄得很疲惫，会死伤不少战士，结局恐怕不会如您的愿。请对鲁国以礼相待，平息他们对我国的怨恨，遣返他们的俘虏，来表明我们的好意吧。"齐景公说："好！"于是决定不再伐鲁。

隐语需要对方有一定的领悟能力，否则也达不到预期的效果。因此，我们在对对方进行旁敲侧击的同时，必须考虑到对方的心理和立场。

· 第五章 ·

处变不惊，妙语应对他人不善

以其人之道，还治其人之身

当有人无理取闹时，聪明的人不妨以其人之道还治其人之身，进行有力而又不失礼的反击，一举攻陷对手。

"以其人之道，还治其人之身"是指按照对方的逻辑去理解或推论，由此及彼，最后物归原主，使其搬起石头砸自己的脚，自食其果。

使用这种返还幽默法，要善于抓住对方的一句话、一个比喻、一个结论，把它接过来去再回敬对方，即把对方给自己的荒谬语言或行为及不愿接受的结论，经逻辑演绎后还给他，以其人之道，还治其人之身。

这种方法对付那些要赖之人最有成效，往往能使对方的无理取闹不攻自破，陷入作茧自缚的境地。

一位懒汉去朋友家做客。早晨起床后，自己不但不收拾床铺，朋友替他叠被时，他还振振有词地说："反正晚上要睡，现在何必去叠！"饭后，懒汉将碗筷一推，一动不动地坐在沙发上闭目养神。朋友又得收拾桌子，又得洗刷餐具，懒汉说："反正下顿还要吃，现在何必洗呢？"到了晚上，朋友劝他把脚洗一洗，这样既讲卫生，又有益于健康。懒汉又耍懒，反驳说："反正还要脏，现在何必洗呢？"于是，朋友打算惩治他一下。第二天，吃饭的时候，朋友只顾自己，对懒汉不管不顾。懒汉来到饭桌旁，见没有自己的碗筷，便嚷道："我的饭呢？"朋友问道："反正吃了还要饿，你又何必去吃呢？"睡觉的时候，朋友也同样只顾自己，不理懒汉，懒汉见状，焦急地问道："我睡哪儿？"朋友反驳道："反正迟早要醒，你又何必要睡？"懒汉急了，叫道："不吃，不睡，不是要我死吗？"朋友泰然答道："是啊，反正总是要死，你又何必活着？"说得懒汉哑口无言。

故事中的朋友紧紧抓住了懒汉的荒谬逻辑，顺竿上树，以其人之道，还治其人之身，使得懒汉无话可说。

在使用"以其人之道，还治其人之身"式幽默术时，关键在于抓住对方的语言逻辑，然后以此为基点，推出荒唐的结论，令对方的诘难不攻自破。

做老实人，说老实话，但若太过老实宽厚，反倒会纵容别人不适当的言行。所以，面对别人的无礼攻击和嘲笑挖苦，我们一定要学会以其人之道还治其人之身，维护自己的利益和尊严。

从前有位贪婪成性的财主，每次吩咐别人办事时都想从别人身上揩点油水。有一天，财主派一名长工去买酒，但又不给长工钱，分明是要长工自己掏腰包买酒给他喝。长工感到有些莫名其妙，便问："老爷，没有钱怎么能买到酒呢？"财主生气地说："花钱买酒谁不会呢？要是你能不用钱就买回酒，那才是有本事呢！"这位长工本来就机智过人，他知道财主的心眼小，于是，便一言不发地拿着酒瓶出去了。

过了一会儿，长工拿着空瓶回来，他走到财主身边说："老爷，酒买回来了，你慢慢喝吧！"财主拿过酒瓶一看，里面空空如也，便大发雷霆："岂有此理，你是怎么给我办事的？酒瓶空空，叫我喝什么？小心我扣你半年工钱！"

那位长工慢悠悠地说道："老爷，酒瓶里有酒谁不会喝，你要是能够在空瓶里喝出酒来，那才是真有本事呢！"财主气得直翻白眼，一句话都说不出来。

显然，这位财主只想占长工的便宜，如果长工不能有效地反驳他荒谬的论调，就得自己贴钱给财主买酒，或者是遭到财主的严厉训斥，无论如何，吃亏的都是他自己。

在现实生活中，如果我们遇到了无理取闹、蛮不讲理的人，也一定要据理力争，适当反驳，切不可一味地任其摆布。那么，具体应该如何去反击这种无理取闹的行为，让对方承认自己的错误呢？首先，要控制自己的情绪。以大丈夫的涵养与气量，在气质上镇住对方。然后，要冷静考虑对策，从中选出最佳方案，以免做出莽撞之举。最后，还要选准打击点，反击力要猛，使对方哑口无言。

嘉华和浩明同是一家外贸公司的职员，他们的主管是从日本留学回来的。由于这家公司主要从事对日贸易，所以稍微懂得日语的人很吃香。他们的主管能说一口流利的日语，自然成为老板眼中的红人。但这个主管是个很高傲、瞧不起人的人，尤其当他得势之后，就更加目中无人了。对手下员工大吼大叫是家常便饭。最让员工看不惯的是，主管经常用日语骂人。

嘉华、浩明和几个同事都会一点日语，所以经常被主管要求用日语对话。一旦他们听不太懂的时候，主管就会用极其鄙视和嘲笑的口气说："你们这些人简直笨得要死，连简单的对话都学不会。"类似这样的语言常常把他们说得无地自容。

几次被主管的言辞侮辱之后，浩明决定不再跟主管用日语对话了。主管用日语问问题，浩明就用汉语回答，这样一来可把主管激怒了，大声地用日语骂开了。虽然自己日语并不流利，但是浩明听得出来那都是很难听的脏话。浩明再也无法忍受这样的主管了，于是当天就递了辞呈。

嘉华不太赞同浩明的做法，他选择了积极应战。于是嘉华努力学日语，不知不觉两年过去了，嘉华的日语进步飞快。除了平时跟主管对话已经很少出错之外，对于公司的业务也开始直接参与，不像从前那样只做幕后工作了。

有一次，主管吹毛求疵，对嘉华工作中不满意的地方唠叨了起来，嘉华不慌不忙地开始跟主管辩解，不但日语说得流利顺畅、句句有理、头头是道，并且架势咄咄逼人。虽然平时经常对话，但也都是些商务常用句子，今天嘉华张口说了这么一大串来，主管也很吃惊，最后被嘉华逼得无话可说。办公室里顿时响起了雷鸣般的掌声，大家都为嘉华的精彩表现而叫好。

主管从那次以后也收敛了许多，因为公司里不再只有他一个人能够流利地讲日语了。而且由于他以前对待员工的态度太差，人缘也不好，不久就被降职了。

浩明选择逃避，而嘉华选择积极面对。其实嘉华战斗的方式很简单，就是"以其人之道，还治其人之身"。主管个性高傲，而这种高傲的资本就是他懂日语，所以嘉华努力学习日语并以此为"武器"对付他。

总之，对于故意寻衅的人和尖酸刻薄的语言，我们一定要学会反击，而不能一味地忍让和宽容，让对方得意。

以毒攻毒，让对方自食其果

总有那么一些人爱故意找碴儿、寻衅滋事，这时我们如果退避三舍，必会遭人耻笑；如果视而不见，也难免有软弱之嫌。所以以毒攻毒，让其自取其辱是最好的办法。

阿凡提以风趣和机智著称。他经常运用诱导的语言技巧，替平民百姓申冤出气，惩治那些贪心的人。

有一天，阿凡提到一位以吝啬贪婪闻名的地主家去借锅，地主当然不肯，最后把阿凡提的小毛驴留下做抵押，才让他拎锅出门。第二天，阿凡提准时来还锅，并且还带着一只小锅，地主好奇地问："阿凡提，你带这个小锅来干嘛？"阿凡提故作神秘地说："老爷，你昨天借给我的锅是一只怀了孕的锅，今天早上我到你这儿来的时候，它刚好生了一只小锅，所以我一并带来还给你啦！"地主当然不信锅会生孩子，但为了得到这只小锅，他装模作样地说："是啊！是啊！我昨天借给你锅时，它正怀着孕呢！"然后让阿凡提牵走了小毛驴，并假装慷慨地说："阿凡提，今后不管你要借什么东西，都尽管来借好了。"

从此以后，阿凡提每借一次东西，都会依样还给地主一件小东西，地主脸上笑得合不拢嘴，心里却不停地嘲笑阿凡提。

过了半个月，阿凡提愁眉苦脸地对地主说："老爷，我的母亲生病了，我想借你那口祖传的金锅去给母亲煎药。"地主一想到过几天就有两只金锅到手，便急忙地把金锅借给阿凡提。谁知这次阿凡提过了很久都没来还锅，地主等得不耐烦，决定亲自上门去讨。正准备出门，阿凡提急匆匆地跑进来，上气不接下气地说："老爷，不好啦！你借给我的那只金锅难产死了！"地主大吃一惊，瞪起眼骂道:"锅怎么会死呢?"阿凡提立即扬高声音说:"老爷,你既然相信锅会生小孩,那它为什么不会死呢?"贪心的地主被自己的无知和贪婪弄得哑口无言,不仅失去了珍贵的东西,而且还成为大家的笑柄。

聪明的阿凡提,算得上是高明的说话大师。他先摸清对方的性格特点,然后欲擒故纵,以毒攻毒,诱使对方犯下错误,自食恶果,最后将其轻易地驳倒。

孔融10岁那年,他父亲带他到京师拜见了河南尹李膺。那天,李府宾客满堂,尽是当朝达官显贵、名士贤卿。李膺传话,如果不是朝廷命官或世交至亲,概不接见。孔融当即回话:"我先祖孔子与大人先祖老子(李耳)乃是至交,我们不也应是世交吗?"于是李膺非常高兴地把孔融介绍给大家,众人对孔融年少多智赞不绝口。唯有大夫陈伟不以为然,根本不把这个乳臭未干的娃娃放在眼里,轻蔑地说:"小时聪明。长大未必能怎么样。"孔融听到后,很有礼貌地反问道:"那么您小时候一定是聪明的啦?"陈伟本想嘲笑孔融,但没想到却打了自己的脸。

当有人故意找碴时,我们可以以毒攻毒,使对方自食其言。然而在运用这种说话术时一定要掌握对方的心理弱点,让对方走进陷阱而无法自拔。

齐国的晏婴将出使楚国。楚王知道这个消息后,便对他左右的人说:"晏婴是齐国很善于言辞的人,现在正动身来我国,我想侮辱他,用什么办法呢?"左右的人出了个主意。

晏婴来到了楚国,楚王举行酒宴来招待他。酒兴正浓时,两个差人捆着一个人走到楚王的面前。楚王故意问道:"你们为什么要捆绑这人?"差人回答说:"他是齐国人,犯了偷盗罪。"

楚王笑嘻嘻地望着晏婴,说:"齐国人本来就善于偷盗,是吗?"

晏婴站起来离开席位,郑重其事地回答说:"我曾听说过这样一个故事:橘树生长在淮河以南,是橘树;生长在淮河以北,就成了枳树。橘树和枳树虽然长得很像,但它们结出的果实味道却不大相同。橘子甜,枳子酸,为什么呢?由于水土不同啊!如今,在齐国土生土长的人,在齐国时不做贼,一到楚国就

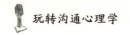

又偷又盗，莫不是楚国的水土使老百姓惯于做贼吗？"

楚王听后苦笑着说："德才兼备的圣人，是不能同他开玩笑的，我现在有些自讨没趣了。"

毫无疑问，以毒攻毒，让别人自食其果的反驳说话术是应对故意找碴，挑衅生事之人的最好办法。当反驳之时巧妙地运用这种反驳术，不但可以让对方哑口无言，同时也维护了自己的尊严。

反驳要抓住对方话语中的破绽

当别人找碴或者挑衅时，我们要从别人的话语中找出破绽，以其人之道，还治其人之身。

俗话说，有理走遍天下。但在现实生活中，双方对垒，有时会出现这样的情况——有理的人被对手置于困境，竟寸步难行。或者对手是掌权者，凭借权力，以势压人；或者对方刁钻泼辣，不讲道理。面对这种情况，如果有理的一方不甘忍辱含垢，必定要与之争辩。那么在论辩时，你说的话最好要切中问题的关键，使对手理屈词穷，从而变颓势为胜局。

齐宣王是个骄横、虚荣的人。有一次，齐宣王召见颜斶，却碰了一个钉子。

齐宣王坐在自己的宝座上，露出骄横之态，呼道：

"斶，过来！"

颜斶对此很不满。他也学着齐宣王那高贵的样子，竟然对齐宣王呼道：

"王，走过来！"

齐宣王气得发抖。

左右侍臣慌了，对他呵斥道："王是人君，你是人臣，王叫你过来，天经地义；你这样子叫王走过来，难道可以吗？"

颜斶不慌不忙地辩道："若论道理应该可以。我若走过去，是仰慕王的势利；而我呼王过来，则是让王表示趋奉贤士。我觉得与其叫我做仰慕势利之事，倒不如让王做趋奉贤士的好君王！"

齐宣王尽管心里明白，但面对颜斶这番爱君爱国的高论也不好发作。

抓住要害反驳对方需遵循以下步骤：首先，在貌似强大的对手面前，自己的态度要坚毅刚强，要抱必胜的信心。其次，揭露强敌的理由要充足有力，举证要确凿无误，不让对手有空子可钻。再次，触机便发，言辞犀利，字字句句要有分量。最后，釜底抽薪，当头棒喝。要让对手感到，再不还以公道，待产生严重后果时就悔之晚矣。此外，反击的言论或举动还应高出对方一筹，这样，才能在两相对照之中，既保持主动地位，又能够打动对方，产生巨大的说服作用。

欲擒故纵，等待最佳反击时机

在辩论场上，不妨与对方慢慢周旋，以便抓住对方的弱点，静待反击的最佳时机，进而取得最后的胜利。

说起辩论，也许我们立马会想到"唇枪舌剑、针锋相对"等激烈的词语。可是有时候这种简单而激烈的抗衡会让双方都陷入尴尬的境地而难以解脱，辩论也不会有什么实质性的结果。倘若我们能在激烈的辩论场上沉着应战，另辟路径，以不变应万变，与对方慢慢周旋，也许能发现对方的破绽，抓住对方的弱点，然后一鼓作气，突破僵局。

律师怀特竭力为有杀妻嫌疑的布莱尔辩护，而对方的律师麦纳斯提出了对布莱尔十分不利的证据：布莱尔曾向麦纳斯提出过，要麦纳斯帮助他与妻子离婚。麦纳斯认为，布莱尔在无法达到离婚目的时，很可能会采取极端措施。

怀特沉思片刻之后，便开始与对方周旋："关于离婚的案子，我倒是个外行，但是我知道我们周围每天都有很多人离婚，麦纳斯作为办理离婚案子的精英，是不是每天都很忙啊？"

麦纳斯很自信地回答道："要我处理的案子一年至少有200件，当然很忙。"

麦纳斯开始犹豫起来，实际离婚的人数并没有那么多。麦纳斯有点底气不足："可是……其中有些人……因为这样那样的原因改变了主意。"

"啊！您是说有重新和好的可能，大概有10%的人不想真离婚？"怀特觉

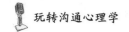

得机会来了。

麦纳斯回答说："百分比还要高一些。"

"高多少，有20%？"

"接近40%。"

"麦纳斯先生，这也就是说，去找您的人中有近一半最后决定不离婚？"

"是的！"麦纳斯觉得自己上当了，但是已经晚了，也只好如实回答。

"喂，我想这不会是因为他们对您的能力缺乏信任吧？"怀特步步逼近。

"当然不是！"着急的麦纳斯急忙自我辩解，"他们常常一时冲动，就跑来找我。可是一旦真的要离婚，便改变了主意……"这时候，麦纳斯完全中了怀特的圈套。

"谢谢，"怀特"欲擒故纵"的战略取得了圆满成功，"你真帮了我的大忙。"

结果可想而知，布莱尔被判无罪。

在这个案件中，怀特使用了"欲擒故纵"的战略：先坦率地承认自己对离婚案是外行，恭维对方很忙，对方因此得意忘形，使案件朝着有利于己方的方向发展。怀特抓住对方的一个破绽，然后步步为营，步步诱导，使对方说出了否定自己的话。

总而言之，当处于某种境地而不知所措时，我们不妨换个思路，换一种方式，试着采用"欲擒故纵"的战术，与对方周旋，以便抓住对方的弱点，找准反击的最佳时机，这样便能"柳暗花明又一村"。

釜底抽薪，攻其要害

釜底抽薪法就是要找出对方论据中的虚假处，用确凿的事实来反驳对方，这样，对方精心构筑的言论布局就会因基础瓦解而全面崩盘。

釜底抽薪、攻其要害是一种通过论证对方论据的虚假，来反驳对方论点的方法，也是一种最基本的辩论技巧。因为，论点来自论据，论据孕育论点。论据真实，则论点正确；论据虚假，则论点谬误。所以，驳倒了论据，有如釜底

140

抽薪，是从根本上展开对对方论点的反驳。

运用这种论辩技巧，一定要紧扣论据与论点之间辩证统一的逻辑关系。如果论据与论点之间并无内在联系，反驳论据必然落空。

美国第十六任总统林肯年轻时是一位律师。一次，他得悉朋友的儿子小阿姆斯特朗被控为谋财害命，已初步判定有罪。他以被告律师的身份，到法院查阅了全部案卷，知道全案的关键在于原告方面的一位证人福尔逊。因为他发誓说 10 月 18 日，在月光下，清楚地目击了小阿姆斯特朗用枪击毙了死者。对此，林肯要求复审。在这场精彩的复审中，有以下一段对话：

林肯问证人福尔逊："你发誓说看清了小阿姆斯特朗？"

福尔逊："是的。"

林肯："你在草堆后，小阿姆斯特朗在大树下，两处相距二三十米，能认清吗？"

福尔逊："看得很清楚，因为月光很亮。"

林肯："你肯定不是从衣着方面看清他的吗？"

福尔逊："不是的，我肯定看清了他的脸。"

林肯："你能肯定时间是在 11 时吗？"

福尔逊："十分肯定，因为我回屋看了钟，那时是 11 时 15 分。"

林肯问到这儿就转过身来，发表了一席惊人的讲话："我不能不告诉大家，这个证人是一个彻头彻尾的骗子。他一口咬定 10 月 18 日晚上 11 时在月光下看清了被告的脸。请大家想想，10 月 18 日那天是上弦月，晚上 11 时月亮已经下山，哪里还有月光？退一步说，也许他时间记得不十分精确，时间稍有提前。但那时，月光是从西往东照，草堆在东，大树在西，如果被告的脸面对草堆，脸上是不可能有月光的！"

大家先是一阵沉默，紧接着掌声、欢呼声一起迸发出来，福尔逊傻了眼。在这里，林肯运用了釜底抽薪的反驳技巧，戳穿了福尔逊的谎言，澄清了事实，彻底驳倒了福尔逊的论点，还小阿姆斯特朗以清白。

釜底抽薪法就是要找出对方论据中的虚假处，用确凿的事实来反驳对方，这样，对方精心构筑的言论布局就会因基础瓦解而全面崩盘。

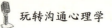

激烈的辩论台前难免会碰到咄咄逼人或是气势汹汹的对手，其语言攻势如同锅中热水，往往达到了沸沸扬扬的程度。面对这种情况，舌战的当务之急就是抑制对方逐渐高涨的气势，而抑制的最佳方法就是抽去"锅下的柴火"，从根本上解决问题。正如古人所云："故扬汤止沸，沸乃不止；诚知其本，则去火而已矣。"

巧设"口袋"，请君入瓮

当对方不轻易上钩时，便辅之以激将等法，来尽快诱使对方进入你预先设好的圈套。这是诱敌入瓮的关键所在。

作为一种辩论技巧，"请君入瓮"的关键就在于巧设圈套和伺机点破，使对方"哑巴吃黄连——有苦说不出"，无言以对，自甘以输。

英国文学家萧伯纳在一个晚会上，独自坐在一旁想心事。

一位美国富翁非常好奇，便走过来对萧伯纳说："萧伯纳先生，我想出一块钱来打听你在想什么？"

显然，这位富翁不但干扰了萧伯纳的思绪，而且浑身还散发着一股铜臭味。他的话不仅俗不可耐，而且完全是对萧伯纳人格的侮辱。

对富翁庸俗的做派，萧伯纳决定给予反击。他抬头看了一眼富翁，说："我想的东西不值一块钱。"

这下更引起了富翁的好奇，他急不可待地问道："那么你究竟在想什么东西呢？"

萧伯纳笑了笑，叹了口气说："我想的东西就是你呀！"

萧伯纳的回答可谓典型的"请君入瓮"。富翁问他在想什么，如果他直接回答的话，必然兴味索然，达不到反击的目的。而他所说的"我想的东西不值一块钱"，自然就勾起了富翁的好奇心，使他不知不觉地上钩，非要对"不值一块钱"的"东西"问个水落石出不可。萧伯纳见"蛇"已"出洞"，便抓住玄机揭"谜底"，于是道出了"我想的东西就是你"。语言虽然简短，但却巧妙地给了富翁当头一棒。

使用请君入瓮这一辩论技巧，必须注意以下三个问题：

第一，"口袋"要设好。

在揣摩对手心理状态的基础上，主动以进攻者的姿态发问，或假设其事，或虚言夸张，巧布疑阵，设好"口袋"，诱使对方上钩，为后面做好准备。

第二，反击要有力。

一旦对方进入"口袋"，就应不失时机地扎紧袋口，迅速出击，瓮中捉鳖，不给对方以回旋的余地。

反击时要配以类比、归谬、两难推理等方法，与前面设下的"口袋"遥相呼应，由此及彼，抓住要害，给予有力的反击。

第三，引诱要巧妙。

可以采用障眼法，巧布疑阵，不露痕迹，以免被对方识破而功亏一篑。当对方不轻易上钩时，便辅之以激将等法，来尽快诱使对方进入你预先设好的"口袋"。这是诱敌入瓮的关键所在。掌握好这一技巧，则能使自己的辩论无懈可击。

巧施策略，反驳对方的诡辩

诡辩的逻辑如果是错误的，不妨顺着这个错误的逻辑，将错就错，就地取材，进行反驳。

在现实生活中，有的人为了维护自己的观点或看法，往往会以诡辩来向对方发难，陷对方于被动尴尬的境地。诡辩在辩论中固然厉害，但诡辩自身存在着语言模糊、内容矛盾、逻辑错误等方面的局限性，因此反驳诡辩可行的方法就是抓住本质加以辩驳。

诡辩的语言如果含混不清、模棱两可，可通过对其语言进行判断、分析，解释批驳对方的荒谬观点和不实之词，阐明自己的立场和观点。请看老张和老刘的辩论：

老张问："在金钱和道德之间，你选哪一个？"

老刘不假思索地回答："当然选道德。难道你选金钱？"

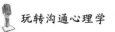

老张诡秘地说："我是选择金钱，因为我缺少金钱。你选择道德，那是因为你缺少道德。"

老刘听了老张的不友好言语，立即反驳说："你的话只讲对了一半，十分的道德，我已有九分，还缺少一分，所以我选道德；万贯的家财，你已有九千贯，但你还缺少一千贯，所以你选金钱。因此，准确地说，我选道德是我崇尚道德，你选金钱是你贪图金钱。"

从上例不难看出：老刘重义，老张重利。然而，老张为了给老刘脸上抹黑，构设了一个以模糊语言为核心的诡辩以嘲讽老刘。这个诡辩的关键词语"缺少"在特定语境中是很模糊的，即包含了"缺得很多、缺得不多、缺一点点"等方面的意思。老刘的反驳针对"缺少"这一模糊的词语，用形象的语言清晰地把它量化出来，否定了自己"缺德"、老张"缺钱"的荒谬论断，最后用"崇尚"来褒扬自己对道德的追求，用"贪图"来贬斥对方对金钱的贪得无厌。

只要能在以上三个方面中的任何一个找到突破口，就可以轻松反驳论敌的诡辩。

先发制人，获取辩论中的主动权

在辩论时，最经常也是最奏效的战略就是主动出击，先发制人，因为只有在进攻、进攻、再进攻中才能始终把握主动权。

"先发制人"重在一个"先"字，贵在一个"制"字。当你了解别人将要说一些对你不利的话或让你办一些不想办的事时，你可抢先开口，或截、或封、或堵、或围、或压、或劝，明确地告知对方免开口，打断对方的话题，用其他话题岔开。这样就能牢牢掌握交际的主动权，达到自己拒绝的目的。

辩论不是简单的舌战，更不是街头泼妇骂架，而是进攻与防守综合艺术的运用。顾头不顾尾的蛮攻和忍气吞声的防守都会造成灭顶之灾。

孙子曰："备前则后寡，备后则前寡，备左则右寡，备右则左寡，无所不备，则无所不寡。"在辩论时，最经常也是最奏效的战略就是主动出击，先发制人，因为只有在进攻、进攻、再进攻中才能始终把握主动权。但不能盲目进攻，要掌握进攻技巧，才能取得好的效果。

1. 正面进攻

辩论中，与对方短兵相接，面对面地直接驳斥对方的论点，尤其是中心论点，指出对方论点的错误和明显违背事实和常理的地方，使其主张不能成立，是辩论制胜的法宝。这就是所谓正面进攻。这是大规模的正规军决战常用的手法，最常用，也最难以掌握。

1988 年，"亚洲地区大学生论辩赛"预赛的第一场，香港中文大学队对战新加坡国立大学队，辩题是"个人功利主义是社会进步的最重要因素"。辩题即论点，站在反方的香港中文大学队的一名队员发言指出：

"孙中山领导辛亥革命，推翻了中国两千多年的封建统治，难道是因为个人功利主义吗？爱迪生发明了电灯，造福于全人类，难道是因为个人功利主义吗？"

上述例子中采用的就是正面进攻，直接反驳辩题。只用两个反问句，举出两个无可辩驳的历史事实。孙中山领导的辛亥革命，中国及全世界都知道；爱迪生的科学发明，给全世界带来了光明，更是世人皆知。论者用这两个促进社会进步的重大历史事实，直接证明"个人功利主义是社会进步的最重要因素"这一论点的错误。这一方法的效果是全面而且有力的。

2. 侧面进攻

侧面进攻指不与对方正面交锋，或是因对方论点看似十分坚强，难以找到漏洞，而从侧面驳斥对方的论据，或提出对方论据逻辑上的毛病，加以迎头痛击，彻底打垮对方。

3. 迂回进攻

迂回进攻是指不与对方近距离接触，而先远距离地进攻，如从挑剔对方的论辩态度不妥或论辩风度有失，开始诘难，进而抓住对方的论辩企图，深入进行驳诘。用这种方法，往往使对手措手不及，难以应答。

4. 包围进攻

包围进攻是指当对方分论点很杂时，可以分割包围对方核心论点、周围

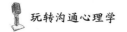

的分论点及论据，逐一进行驳诘，最后推翻对方的核心立论。既然对方分论点不能成立，其核心立论自然不成立。在辩论中，要做到先发制人，抢先掌握主动权，只有以正确的进攻方式攻击对手，在攻击过程中发现对方的破绽抢先下手，进而穷追猛打，方可达到预先目的，并一举取胜。

理直气壮，有理之人要先以气势取胜

有的人总是有意无意地向我们提出不公平、不合理的要求。面对这种情况，我们必须据理力争，争取自己应得的权益。这就要求我们理直气壮地说话，从而在气势上征服对方，打击对方的嚣张气焰。

爱看足球比赛的人都知道，足球比赛有一句至理名言，那就是"足球是圆的"。它的意思是说球场上风云变幻，胜负并不全依强弱而定。那么，是什么因素使得足球比赛具有这样的悬念呢？无疑就是"气势"。所谓"主场之利"，指的就是主队士气上升，具有了气势，在这样的情况下，往往会有超水平的发挥。

谦虚和无能是两回事。自己没有主见，对他人言听计从很可能会被划入"无能"的范畴。真正的谦虚绝不是唯他人马首是瞻，还应该坦率地表达自己的想法。可见，谦虚固然重要，但"当说则说，当怒则怒"的姿态也不可缺少。如果不能坚持自己的主张，而一味地迁就别人，对方很可能会将你看轻。沟通心灵、统一意见的最好办法，莫过于意见分歧的双方坦率地将自己的看法和盘托出，找出其中的分歧再相互协商。在这个过程中，没有以势压人，也没有盲目服从，这才是谦虚的最好演绎，互相信赖的关系也由此萌生。

俗话说："人善被人欺，马善被人骑。"有些人专爱拣软柿子捏。对这样的人，能忍则忍，忍无可忍时，不如反击。

当人的感情受到伤害时，我们中的大多数人会十分愤怒，表现为张口结舌或者满脸通红。那么，到底怎样才能摆脱窘迫的处境呢？这得依情形而定。如果你的上司在你同事面前三番五次地责备你时，你可以心平气和地指出："我们是否可以私下谈这个问题？"如果伤害你的人是你的配偶或亲密朋友，你可以向其说明你为此感到非常痛苦，这远比以同样的方式去回击对方要好得多。有人故意羞辱你时，你可以采取比较激烈的方法。有时，你必须使这种羞辱立即停止。你可以说："你已经使我难堪了。你不介意告诉我这都是为了什么吗？"或者说："你似乎心烦意乱，是不是我有什么事使你不高兴了？"

不管发生了什么事情，都要避免动怒，千万不要发火。如果不够心平气和，你只能使对方占上风，使别人对你产生不满情绪。再说，和那些别有用心的人生气不值得。

一位作家刚完成一本书，正陶醉在人们的赞美声中，另一个作家对他有些嫉妒，不顾别人的劝说跑去和他说："我喜欢你这本书，是谁替你写的？"他马上回敬道："我很高兴你喜欢，是谁替你读的？"

聪明的作家面对另外一个作家的攻击并没有恼怒，而是以智慧的语言进行反击，驳得对方无话可说。

在受到不公正待遇时，你可以将事情置于大庭广众之下，摆出自己正当的理由，以强硬的态度坚决有力地驳斥对方。这样，我们就可以让对方在众目睽睽之下，理屈词穷，被迫做出让步。

提问在据理力争中显得十分重要，它能够营造一种势不可当的气势。但需要注意的是，据理力争必须把双方都置于大庭广众之下。如果只有彼此两人，而你又处于一种弱势的地位，那么，你恐怕就无法据理力争。

当对方气势汹汹，兴师问罪之时，你不要被他的强势所吓倒，而应昂首挺胸地迎上前去，以自己的强势压往对方。这时，对方会被你的这种威势所震住，从而不得不改变他的姿态，做出让步。

抓住对方的弱点，攻其不备

当受到别人的无情嘲弄时，我们不妨抓住对方的弱点，攻其不备。

所谓的出奇制胜就是找到对手弱点，然后攻其不备。

"出奇制胜"是一个可以广泛应用的法则，更是一个永恒的法则。它为什么具有如此大的魅力呢？出奇制胜要求打破常规，用对手意想不到的新奇手段战胜对手。它的核心就是"变化"二字，而"变化"正是宇宙间一切事物运行的普遍规律。

北宋有个名叫刘敞的大才子，他与欧阳修是很要好的朋友。刘敞晚年丧妻后，又续取了一位美艳少妇，招致人们一些闲话。欧阳修作为他的好友，在这件事上本不该说什么。可是，欧阳修恃才自傲，写了一首嘲讽刘敞的诗，曰："仙家千载一何长，浮世空掠日月忙。洞里桃花莫相笑，刘郎今是老刘郎。"刘敞看到后心里很不痛快，想报复欧阳修，可是一时又找不到机会。

有一天，御史中丞王拱辰请客，欧阳修、刘敞均在座。席间，刘敞突然心生一计，说："我有一个笑话，讲给诸位听，以助酒兴。从前，有一个学究训导学子，读到《毛诗》'委蛇委蛇'处时，学子将'蛇'字念成'舌'音，学究责备说：'蛇当读作姨字，不要再读错了。'学子牢记在心。第二天学子在去学堂的路上看乞丐玩蛇，迟误了上学的时间。学究问其迟到的缘由，学子如实告诉先生，是观看乞儿玩蛇而耽误的。但是，这次学子把'蛇'字读成了'姨'音，因此，他对学究的回答就成了这样一句话：'路遇有弄姨者，从众观之，先弄大姨，后弄小姨，是以来迟。'"刘敞讲完后，含意深刻地看了看欧阳修，然后开怀大笑起来。

欧阳修起初并不知道刘敞为什么要讲这个故事，可是刘敞一笑，他就立马明白了过来：刘敞是在嘲弄自己先娶了薛简肃公大女儿，后来又续娶了薛简肃公的小女儿这件事，立刻后悔先前不该嘲弄刘敞晚年娶少妇的事。

总之，反击无理取闹的行为，不宜锋芒太露。有时，抓住对方的弱点，旁敲侧击，反而更有震慑力。

·第六章·

巧设玄机，瞬间掌握他人心理的问话术

问话热身，消除冷状态

生活中，当我们与某人第一次见面时，不管有多想了解对方，一定不能忽视问话禁语的问题，要耐下心来慢慢诉说。

第一次见面，不管出于怎样的目的，总希望尽可能多地了解对方，一个又一个的问题就这样问了出来。殊不知，这样的问话方式会给对方造成不适之感，对你本就不熟悉，戒心会更重。最开始问话的一方往往觉察不到这种迹象，直到对方表现出明显的回避与提防的情形时，问话方才不得不就自己的问话做一番解释。于是疑云消散，双方的交谈才逐渐融洽。但是，如果在对话的最开始就先讲明自己询问某些事的原因，交流的效果会更好。

小超是动漫爱好者，最近又迷上飞机模型的制作，经人介绍认识了一个叫赵彦的模型高手，两人一见面就谈了起来。

小超："听说你是这方面的行家？"

赵彦："也不算吧，只是喜欢玩而已。"

小超："你做这个多少年了？听说这行里的有些人很神秘，之前都是专门做飞机的？飞机的原理是不是很复杂？有没有什么有意思的事透露一下？"

听了小超的这几句话，赵彦的面部表情突然严峻了起来。

"你问这些干什么？我不知道。"

感到对方有明显的抵触心理，小超连忙说道：

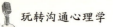

"不好意思，我解释一下，我之所以问你飞机原理的事，是因为我最近在学着做飞机模型，我朋友没跟你说？"

赵彦摇摇头："他只说你想认识我一下，没说具体是什么原因。"

"噢，那就是我的不对了，我应该提前告诉你我那么问的原因的。除了飞机原理，我还想知道咱们国内制作飞机模型的整个状况，经费啊、材料源啊，等等，毕竟我刚接触这个，这方面的知识还非常缺乏，可以吗？"

"当然啊。你一解释我就明白了，不然一见面就问我飞机原理什么的，我以为你是间谍呢。"

"哈哈，我的错，我的错。"

小超就犯了只顾问而没有解释的错误。他的问题让对方疑虑重重，甚至因为问题的敏感怀疑他是间谍。如果有这样的想法，对方的心就会关闭得更严，而交流自然无法畅通。在这个过程中，对方还是一副戒备心，没有把小超当真正的朋友，而小超那样问，也是没读懂对方的表现。

不熟悉的人相见，认知总需要一个过程，切不可因为想急切了解某些问题而忽视了思想"互通有无"的过程。简而言之，就是让对方对你跟他对话的目的有个大概的了解，让他心中有数，他才会对你的问题予以解答。

小超从一开始就问，到后来对问话予以解释，就是感觉到了对方内心的变化：由陌生到抵触，不解释可能更加防备，这样发展下去的后果很可能是不欢而散。小超热情四溢，对方却一直是冷状态。

所以，生活中，当我们与某人第一次见面时，不管有多想了解对方，一定不能忽视问话禁语的问题，要耐下心来慢慢诉说。尤其要注意的是，在提出一些需要解释的问题之前做出必要的解释，跟对方说明自己这样问的意图。这样才能让他最大限度地敞开心扉说出自己的想法，你也会更加了解这个人。

求同存异：认同与被认同里的玄机

心理学上讲，人往往会因为彼此间相似的秉性或者经历走到一起，在认同和被认同的过程中，慢慢由陌生变得熟悉。

一个严冬的夜晚，两个人初次见面。

对话一：

"今天好冷啊。"

"是啊。"

"……"

"……"

对话二：

"今晚好冷！像我这种南方人，尽管在这里住了几年，但对这种天气还是难以适应，你感觉怎么样？"

"是啊，我父母虽然是北方人，但我也是从小在南方长大的，在这里还是也不适应。"

"你也是南方的？你是南方哪儿的？"

"我是南方……"

以上两段对话均来自两个陌生人初次见面的情景。在第一段对话里，两人见面说的第一段话非常普通："天很冷啊""是啊"。从字面上就能判断出双方的聊天能力一般。

第二段对话则不同。第一个人见面就说自己是在南方长大的，对北方这种寒冷的天气很不适应，然后又问对方感觉怎么样。对方虽不是纯正的南方人，但也是在南方长大的，因此，两个人有共同话题，你来我往间，彼此就会越来越融洽。

从第二段的话中可以分析到，尽管见面的两人一个是纯正的南方人，另一个只是从小在南方成长，父母是北方的。两者虽有差异，但主动问话者故意忽略了这种差异，只强调双方的相似性：都在南方有一段成长经历，对北方寒冷的冬季极不适应。因为有了相似的经历，话题才会越来越多。

从心理学上讲，人往往会因为彼此间相似的秉性或者经历走到一起，在认同和被认同的过程中，慢慢由陌生变得熟悉。没有人希望与自己对话的那个人是个和自己没有丝毫相同点的人，那样的话，两人很难有聊得来的话题。甚至，有可能爆发矛盾冲突，这也就是第二段的问话人求同存异的原因。

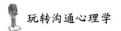

因为有了相同的地方，第一次见面的两个人才会渐渐有亲切感，慢慢放下戒备的心。除此，消除陌生感的方式还有以下几种：

1. 攀认式

赤壁之战中，鲁肃见诸葛亮的第一句话是："我，子瑜友也。"子瑜，就是诸葛亮的哥哥诸葛瑾，他是鲁肃的挚友。短短的一句话就定下了鲁肃跟诸葛亮之间的交情。其实，任何两个人，只要彼此留意，就不难发现双方有着这样或那样的"亲""友"关系。

例如："你是××大学毕业生？我也在××进修过两年啊。你还记得××吗？"

"你来自苏州？我出生在无锡，两地近在咫尺，今天得好好聊聊！走，有没有兴趣喝一杯？"

2. 敬慕式

对初次见面者表示敬重、仰慕，这是热情有礼的表现。用这种方式必须注意，要掌握分寸，恰到好处，不能胡乱吹捧，不要说"久闻大名，如雷贯耳"之类的过头话。表示敬慕的内容也应该因时、因地而异。

锲而不舍，由浅及深问到底

人与人相遇，并不是无话可聊，而是没有找到适合双方的话题。这样的话题常常需要一个试探的过程，而要想经历这个过程，就要有锲而不舍的精神，不能因为一两次的受阻就不再问下去。问得越深、越广、范围越大，就可能找到尽可能多的谈资。

在某些沉闷的环境里，没有人愿意开口跟陌生人说一句话，那是出于一种防备心理，在这种时候，该怎么办呢？你也要一直沉闷下去吗？

假如你正坐在火车上，已经坐了很久，而前面还有很长很长的路程。你想与他人讲讲话，而且要尽力使你的谈话显得有趣和富有刺激性。你该怎么做呢？

坐在你旁边的像是一个有趣的家伙，而你颇想知道他的底细，于是你便搭讪道：

"对不起，你有火柴吗？"

可是他一句话也不讲，只是点点头，从口袋里掏出一盒火柴递给你。你点了一支烟，在还给他火柴时说了声"谢谢"，他又点了点头，然后把火柴放进了口袋里。

你继续说："真是一段又长又讨厌的旅程，你是否也有这种感觉？"

"是的，真讨厌。"

他回答着，而且语调中包含着不耐烦。

"若看看一路上的稻田，倒会使人高兴起来。在稻谷收获之前的一两个月，那一定更有趣吧？"

"唔，唔！"他含糊地答应着。

这时，如果你再也没有勇气问下去，你们的谈话就会到此为止，沉默就会继续。但如果你不再只是问一些表面问题，而是换一个稍微深入的，能引起他兴趣的话题，对方可能就不再沉默了。

"今天天气真好啊，真是适合踢球。今年秋天有好几个大学的球队都很出色，你对这件事有关注吗？"

这时，那位坐在你身旁的乘客直起身来。

"你看理工大学球队怎么样？"他问。

"理工大学球队很好，虽然有几个老将已经离队，但那几位新人都很不错，对这个球队你也关注？"

"嗯，是的，你曾听到过一个叫李小宁的队员吗？"他急着问。

或许李小宁这个人你听说过，或许没听说过。这都不是关键，关键是李小宁这个人能引发对方的谈话兴趣。你就可以顺着他的话说："他是一个强壮有力、有技巧，而且品行很好的青年。理工大学球队如果少了这位球员，恐怕实力将会大减。但是李小宁毕业了，以后这个队如何还很难说。怎么，你认识他？"

这位乘客听了这话便兴高采烈、滔滔不绝地谈了起来。

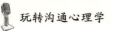

可见，人与人相遇，并不是无话可聊，而是没有找到适合双方的话题。挖掘到对方最感兴趣的话题，让原本陌生的两个人逐渐熟悉起来，谈话气氛也会变得融洽。

面对陌生人的时候，为了迅速打开话匣子，可熟练掌握以下几种方法：

1. 从对方的口音找话题

对方的口音可以告诉我们他大概的出生地或者居住过的地方，从此处入手，就可询问相关的风土人情、著名人物等问题，激发对方的谈话欲望。

2. 从与对方相关的物品找话题

对方携带的东西通常跟他的兴趣和爱好有关，从此处入手，更容易打开对方的话匣子。如果对方拿着一本体育杂志在看，一句"你喜欢体育吗"，就会让双方的距离瞬间缩短很多。

3. 从对方的衣着打扮找话题

一个人的穿着常常反映他的品位，如果从他衣服的品牌开始交谈，沟通或许会更加融洽。

做足功课，提前摊牌

主动抛出问题，就会打乱对方的心理节奏，让他自乱阵脚，自己也会逐渐在对话中占据优势。

小董是一家公司的业务员，刚上班不久就被派到外地去收欠款。欠钱的是一家实力不弱的公司。临去之前，小董还特意调查了对方的资料：实力雄厚，老板为人正直。小董想，之所以钱一直要不回来可能因为是旧账的缘故，业务员换了好几个，程序都接不上了，这次他好好跟对方说说，应该没什么大问题。但是，直到他见到那个老板，小董才知道，他把事情想得太简单了。

小董："您好，您是这家公司的老板吧？我是××公司的业务员，我是为那笔旧账来的，您应该知道吧？"

那人一听，眉毛一横。

"旧账？什么旧账？我从来不欠人家什么。"

没想到对方会抵赖，小董就拿出了账单，说：

"要不您看看？我说得没有错，不然会来麻烦您吗？"

那人看都不看就把账单扔到一边。

"什么账单？我不看，别浪费我时间了。"

小董一看，对方确实不好对付。不能再任由他这样下去了。他不认账，小董就主动问。

"你赖账也罢不赖账也罢。白纸黑字都在这写着呢，2005 年 20 万块钱的货是怎么回事？一个叫李明的业务员从我们公司拉了货就回来了，说过几天就给钱，这都过了多少天了？钱呢？你可能会说你们公司没这个人，告诉你吧，来之前我都打过电话核实了，人还在你们公司里，哪个部门我都知道。"

"胡扯，根本没有这事。"

"还想抵赖，2005 年 6 月份还有一笔货款没结，也说过几天。我们觉得是老客户就没追着催，这账单上都写着，上边还有你的签字和指纹，你不会说这些也是假的吧？"

"哪有签字？哪有指纹？"那人嚷着要抢账单，小董赶紧躲开了。

"来之前我已经想好了，能自己解决就自己解决，不能解决的直接跟相关部门汇报，你要是威胁我的人身安全，我就打 110，没想到我会这么做吧？还想一直赖下去吗？"

之前一直非常嚣张的欠债人听到小董要报告相关部门，突然紧张得一句话也说不出来。如果被处罚，公司的损失肯定会更大，在整个业界的声誉也会非常坏。想到这里，那人就软了下来。

"年轻人，不要冲动嘛，有事好说，还用得着惊动上级领导吗？我也是小本经营啊。"

"既然知道做生意不容易，为什么还要为难我们？非得让我这样你才满意？"

"好，好，我还你们欠款，今天就办。"

当遇到一个蛮横的人的时候应该怎么办呢？当这个蛮横的人又恰好欠了你东西就是不还的时候，又该怎样处理？相信，这样的问题让很多人都有挠头之

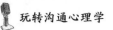

感。但是，他的硬是一贯为之呢还是欺软怕硬呢？

小董开始本想用和风细雨的方式让对方还钱，他想在循循善诱间让对方明白欠债应该还钱的道理。对方提一个问题自己就回答一个。渐渐地，小董察觉到对方一直在用这种方法抵赖，而他的蛮横也让小董明白软弱被人欺。他就决定主动出击，将问题在对方问出或者躲避之前一一抛出，让他没有退路。同时，在气势上压倒他。

直到小董说会将欠债的事上报上级领导，质问对方怕不怕，欠债方才彻底服软。先前的嚣张气焰不见了踪影，取而代之的是迎合。小董问到了对方的痛处和畏惧的地方，他当然只有"束手就擒"的份了。试想一下，如果小董不问这样一个问题，对方可能会一直抵赖下去，心理上一直保持强势状态。主动抛出问题，就会打乱对方的心理节奏，让他自乱阵脚，自己也会逐渐在对话中占据优势。

有些人的强大是装出来的，为了达到自己的私利用假象迷惑别人，外强中干。这样的人，通过外在并不能看出什么端倪，只有通过交谈，才知道他的强大到底是实还是虚。而最佳的交流方式之一，就是先将存在的问题抛出，而不是被动地接受问题。

主动抛问题代表一种强烈的寻求掌控权的思维模式，只有有了掌控权和话语权，对方的思想才能渐渐被你掌握，掌握了一个人的思想，他的心思还会无法看透吗？

留心关键，反复提问

两个人初次见面的时候，不管对方有着怎样的身份和地位，也不管他将自己说得多么悲惨，切不可偏听偏信，而是要留意对方话里的关键因素，用一种不得结果不罢休的态度问下去，多问几遍，或许真的能问出不一样的内容，而这些内容才真的可能带你走进对方的心里。

一位面容忧郁的太太走进一家心理诊所，还没完全落座就对心理医生说："医生，快帮帮我吧，我不知该如何是好了，我就要精神崩溃了。"

"太太，你怎么了，你看起来确实不怎么样。"

"我先生每天都很晚才回家，回家也不理我，问他做什么去了他说是加班，但我有时闻到他身上有香水味，加班还用喷香水？我怀疑他背着我做了什么见不得人的事。"

"你说'你怀疑'？"

"是，我怀疑。他每天都这样，我已经受不了了。"

"但是你确定吗？"

"医生，是女人的直觉，女人的直觉你懂吗？而且在男女双方之间，只有男人可以有外遇，可以拈花惹草，女人却不行。"

"你说'只有男人'可以？我好像听出了别的什么意思，你能解释一下吗？"

"这很好理解啊，男人什么事做不出来？在以前，大家都觉得男人在外边找女人很风光，但现在不一样了，男女平等嘛。"

"你的意思是女人现在可以和男人一样有外遇了？"

"我不是那个意思，那可能是气话。我只是想表达，我先生瞒着我做这种事让我很生气，我无法容忍！"

"你是说如果你先生告诉你这件事，你就会允许他这么做了是不是？而为了表达你男女平等的观念，你也会找别的男人是不是？"

那位太太还想否认，但看到医生坚定的眼神，也只好不情愿地承认了。

故事中的太太和心理医生是第一次见面，太太是抱着埋怨、发泄不满的情绪，却没想到，最后竟然被医生逼问出令人惊讶的不易察觉的真实意图。他是怎么做到的：只抓对方话里的关键点，着重提问，就可看出对方的端倪。

最开始，医生也不知道对方的真实意图是什么，但是当他听到"我怀疑""只有男人"等字眼时，他就马上意识到，这是个有企图心的女人。"我怀疑"反映出她主观性比较强，只会去臆想，"只有男人"则似乎透着某种"醋意"：只有男人可以，我们为什么不行？

这句话应该是那位太太的潜台词，她没敢说出来是因为，她是抱着让医生出几条对付丈夫的对策的心理来的，根本没想到自己会出问题。她可以刻意掩藏自己的心意，在对话中却不能做到完全的没有瑕疵，不露马脚。医生正是利用了这一点，抓住了对方话里仅有的一些迹象大加追问，终于逼出了她的心里话：丈夫有外遇，我也要有外遇。

不管这是生气时的思想还是蓄谋已久的想法，归根结底被医生问了个正着。女人的心态也由此发生了极大的变化：开始的怨恨、受委屈到后来被点破真实意图后的愧疚和不安。试想一下，如果医生在整个谈话过程中没有抓住对方话里的关键点追问不止，而是顺着她的话听下去，问下去，对方的真实意图还能被挖出来吗？结果很可能就是否定的了。

投桃报李，亲近之人也需要关心

生活中，不管是亲戚还是其他有紧密关系的人，一旦要麻烦他为自己办事，就得学着嘴甜一点，腿勤一点，多给对方一种被关心、被呵护的感觉，他自然而然会给你提供帮助的。

李凌今年27岁了，能力很强，做过几年生意，小发了一笔。但他不满足，总想干个大点的生意才过瘾。刚好村里的鱼塘要对外承包，他有心把池塘承包下来，只是手头上的资金不够。

他左思右想，想到了他的一个远房亲戚，是他母亲的表弟，按辈分应该叫老舅，在县城承包了一个企业，经营得不错，是县城有名的"土财主"。可是李凌想到自己与他关系疏远，好长时间没有走动了，贸然前去，显得突兀不说，事情还肯定办不了。怎么办呢？他决定先把关系搞好，和这位老舅亲近起来。他打听到这几天老舅身体不太好，时常犯病，就看准时机，拎了一大包的滋养品，来到老舅家。

"老舅啊，有些日子没来看您了，您老人家怎么病了啊？年纪大了，可要多注意身体，别太操劳了。今天给您带了些东西过来，补补身子，您不会嫌少吧？"

李凌非常热情地说着，并把东西放到老舅的桌子上。

俗话说："礼多人不怪"，虽说两家好长时间不走动了，但今天外甥拎了那么多的东西上门，而且是在自己生病的时候，这位老舅心里格外高兴：

"小子，你今天能过来，老舅我就别提多高兴了。今天中午咱俩喝两杯。"

于是，李凌就留下热闹了一番。

自此，两家关系好了起来。以后李凌隔三岔五地来看他老舅。不是问他身体怎么样，就是问他最近想吃什么，面面俱到。看到李凌这么关心自己，老舅也非常高兴，视李凌如亲生儿子一般。李凌一看时机成熟了。这天他拎了两瓶酒到了老舅那里，两人喝了起来。

李凌说："老舅，上次我给你买的补品吃完了吗？吃完了的话我再给你买。"

"不用了，太破费了，还有好多没吃完呢。孩子，我看出来了，你对老舅不错，我是你长辈，往后有什么困难尽管和我开口。"

李凌一听，激动万分，连忙把承包鱼塘的事情说了。

老舅听了之后说：

"好啊，有志气，有魄力，老舅大力支持……做人就应该干一番事业。想法很好，不过具体做时一定要慎重，年轻人千万不能急躁。"

李凌连忙点头称是，接着把资金短缺的事情也说了出来。最后，李凌顺利地从老舅手里借到了3万元并承包了鱼塘。

无论求谁办事，即使是和自己关系亲密的人，有血缘关系的亲戚，也要懂得投桃报李。

李凌想承包鱼塘开创一番自己的事业，但是缺少资金。就在不知如何是好的时候，他想到了自己的老舅。老舅家底殷实，可以在资金上给以他支持。但李凌明白一个道理，即使是亲戚，求他办事的时候也要注意方法，不能想当然，也要懂得适时给予回报。

为了搞好和老舅的关系，李凌开始频繁地出入他家。关心他的身体，关心他的方方面面，还给他买各种补品。在这个过程中，原本有些疏远的两家慢慢亲近，有了这些铺垫，李凌才开口求舅舅办事。

现在的很多亲戚交往中，存在着一种误区，那就是：亲戚关系是一种血缘、亲情关系，彼此都是一家人，互相帮忙办事都是分内之事，都是应该的，没必要像其他关系那样客套。其实，这种想法是不对的。血缘关系虽说是"割断了骨头连着筋"，但亲情的维护与保持也在于彼此之间的相互帮助与知恩图报上。

所以，在故事中，看见李凌这么关心自己，他的舅舅也非常高兴，尤其是李凌对其嘘寒问暖的时候，他的心里也暖暖的。猜想一下，即使舅舅知道李凌是为了让自己帮他才这么做的，舅舅也会心甘情愿地帮他。明白事理的孩子总是招人喜欢的。当然，这其中更关键的是他的问话，人毕竟是感情动物，还是听觉动物，听到别人关心自己的生活起居，就会有一种感动油然而生，有了这种感觉，办事就会容易许多。

借花献佛，邀请别人赴宴

有时候，邀请别人赴宴是一件难事。不是因为关系不好，而是因为对方本来就是个不爱赴宴的人，遇到这种情况应该怎么办呢？

有一名年轻人，胸怀大志，他很想自己开一家小公司，资金却是大问题。他想到可以求同学的父亲帮忙，于是千方百计地从同学那里打听到其父喜食海鲜，便决定到附近一家海鲜馆宴请同学的父亲。这位年轻人也从同学口中得知其父不轻易赴宴，于是年轻人就想了一个方法。

月末的一天，这位年轻人很早就给同学打电话，得悉其父周末在家休息。于是他在上午10点左右风风火火地跑到那位同学家，当其父亲的面告诉同学自己投资的一个项目赚了一笔钱，要请同学吃海鲜，同时也大力邀请同学的父亲一起去。

"叔叔，我投资的一个项目赚了一笔钱，我们一起高兴高兴，您作为长辈就更不能缺席了不是？"

刚开始同学父亲有些犹豫，这个年轻人就对同学说："让你爸爸跟咱们一起去热闹热闹，也不算什么过分的事吧？"

同学听了这句话，笑着看看爸爸，他爸爸也笑笑说："好，好，那我也跟着凑凑热闹。"邀请之事就这样办妥了。

在酒桌上，年轻人和同学的父亲谈起自己的生意，并说了自己眼前遇到的困难，希望对方能帮助自己。当时同学的父亲并没有答应，而是说回去考虑一下。没想到，一周之后，同学就告诉他，自己的父亲愿意帮他办公司，那位年轻人自然高兴得不能自已。

很多时候，怎样邀请别人成功赴宴是一门很深的学问，尤其是让别人为自己办事的时候。在上面的故事中，年轻人就遇到了一个不易邀请的人，他之所以能说动对方的心，就在于他巧妙的问话。

同学的父亲有资金，而自己开公司又需要资金。问题的关键是，其父亲并不知道自己缺钱，而且知道了也不一定愿意帮自己。想到这里，他就觉得可以借请同学吃饭的机会，请他的父亲也一同出席。"单约不行，还不允许我一起约出来吗？"有了这种想法，才有了他接下来的巧妙问话。

其实，自己的项目赚了钱，与同学父亲本没有多大关系，但他的真实目的是想借助同学父亲的实力帮助自己，所以就使出了"借花献佛"这一招，邀请同学的同时也将其父一起邀请。看见儿子跟同学的关系那么好，而这个同学又那么热情，一同赴宴也就没有什么不可以的了。

仔细分析，同学父亲之所以能答应年轻人的借款要求，还在于其心态的微妙变化。首先，同学父亲最开始并没有把年轻人看作一个借款者，只看作一个晚辈，也没有想到请他吃饭带有某种目的，有了这种心态，他的心里就没有设防，也间接地促成了对方的借款之举。

反复催问，不给对方拖延之机

办事的时候，有的人虽然在最开始遇到了阻碍，但并不气馁，总是一遍遍去催、一遍遍去问。他们这样问的目的是什么？

赵普是宋朝的大臣，他曾经做过太祖、太宗两朝皇帝的宰相，是个性格坚韧的人。有一次赵普向宋太祖推荐一位官吏："皇上，孟飞是一名难得的贤臣，他已为官多年，您是不是该考虑一下他晋职的事情了？"

因为太祖平常不喜欢这个人，对赵普的话没有理睬，赵普并没有灰心，他觉得自己是一心为公，并没有做错。第二天上朝又向太祖提起这件事，请太祖裁定，太祖还是没有答应。

赵普仍不死心，第三天又提出来："皇上，孟飞的事您考虑得如何？"

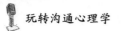

赵普三天接连三次反复地提，同僚也都吃惊了，太祖这次动了气，将奏折当场撕碎扔在了地上。

但令人吃惊的是，赵普又默默地将撕碎的纸片一一捡起，回家仔细粘好。第四天上朝，话也不说，将粘好的奏折举过头顶立在太祖面前不动。

太祖真是无可奈何了："若我不同意，这次你会怎样？"

赵普面不改色："有过必罚，有功必赏，这是一条古训，谁都不能更改，但皇帝怎么能以自己的好恶而无视这个原则呢？"

听了这话，太祖知道没法不答应他了，就只好准许了赵普的奏请。

有些人之所以难以请动，肯定有某种原因。例如故事里的宋太祖，赵普向他推荐的人正是自己讨厌的，面对这样的人，他怎么能够轻易答应呢？但赵普是个非常执着的人，不答应他，他就使出了反复催问这一招。

反复催问就是紧抓一个问题不放，得不到满意回答，就一直问下去。

在求太祖准许自己的奏请这件事上，赵普一共追问了四次。从第一次到最后一次，追问的程度越来越深。他之所以不放弃，是因为他知道不能给太祖一点拖延的机会，一拖延，事情成功的概率就会很小。而求人办事者必备的素质之一就是抗压，遇硬不怕，逢险不惊，能控制自己的情感，喜怒不形于色。

当然，赵普也摸清了太祖的心思。太祖之所以不答应自己，不是因为那个人的能力不行，只是因为他不喜欢那个人。因为个人的好恶而断送一个人才，是赵普不希望看到的，这也是支持他不断追问下去的原动力。

他对太祖的四次追问完全是对事不对人，没有丝毫的恶意，只是想给国家推荐一名良臣，太祖最后答应他，也是因为看懂了他的这份心思。

生活中求人办事的时候，遇到一时的阻碍在所难免，此时千万不可气馁，如果像故事中的赵普一样锲而不舍，事情就总有办成的一天。

巧妙引导：从对方的需求引出答案

想要说服别人不是件容易的事，当你试图让别人答应某件事或者买下某件东西的时候，他常常会想：我为什么要听你的？遇到这种情况，应该怎么办呢?

小芳是某汽车公司的业务员,因为业绩突出,已经连续三次被评为优秀员工,她到底是怎么做到的呢?以下是小芳和顾客的一次对话。

小芳:请问你需要多大吨位的?

顾客:很难说,大概2吨吧。

小芳:有时候多,有时候少,对吗?

顾客:是这样。

小芳:究竟要哪种型号的卡车,一方面要看你运什么货,另一方面要看在什么路上行驶,你说对吗?

顾客:对,不过……

小芳:假如你在丘陵地区行驶,而且你们那里冬季较长,这时汽车的机器和车身所承受的压力是不是比正常情况下要大些?

顾客:是这样的。

小芳:你们冬天出车的次数比夏天多吧?

顾客:可不是嘛,多多了,夏天生意不行。

小芳:有时候货物太多,又在冬天的丘陵地区行驶,汽车是否经常处于超负荷状态呢?

顾客:对,确实是这样。

小芳:从长远的眼光看,是什么因素决定买车型号,是否留有余地?

顾客:你的意思是……

小芳:从长远的眼光看,是什么因素决定买一辆车值不值呢?

顾客:当然要看车的使用寿命。

小芳:一辆车总是满负荷,另一辆车从不超载,你觉得哪一辆寿命更长些呢?

顾客:当然是马力大、载重多的一辆。

小芳:所以,我建议你买一辆载重4吨的卡车可能更划得来。

顾客:好的,我愿意考虑一下。

在以上小芳和顾客的对话中,我们并不能在最开始就准确地判断出小芳能

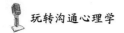

否说服对方接受自己的意见，但有一个强烈的感受就是：小芳的话里似乎总有对方的需求和愿意接受的内容。

两个人交谈的时候，当答者对问者的问题没有表现出任何不适和反感，每次回答都能给予正面回应的时候，两人的交流就会呈现出一种良性循环。这里面暗含的意思是：回答问题者正逐渐在内心深处接受向自己提问的那个人，这种接受包括对方的问题和意见。那么，为什么会产生这样的效果呢？

在小芳的问话中，她一直将对方可能接受的答案包含其中，这个答案也是她想让对方接受的内容，这样问出来，会让对方觉得被尊重，他并没有感到自己被引导，尽管事实就是这样。

有时，说服并不需要正面表达，将对方可能的答案暗含在自己的问话中，用他能接受的选择项引导他，很多事情就会容易很多。

下篇
沟通心理实践

· 第一章 ·

求职面试，实话巧说顺利通过

逗笑考官算你赢

为了应付人生大大小小的挑战，你需要力量——不论你是为人父母或是为人子女，是教师或是学生，是售货员或是消费者，是老板或是职员，是上司或是下属，幽默都能赋予你战胜困难的力量。

幽默的力量体现在沟通上，就像我们打开电灯开关，电流便沿着电线输送到机器上一样，只要按下幽默的按钮，也能促使一股特别的力量源源而来。我们可以把这股幽默的力量导向他人，并与他人直接沟通。

有了幽默，我们可以学会以笑来代替苦恼；借着幽默的力量，我们能使自己和他人超越痛苦。

大多数人刚进入面试时大都表现得略显紧张，不少有能力、有才华的人为此痛失机会。对于面试官来说，紧张慌乱的应聘者，意味着在工作中也不能胜任。此时，你可以在此发挥，调节一下气氛。会说笑可以说是一种优美的、健康的品质；幽默也是人与人之间的润滑剂，是一个敏锐的心灵在精神饱满、热情洋溢时的自然流露。每个人都喜欢有幽默感的人。幽默就像通向事业坦途的一盏明灯。

达到成功彼岸的路有千万条，而幽默是助你马到成功的一条阳光大道，风趣的语言是你潇洒走一回的必然选择。

在紧张的面试中，幽默是自信的最佳表现。考官一般都欣赏有自信的人才，况且还能把他逗笑，也许这就是风趣让面试者无往而不利的原因所在。

一位大学毕业生走进一家报社问道："你们需要一位好编辑吗？"言下之意自己当然就是"好编辑"，语言很是自信。

"不。"拒绝却是那么干脆。

"那么，好记者呢？"语言还是那么自信。

"不。"拒绝还是那么干脆。

"那么，印刷工如何？"依然是坚忍不拔。

"不。"看来是没戏了。

可是——

"那么，你们一定需要这个东西。"这位大学生从公事包里拿出一块精美的牌子，上面写着："额满，暂不雇用。"

报社主任笑了，但也开始用一种新的眼光来审视面前这位年轻人了。最后，这位年轻人被录用为报社销售部经理。

自信的语言应答不但有助于受试人吻合招聘者既定的聘用期望，而且可能重新塑造招聘者的聘用愿望。

有的人不仅利用幽默风格表现出了自信，而且幽默得还有些内涵，这样的面试者无疑会受到考官的青睐。

有一位同学，他在面试时，老板问他：评价一下罗纳尔多和乔丹，看看哪个更厉害。

"我觉得他俩都没我厉害！"他很是得意地说。

"啊？！"老板一头雾水，如困巫山。

"我要跟罗纳尔多打篮球，跟乔丹踢足球，看看到底谁更厉害！"

他的回答不仅幽默，而且很富哲理，后来他被老板录用了。

幽默是自信的表现，是善于处理人际关系的反映。可以说，哪里有幽默，哪里就有活跃的气氛；哪里有幽默，哪里就有笑声和成功的喜悦。为此，面对非常严肃、紧张、决定前途的面试，不妨来点幽默，不仅使自己放松，也使考官记住你，可能还会使你在面试中脱颖而出。

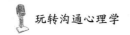

讨价还价不难启齿

在谈及薪酬时，不要以为面试官第一次所报出的数目就一定是他们决定付给你的最终价格，如果觉得不满意，不妨适当表达自己的意见。

但是，是在求职面试这样的情景之下，开口谈钱是一件左右为难的事。主动问吧，怕被人看成是斤斤计较、只顾追求金钱利益的人，弄不好还要得罪招聘方；不问吧，自己心中又过不去，万一等到最后才发现薪酬低得令自己难以接受，岂不是竹篮打水一场空？很多大学生在求职面试时由于缺乏社会经验，对于用人单位提出的薪酬要求更是讳莫如深，难以启齿，通常支支吾吾半天仍是词不达意。但是如俗话所说："谈钱很俗气，但是很实际。"工作也是为了生存生活，薪酬问题也并不是一个那么潇洒的、无关紧要的问题。

我们必须明白在求职过程中，求职者总是要面临薪水问题的，总免不了讨价还价。有经验的求职者，把讨价还价同展示自己的智慧与实力有机地结合起来，通过谈判，既争取了预期的待遇，又展示了自己的能力，可谓是一举两得。

但是，目前有一种说法，即在择业过程中，最好不要问自己的薪酬，否则可能引起招聘者的反感。甚至有的人事经理更加绝对地说，如果应聘者主动问薪酬，我就让他走人。

这就给应聘者出了一道难题。其实，问题的关键并不在于该不该问薪酬，而在于问这个问题要把握好时间、地点和发问的方式。

在人才交流会上，当你递交应聘资料时，可以不失时机地问一声：这个岗位的收入大约是多少？由于交流会人多嘴杂，招聘者忙得焦头烂额，很可能在不经意中露出真相。如果他不愿回答甚至有反感，由于此时乱哄哄的，他也不大可能耿耿于怀地记住你。

但正式面谈时又另当别论了。情况要复杂些。

一些求职者，尤其是应届毕业生，初次面对求职，由于不知道如何回答薪酬问题，常常对于招聘方提出的此类问题讳莫如深。如果招聘方是在面试初期提出这个问题，通常可能是对你的试探，千万不要轻易开口，最好的回答是：

"我很愿意谈论这个问题，但是能不能先请你谈一下工作内容？"或者说："在你决定雇用我、我决定在这儿工作之前讨论这个问题还为时过早。"大多数情况下，这样的说法都是得体而奏效的。

但在面试后期，即使你一再避免谈及薪水，也仍然会有面试官要求你正面回答这类问题。这时，你就要有技巧地回答。

薪酬问题一定要说，但是说多少呢？这时的难题是：要价太高，会"吓"跑老板，让人产生"狮子大开口""自视过高"等等不够谦虚的负面印象；要价低，则很可能将来进了公司发现跟自己同等职位的同事们都比自己拿得多，觉得委屈不说，往往还会影响工作的热情，吃哑巴亏。因此，这个时候给自己"算"出一份合理的薪水是很重要的，那么，究竟该怎样算出自己的"定价"？

一般来说，大多数职位在市场中都会有一个比较公认的薪酬价格，当然，这些行情价也会因公司的性质、规模大小、行业的不同等而有不同的弹性。比如，同是文员，外企和中小型公司相比，薪酬就会相差很远。因此，在求职前你首先需要做的就是把你要应聘的职位在同等类型、规模的公司里的行情价打探清楚。

行情价只是大致标准，弄清楚后，你要做的就是考虑怎样去讨价还价，为自己争取尽可能多的利益。在这里面，你所应聘职位的可替代性大小在很大程度上决定了你讨价还价的资本有多少。职位可替代性越小的（一般来说都是偏于技术性、技能性等方面的工作），还价的资本就越高，你也就可以放心地提出自己的要求。如果是可替代性大，没了你谁都能干的那一种，则劝你还是少还价为妙。另外，职位越高的工作，还价允许的幅度也就越大，反之，则越小。

工作经验和学历在不同的行业、公司里也有不同的分量。如果你要应聘的是管理方面的工作或是技术工种的工作，那么你拥有的工作经验将是非常重要的，这也会极大地影响你可能会得到的薪酬。至于学历，则要看你的工作对学历的要求度是多少。一般来说在大公司里，高学历被认为代表着高素质，学历当然比较重要。而对于一些小公司来说，也许他们更情愿要一般的实干型人才。所以，自己的经验和学历值多少，在定价的时候还得掂量掂量，做到心中有数。

薪酬定位明确以后，还要学会讨价还价。

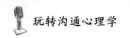

涉及工资时，应坦然地与主考官交谈，说出自己的要求，只要工资要求合理，就不会改变自己在主考官心目中的印象。

在谈及薪酬时，不要以为面试官第一次所报出的数目就一定是他们决定付给你的最终价格，如果觉得不满意，不妨适当表达自己的意见。求职时关于薪酬的讨价还价不仅是对自身利益的捍卫，甚至可以反映求职者的智慧、才识以及对行业的熟悉程度。

一般情况下，招聘单位很少会给你超过你最初提出的薪水数目。因此，谈判时则应注意避免自己先主动亮出底牌，而应让面试官先报出他想给的薪酬，后发制人，才有回旋余地。如果对方报出一个合乎自己意愿的数字，也不要喜形于色，沉默一下，显得像是对这个数字不感兴趣的样子，然后在面试官报出的价格上提高15%～20%，并再次强调自己拥有的一些特殊资格。但如果你发现他们的第一次报价就是唯一，可以略为沉吟，再落落大方地表示可考虑先接受下来试试。

在谈判过程中，如果用人单位坚持让你先开价，可以以一些该职位的通常薪资是怎样的为铺垫，再告诉其一个大致的薪酬范围。真正有诚意的用人单位都明白，只有提供了合理的薪金，才能调动员工的积极性，留住人才。理想的薪酬，应是用人单位和求职者双方都能接受的，而求职者应表现一定的灵活性。

总结起来，面试谈到薪酬问题有几个注意点：

（1）切勿盲目地主动提出希望得到的薪酬数目。

（2）尽可能从言谈中了解，用人单位给你的薪酬是固定的还是有协商余地的。

（3）面试前设法了解该行业薪酬福利和职位空缺情况。

在协商过程中，如果用人单位要你开价，可告诉其一个薪酬幅度。如他一定要你说出个明确数目，可问他愿意付多少，再衡量一下自己能否接受。

工作谈判不能像其他谈判那样，一味设法提高对方开出的条件，而对方就只顾压低你的价钱。把原来和谐的气氛弄成敌对的局面，这对你实在没有好处。

一旦出现僵局，不妨把话题转移到有关工作的事情上。例如，对方有心压低你的薪酬，就可将话题转移到你上任后有何大计、如何扩大市场占有率和如何降低产品成本等，这样原来紧张敌对的状态，很快便会变成同心协力的局面。

谈薪酬的时候，不一定只拘泥于薪资本身。不妨在谈的过程中强调薪水和你应聘职位的关系。让招聘官听到的不光是你说的那个数目，而且还对你的回答留下如下的印象：薪酬是重要的，但你更在乎的是职位的本身，你喜欢的是这份工作的内容和挑战；你所报出的数目是因为后顾无忧的待遇将更能让你在职业安全的条件下发挥自己，为公司带来更大的效益。

如果你是个有一定工作经验的人，则不妨提一下以前的工作薪水，这样很容易给面试公司一个比较明确的参考答案。当然，前提是你先让招聘官相信你所有的技能、经验契合这个职位并且值这么多钱。

如果受公司预算限制，甚至比你现有或以往的薪水还要少。只要你认定这是一份理想工作，不妨暂时不谈薪水。待对方认定你是最佳人选，再尝试以职位及工作为由，多要求些福利津贴。例如若想要求提高公务开销，你就应说以往工作顺利，全因频频与客户交际应酬，从而提出担心公务开销不够，雇主也会乐于增加这方面的津贴。

秀出自己的个性

招聘者所出的那些难题有时恰恰是你表现自我特色的机会，只要把握得当，就能将难题轻松打破。

充分表现自己的特色，秀出自己的个性。

这是一种显示创造力，超人一等的自我推销方式。

款式新颖、造型独特的商品常常是市场上的畅销货；见解与众不同，构思新奇的著作往往供不应求。独特、新颖便是价值。物如此，人亦然。他人不修边幅，你则不妨稍加改变和修饰；他人好信口开河，你最好学会沉默，保持神秘感，时间越长，你的魅力越大；他人总是扬长避短，你可试着公开自己的某些弱点，以博得人们的理解与谅解；他人自命清高、孤陋寡闻，你应该尽力地建立良好的人际关系；他人虚伪做作，你要光明磊落、待人坦诚；他人只求可以，你则应全力以赴，创第一流业绩；他人对上级阿谀奉承，你却以信取胜。

倘若你愿意试试以上方法来表现自己，就一定可以收到异乎寻常的效果。

推销自己的时候，要突出自己的特色，抓住自己最能打动别人的优点。

在一次选"青春形象大使"的征选决赛中，为了测试参赛小姐的思维速度和应对技巧，主持人提出了这样一个难题：

"假如你必须在肖邦和希特勒两个人中间，选择一个作为终身伴侣的话，你会选择哪一个呢？"

其中有一位参赛小姐是这样回答的："我会选择希特勒。如果嫁给希特勒的话，我相信我能够感化他，那么第二次世界大战就不会发生了，也不会有那么多的人家破人亡。"

这位小姐的巧妙回答赢得了人们的掌声。因为这个问题难度较大，如果回答"选择肖邦"，则答案没有特色，显得平淡；如果回答"选择希特勒"，则很难给予合理的解释。那位小姐选择了出人意料的答案，又寻出了合理而又充满正义的回答，从而成功地推销了自己，以幽默、机智给观众和评委留下了深刻印象。

招聘者有时会出些尴尬的难题，看应试者怎样应答。应试者如果表现出色，就能在一时之间赢得招聘者的好感。

国外一家旅馆老板测试 3 名男性应试者，问："假如你无意推开房门，看见女房客正在淋浴，而她也看见你了，这时，你该怎么办？"

甲答："说声'对不起'，然后关门退出。"这个对答无称呼，虽简洁，但不符合侍者的职业要求，而且也没使双方摆脱窘境。

乙答："说声'对不起，小姐'，然后关门退出。"这个称呼准确，但不合适，反而加深了旅客的窘迫感。

丙答："说声'对不起，先生'，然后关门退出。"

结果，丙被录用了。为什么呢？因为他打破常规思维，别出心裁，以这种故意误会的说法，维护了旅客的体面，非常得体、机智，表现出一个侍者应该具有的职业素质和应变能力。给了招聘者思路上的冲击。

招聘者所出的那些难题有时恰恰是你表现自我特色的机会，只要把握得当，就能将难题轻松打破。

"山不在高，有仙则名；水不在深，有龙则灵。"个性鲜明的回答往往容易给人留下深刻的印象。

那么怎样回答才会突出个性呢？

有的人为了要想突出个性，不惜弄虚作假、矫揉造作，其实个性往往来自于实事求是，怎么想（做）就怎么说（当然，除一些敏感性问题须有适度的分寸之外）。例如，当你被问道："你喜欢出差吗？"你可以直率地回答："坦率地说，我不喜欢。因为从一地到另一地去推销商品并不是一件惬意的事。但我知道，出差是商业活动中的一个重要部分，也是推销员的主要工作之一。所以说，我不会在意出差的艰辛，反而会以此为荣。因为我非常喜欢推销工作。我想这一点更重要。"又如，主持面试的经理问你："如果我们接受你，你会干多久呢？"如果你这样回答："没人愿意把一生中最为宝贵而有限的时光花在不停地寻找工作当中；也不会有人甘愿把他（她）所喜爱的东西轻易放弃。就拿这份工作来说，如果它能使我学以致用，更多地发挥我的潜力，而我也能从中获取更多的新知识与技能，并且也能得到相应的回报，那么我没有理由不专心致志地对待我所热爱的工作。"那么你所表现出的机敏、坦诚与个性，一定是招聘者最为欣赏的。

所以说，真实的思想与坦率的语言有时恰恰就是个性突出的最佳体现。我们不能走入一个误区：为了突出个性而过于做作，那只会过犹不及。

这壶不开提那壶

金无足赤，人无完人，当招聘方提到你的短处时，如果你想刻意掩饰，尤其是那些显而易见的短处，恐怕会招致反感。最好的办法就是"这壶不开赶紧提那壶"，扬长避短，不是完人但可以尽量向完人靠拢。

有面试经验的人通常坦然承认自己的缺点，但他们很有技巧，在谈个人缺点时，模糊掉这些缺点所带来的弊端，将缺点过渡为优点。例如：

求职者的简历上有明显的留级记载。

"你为什么留级一年？"主考官这样问，求职者可以这样回答："我也觉得留级一年很不应该，当时我担任社团的负责人，全身投入到社团活动上，反而忽略了自己当学生的本分，等我察觉到这个错误时，我已经留级了。虽然我花在社团的心血，也带给我不少的收获，可是一想到自己因此而留级，就觉得很可耻，我一直都为此事耿耿于怀，更不愿重蹈覆辙。"

首先，他给主考官留下了一个主动承认错误、知错就改的形象。其次，主考官听了他的回答后会认为虽然留级一年，但造成这种结果的原因却是带有良性的，他会猜测该求职者的社交、组织能力很不错。由此，该求职者实现了缺点到优点之间的平稳过渡。

对于别人当面评价你的缺点或短处时，你也可以淡化缺点，避而不谈，转向其他的优点。

在某公司应聘部门经理的面谈中曾有这样一段对话：

问："你不认为自己做这项工作年轻了些吗？"

答："我已经23岁了，事实上，下个月我就23周岁了。尽管我没有相关的工作经历，但我却有整整两年的领导校学生会的工作经验。前年年初，我被推选为该年度的校学生会主席，之后又连任一年。你们可以想象，管理组织3000名学生，并非易事，没有一定的管理才能和领导艺术，是无法胜任的。所以，我认为，年龄固然能说明一定的问题，但个人的素质和能力更为重要。因为这正是一个部门经理所不可缺少的。"

这是一种典型的扬长避短式的回答。答者极力宣扬个人的长处，并把自己的长处同应聘的工作有机地结合起来，意在变不利为有利。

面试中经常会被问一个问题那就是："你认为自己最大的弱点是什么？"

这是一个棘手的问题。如果照实回答，你可能得不到这份工作；如果回答没有什么缺点又实在不能令人信服。招聘官试图使你处于不利的境地，观察你在类似的工作困境中将做出什么反应。

完满的回答便是用简洁、正面的介绍抵消缺点本身带来的不良效果。请记住以下几个原则：一是不宜说自己没什么缺点。二是不要把那些明显的优点牵强地说成缺点。三是切勿不经思量地说出那些严重影响所应聘工作的缺点。四是不宜说出一些令人不放心、不舒服的缺点。五是可以说出一些对于所应聘工作一些表面上看是缺点，从工作的角度看却是优点的缺点。

巧妙地运用以上的方法，便能漂亮地解决这个棘手的问题。例如：

"朋友们都说我做事情过于追求完美，以至于有些吹毛求疵。记得学校校庆时我负责宣传板报的制作，返工了4次，被和我做搭档的同学埋怨了好久。"这样的回答，说的虽是自身的缺点，但却表现了正面的效果，体现了你对工作的认真和负责。

一个人有缺点并不可怕，可怕的是不敢承认它、改正它，反而强词夺理。从辩证的角度看，缺点与优点是相互转化的，前提是正确地认识缺点，实实在在地改正缺点。"横看成岭侧成峰"，就缺点本身来讲，有些"缺点"对某些工作来说恰恰是优点；对有缺点的人来说，无论是消除误会，还是坦然承认，都会使消极评价转化为积极的评价。

自我介绍有说法

自我介绍并不是随心所欲地进行的，一个良好的、恰到好处的自我介绍能给主考官留下深刻的印象，反之则会让你的面试一开始就一塌糊涂。

求职面试时，招聘者手中往往拥有许多求职履历表，这里面的应聘者个个都无语，所以招聘者想知道你和别人相比有什么独到之处。在能力相同的情况下，那些求职者之所以能够成功，关键在于他们在作自我介绍时的出色表现。

自我介绍是有讲究的，可以从以下几个方面来着手。

1. 彬彬有礼

在做介绍前，要先对主试官打个招呼，道声谢，如："经理，您好，谢谢您给我这么好的机会，现在，我向您做个简单的自我介绍。"介绍完毕后，要注意向主试官道谢，并向在场面试人员表示谢意。

这能给主试官留下很好的印象。没有人会拒绝谦恭的态度。

2. 主题明确

在做自我介绍时，最忌漫无中心，东扯一句西扯一句，或者陈芝麻烂谷子，事无巨细都一一详谈，让人听了不知所云。求职面试中的自我介绍宜简不宜繁，一般包括这些基本要素：姓名、年龄、籍贯、学历、学业情况、性格、特长、爱好、工作能力和工作经验，等等，对于这些不同的要素该详述还是略说，应按招聘方的要求来组织介绍材料，围绕中心说话。假如招聘单位对应聘的人的工作能力和工作经验很重视，那么，求职者就得从自己的工作能力及经验出发做详细的叙述，而且整个介绍都是以这个重点为中心。

3. 让事实讲话

在自我介绍中，要尽量避免对自己做过多的夸张，一般不宜用"很""第一""最"等表示极端的词来赞美自己。在面试场上，有些人为了让面试官对他留下深刻的印象，往往喜欢对自己进行过多的夸张，如"我是很懂业务的""我是年级成绩最好的一个"，总是喜欢带着优越的语气说话，不断地表现自己。其实，如果对自己做过多的夸耀，反而会引起面试官的反感。

谈论自己的话题，应避免一些夸大的形容词，把话讲得客观真实，尽量用实际的事例去证明你所说的，最好用真实的事例来显露你的才华给面试官。

4. 愉快自信

许多人在推销自己时缺乏勇气，这或许是怕引起别人反感的缘故。而在平时生活中也常常听他们说："我有什么好说的。你们天天不都看见了吗？"这就使他们养成从不自我评价、自我展示的习惯，可到了要谈论自己时，免不了有些难以启齿。

范萍萍去面试，整个过程，她的声音都如蚊蝇，特别是谈到自己时，更显得羞于张口。后来她打电话给公司秘书，公司秘书非常为难地告诉她，面试官说，你那么小的声音，显得对自己不自信，缺乏活力，也缺乏必要的应酬能力。范萍萍拿着电话筒哭了起来。

5. 好牌留到后面出

当你有了不起的业绩时，或者你有足够的资历经验能胜任这项工作时，不要在"自我介绍"中和盘托出，要给自己留一手，一开始就说出"伟大业绩"会给人自吹自擂的感觉，引起人反感，留在后面说，会给人以谦虚诚实的印象，使面试官对你刮目相看。

最后要提出注意的是，我们必须学会"瞬间展示法"，因为现在许多企业特别是外资企业和合资企业，都喜欢采用"一分钟录像"的办法来选择人才。

所谓一分钟录像，就是只给应聘者一分钟的时间，让他们利用这短暂的时间来介绍自己，同时录像，然后拿给招聘者观看。

如果招聘单位使用"一分钟录像"的方法录用人员，那么求职者在一分钟的时间里，如何充分地表现，如何更多、更好地让对方了解自己，便成了求职成功的关键所在。因而，要求应聘者必须在短短的一分钟内，最有效、最充分而又最简洁地表现自己，从而获得求职成功。这种策略称为"瞬间展示法"。

"瞬间展示法"的求职技巧主要包括以下两个方面：

其一，精选一分钟录像内容。由于是一分钟，时间很短，因此说话内容不宜太多、太繁杂，着重讲好以下几个方面即可：

自己的简历、家庭状况；

自己的专业、主修的课程；

所曾担任过的社会工作；

对自己未来工作的简单设想；

应聘的态度；

自己的抱负和理想。

其二，一分钟内注意的事项：

在服装方面要着意打扮一下，衣着整洁将会给人一种美的感觉，也是社交活动所必备的。

切忌蓬头散发，不修边幅。

镇定自如，不要紧张。

礼仪周全。开始时，先要说声"你好"，然后再作自我介绍，最后不要忘说"谢谢"。

内容要简单精练。

说话声音要高低适中，吐字发音要清楚。

在做自我介绍时，有一些应聘者常犯的毛病在这里我们特别提出来强调，希望大家注意：

1. "我"字连篇

千万不要以为"自我介绍"最应该用的字是"我"字。当面试官说："谈谈你自己吧！"一名应试者十分巧妙地回答："您想知道我个人的生活，还是与这份工作有关的问题？"他把应该用"我"字打头的话，变成"您"字打头。

老把"我"挂在嘴边的人，易使人反感，受人轻视，被认为是强迫性的自我推销。所以，要经常注意把"我"字变成"您"字。"您以为如何呢？""您可能会惊讶吧？""您一定觉得好笑。""您说呢？"把自我介绍变成一场你与面试官之间沟通的谈话。

2.空泛无物

许多人往往急于介绍自己、推销自己，却因为讲话空泛无物，而引起面试考官的怀疑。

吴小京去某报社应聘业务主管，主持面试的负责人问他："你日常的兴趣是什么？"他说是爱看书。主试官问："你爱看什么书。"吴小京回答说："爱读西方经济学著作。"主试官又问："主要是哪些著作？"吴小京搜肠刮肚，偏偏一部著作也想不起。其实他的确读了一些，只是时间太长了，近日根本没有摸过这类书，一时想不起书的名字。吴小京满以为可以把自己塑造成爱读书、学识渊博，有能力胜任主管工作的人，但由于介绍不"畅"，反而给主考官留下了爱吹牛皮的嫌疑。结果，他没有收到录用通知。

3.说话不留后路

自我介绍最忌吹嘘，夸海口。大话一旦被拆穿，面试很难再进行下去。

小张去应聘一家国际旅游公司的导游，他自我介绍说："我这个人喜欢旅游，熟悉名胜古迹，全国的大城市几乎都去过。"面试官很感兴趣，就问："你去过杭州吗？"因为面试官是杭州人，很熟悉自己的家乡。可惜小张偏偏没去过杭州，心想若说没去过这么有名的城市，刚才那句话不是瞎吹吗？于是硬着头皮说："去过！"面试官又问："你住在哪家宾馆？"小张再也答不上来，只好支吾说："那时没有钱，只好住小旅馆。"面试官又说："杭州的名小吃你一定品尝过？"小张照样说："那时没有钱，就一心看风景，没有去吃小吃。"面试官偏偏只问关于杭州的事，小张语无伦次，东拉西扯，答非所问，最后终于不能自圆其说，谎言被当场识破，主考官十分反感，面试一败涂地。

谨慎回答离开"老东家"的原因

对你的前任上司切不可妄加评论，要知道现在招聘你的考官可能就是你未来的上司，既然你可以在他面前说过去的上司不好，难保你今后不在上司面前对他说三道四。

"你为什么离开前职？"主考官心里有数，知道许多人是因为讨厌上司而辞职不干的；他们自己也可能因为同一原因换过几次工作。但是没有多少雇主喜欢听这种话。

惠普公司的副总裁麦克·李弗尔说："我想不通为什么有些人希望我录用他，却又去谈他和上司有冲突。那等于拉起了警报。"

你为什么要换工作？对于这个问题，主考官希望听到的是审慎的自我分析。洛杉矶的招募员霍华德·尼奇克告诫说："不要说：'我想试一试另一份工作。'我听了会这么想：'此人自己的方向都没搞清楚。'"你应该说，以你的能力、个性和志向，做这新工作更适合，或者说，你想增加一些能助你取得更大成就的新经验。

例如："在原公司销售科工作了两年后，我学到了许多有关营销方面的知识。现在，我想学点别的"，或者"现在，我想学点新东西，而贵公司则是我最中意的"。不过，要是你确实因与老板发生冲突而被解聘，那么，你最好主动把事情原委告诉他们，而不要让他们先问你。话要说得既明确又有艺术性。例如："在管理形式方面，我和原公司的一位新金融主管存在着分歧。不过，我们双方对此表示理解。"

总之，有很多敏感原因不可以随便说，必须考虑周全。

一个人要在社会中生存，就得与各种各样的人打交道，挑剔上司说明你对工作缺乏适应性。

关于领导层频频换人给你的工作带来了不便这样的原因，也不可直接脱口而出。工作时间，你只管做自己的事，领导层中的变动与你的工作应该是没有直接关系的。你对此过于敏感，也表现了你的不成熟和个人角色的不明确。

如果你是因为前单位薪水太低并如实相告，面试考官一定认为你是单纯地为了收入，而且太计较个人得失，并且会在心里说："如果有更高收入的单位，你肯定会毫不犹豫地跳槽而去的。"这种理念一旦形成，会对你面试不利。

刘羽原在一家效益较差的企业搞宣传工作，到现在的单位应聘时，考官便问他："你是不是觉得原来收入太少，才跳槽过来的？"刘羽说："在原单位我的工资还算高的，关键我学的是财会专业，又有会计师职称，来应聘会计职位是最适合不过的了。"

在回答这类问题的时候，求职者既要表明你对原单位的薪金不满，又要表明这并不是你离开原单位的主要原因。这样既有利于你在新单位获得更高的薪金，又让面试考官觉得你并非只是因为薪金问题才离职的。

"你能否描述一下你离开以前所供职单位的原因？"这类问题在面试时经常会被问及，面试官能从中获得很多关于你的信息。因此，你在回答这个问题时应该集中精力。

像"大锅饭"阻碍了自身的发挥、上班路途太远、专业不对口、结婚、生病等等人们都可以理解的因素，可以作为你回答的内容，这些因素跟你个人品质无很大的关系，容易让主考官接受。

不要掉进考官的陷阱

面试极像一次相亲。应聘者希望找到一个能够了解自己优点的老板，用人单位则希望能找到优秀的合作伙伴。当陌生的双方相见后，都想在短短一席话中努力表现出自己的优点、说出聪明话或立即呈现出很棒的反应，以便给对方留下良好的印象。面试官为了不至于"选错郎"，也许会在面试中设置各种语言陷阱，以探测你的智慧、性格、应变能力及心理承受能力。求职者只有识破这些语言陷阱，才能小心巧妙地绕开它，不至于一头栽进去。

——能否告诉我你所遇到的你认为最好和最差的雇主？

这是一个别有用心的问题！表面上是在询问一个事实情况，实际上是在探查你所认为的好、坏雇主应是什么样的。当被问到你所遇到的最好雇主这个问题时，你的第一个反应也许是想对那个坐在你对面的招聘经理说："那就是你！"并希望这一招能出奇制胜。但这可能会招致曲意逢迎之嫌。

因为大多数公司希望听到你将你最乐意为之工作的雇主描述成：他热心于帮助你的学习和成长，参与你的工作进程，当你出色地完成工作时，他会慷慨地给予你精神和物质的奖励。而你在面试阶段，怎么能说坐在你对面的那位就是你遇到的最好雇主呢？

如果在你的工作生涯中，你确实遇到过这样的雇主，那就再好不过了。但是如果你没遇到过，也可以发表自己对最好雇主的看法并表述你的希望。

那么对于最差的雇主，你应该说点什么呢？记住千万不要对这位最差的雇主进行恶意攻击，这将使面试考官怀疑你与他人相处的能力。

例如，你对那位你觉得最差的雇主施之以"他很偏心"的评价，那面试考官心里想的可能是：为什么他喜欢别人胜过喜欢你呢？又如你对他施之以"不交给工作任务"的指控，那面试考官心里想的可能是：其原因是否是你缺乏按时按质完成工作的能力呢？

再一次强调，要注意掩饰和消除言辞中的负面因素。你的绝大多数时间要花在正面地、积极地陈述你所取得的成就或优秀品质上。比如，你的"吝啬的老板从不传授经验"，那你强调的是你对知识的渴望。同样，你的"主管很少参与你们的工作进程"，那应强调的是你希望参与一个更有凝聚力的团队。在面试之前积极准备，不断地练习，你就能做到得更好。

——你的相关经验比较欠缺，你怎么看？

如果回答："不见得吧""我看未必"或"完全不是这么回事"，那么也许你已经掉进陷阱了，因为对方希望听到的是你对这个问题的看法，而不是简单、生硬的反驳。

对于这样的问题，你可以用"这样的说法未必全对""这样的看法值得探讨""这样的说法有一定的道理，但我恐怕不能完全接受"为开场白，然后婉转地表达自己的不同意见。面试官有时还会哪壶不开偏提哪壶，提出让求职者尴尬的问题，如："你的学习成绩并不很优秀，这是怎么回事""从简历看，大学期间你没有担任学生干部的经历，这会不会影响你的工作能力"等等。

碰到这样的问题，有的求职者常常会不由自主地摆出防御姿态，甚至狠狠反击对方。这样做，只会误入过分自信的陷阱，招致"狂妄自大"的评价。而最好的回答方式应该是，既不要掩饰回避，也不要太直截了当，可用明谈缺点实论优点的方式巧妙地绕过去。

在面试中屡战屡胜的麦克就有过一次这样的面试经历。麦克的学习成绩不算顶尖，面试咨询公司时，这便成了考官发起攻击的要害："你的成绩好像不太出众哦，你怎么证明自己的学习能力呢？"麦克不慌不忙："除了学习，我还有其他活动，不是只有成绩才能反映人的学习能力的。其实我的专业课都相当不错，如果你有疑问，可以当场测试我的专业知识。"麦克巧妙地绕开了令人尴尬的问题，将考官的注意力引导到他最拿手的专业知识上。

——你怎样消磨休闲时间？包括星期天、节假日、每天晚上，当你参加聚会时，你是喜欢独处，还是喜欢出风头？请谈一谈你最要好的朋友？你选择朋友时，一般考虑哪些因素？

诸如此类问题看似在问一些有关生活的轻松话题，实意在考察你人际交往能力和与人相处的技巧。对于这类问题，你不必拘泥于自己的实际情况，可以适当加以夸大，因为主考官无法核实你所说的是否属实，一般来说大多数人都愿意和开朗、热情大方、善解人意的人交朋友，而不愿意与那些过于清高、气量狭小，毫无生活情趣的人在一起。

对于一些太过刁钻，而且实在无法回答的问题，不妨反戈一击，反问对方，也能起到意想不到的效果。

某主考见一位朱姓考生知识渊博、思维敏捷，各类问题对答如流，突发异想，抛开原定题目，出了一道偏题："《××××》这篇文章，每次纪念周会上都要诵读，请你回答一共多少字？"这下可真把朱某考住了。他暗想，主考出此题目未免脱离常规，既然有意刁难，录取必然无望，就不管一切，大胆反问："主考官的尊姓大名，天天目睹手写，也已烂熟，请问共几笔？"主考官想不到应考者竟会如此反问，一时愣住。事后，主考官十分赏识朱某的才能和胆识，于是亲自录用为县长。

——经过这次面试，我们认为你不适合我们单位，决定不录用你，你认为自己会是什么原因造成的呢？

面对这个问题，可以这样回答：

"我认为面试向来是5分靠实力，5分靠运气的。我们不能指望一次面试就能对一个人的才能、品格有充分的了解和认识。通过这次面试，我学到了很多东西，也发现了自己的不足——既有临场经验的不足，也有知识储备的不足。希望以后能有机会向各位考官讨教。我会好好地总结经验，加强学习，弥补不足，避免在今后工作中再出现类似的问题。另外，希望考官能对我全面、客观地进行考察，我一定会努力，使自己尽量适应岗位的要求。"

其实，考官这是在考察你的应变能力，并非真的对你不满，如果他们认为你不合适的话，是不可能再会问你问题的。因此，要沉着应付，把重点放在弥补弱点上，这可以看出你积极进取的品质。另外，要诚恳地向考官讨教，以博取他们的好感。

——你认为金钱、名誉和事业哪个重要？

面对这种诱导式的陷阱问题，某应聘者这样回答道：

"我认为这三者之间并不矛盾。作为一名受过高等教育的大学生，追求事业成功当然是自己人生的主旋律。而社会对我们事业的肯定方式，有时表现为金钱，有时表现为名誉，有时两者均有。因此，我认为，我们应该在追求事业的过程中去获取金钱和名誉，三者对我们都很重要。"

这个问题，好像是一道单项选择题，它似乎蕴涵了一个逻辑前提，即"这三者是互相矛盾的，只能选其一"。实则不然，切不可中了对方的圈套，必须冷静分析，可以明确指出这种逻辑前提条件不存在，再解释三者的重要性及其统一性。对于这种诱导式问题，不能跟随考官的意图说下去，这样做的结果只能给考官"此人无主见，缺乏创新精神"的感觉。

有些外企或国有大型企业，人力资源部在招聘职员时，对职位都要做充分的测评，以便在招聘过程中，做到有针对性、有目的性，并且有的公司已经为即将聘入职位的新职员做好了职业生涯规划。因此在招聘中，会有意地设置一些陷阱问题检测应聘者是否具有该职位所要求的独特的能力和素质。这时候，应聘者就需要有一颗洞察"问题"的慧心。

首先，要注意识破主考官的"声东击西"策略。当主考官觉察到你不太愿意回答问题而又想有所了解时，可采取声东击西的策略。例如，对于"政治问题"和其他一些敏感性的问题，许多人不愿真实表达自己的观点。主考官为了打消你的顾虑，可能会这样问："你周围的人对这个问题有些什么看法？"面对这种情况，你不要疏忽大意，不能信口开河，不要以为说的不是自己的意见，说出来就不会暴露自己观点。因为主考官往往认为，你所说的大部分都是你自己的观点。另外，主考官可能采用投射法来测验你的真实想法。所谓投射法就是以己度人的思想方法，例如，主考官让你看一幅图画，然后让你根据图画编一个故事。这种方法一方面是检测你的想象力，一方面是测验你的深层的心理意识。这时，你尽可以放开思维，大胆构思，最好能有一些新奇的想法，表明你有创造力、想象力，但同时一定不要忘记这样一个原则——所编造的故事情节要健康、积极、向上，有建设意义。因为主考官认为你是在"以己度人"，故事情节中融入了你的真实心理。

其次，要分析判断主考官的提问时评测你哪个方面的素质和能力，有针对性地进行回答。

把握好这两个步骤，就不容易掉进"陷阱"里了。

两头为难站中间

折中的语言是求职者遇到两难问题时，选择的较为理想的回答办法。

在求职面试中，经常会有一些让人头疼的问题摆在求职者面前，让人左右难答。如果你任选其一，那只会使你失掉一次上岗的机会。既然左不行，右也不行，那就采取折中战术。

在一次外企面试中，双方交谈得很投机，看来希望不小。接近尾声时，考官看了一下表，问："可不可以邀请您一同吃晚饭？"

原来这也是一道考题。如果考生痛快接受，则有被视为巴结应酬考官的嫌疑；如干脆拒绝，又被说成不礼貌。好在考生动了脑筋，他机智地回答道："如果作为同事，我愿意接受您的邀请。"

由于他预设了一个前提条件，所以他的回答十分得体到位，获得好评。

总之，对于这种进退两难的提问，一般情况不要直接答是或不是，而应想一想对方的用意是什么，"机关"在哪里，然后运用预设前提的说法模糊作答。

值得一提的是，女性求职者经常会撞到这种两难问题的枪口上。由于女性本身所具有的一些求职方面的先天劣势，如结婚生子、照料家庭等等，招聘单位常担心其婚姻和家庭会影响工作，所以面试时往往提出许多相关难以抉择的问题。这些问题或刁钻古怪，或直击要害，总让人觉得左右两难，如何回答都不妥当。但能否回答这些问题，又直接关系到求职是否能获得成功。

比如说，女性求职者经常会被问道："如果让你在家庭和事业之间做选择，你认为哪一个更重要？"

这是一个老生常谈的问题，也是一个难题。事实上这是一个对于任何人都重要的问题，之所以更经常地出现在女性求职面试的情景中，是由于女性往往要对家庭内务承担更多的责任，而这些责任很可能与工作相冲突。招聘单位自然非常希望你以事业为重，但也很清楚谁都希望拥有一个幸福美满的家庭，有幸福的后方保证，才能无后顾之忧地集中精力工作。显然，这道题目是个两难的选择，不管你选择家庭还是事业，无疑都是不合适的。所以，回答这个问题的时候，不妨换个角度，不和题目正面冲突，又给出招聘单位想要的答案。

你可以参考如下的回答：

"我认为，无论在工作上还是在家庭中，女性的最大目标都是要使自己活得有价值。虽然我很想通过工作来证实自己的能力、体现活着的意义，但家庭对于我的意义也是不容小觑的，我也相信，不只是我，可能每个人都是这么认为的。家庭和生活也许是互相影响的两方面，但我相信，它们并不是站在对立的立场上的，处理得当的话是完全有可能两全其美的。事实上，有很多女性都是这样做的，而且她们也做得很不错。我认为我也可以做到。"

这样的回答，既表明了你对待工作的态度，又表达了你对于家庭的热爱，而这两点，正是一个心理健康、成熟的女性所应该具备的。

再有"你如何看待晚婚晚育"？

每个人都知道，晚结婚、晚生育可以留出更多的时间和精力给工作，而且，如果你在近几年没有结婚生育打算的话，更是用人单位所希望的。然而你这样回答的话，他们又会产生疑惑：一个连孩子都可以不要的人，如果再有其他利益驱动，会不会抛弃一切，包括她曾经为之自豪的工作呢？

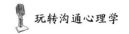

回答这个问题的时候，应根据自己的情况认真思考作答。如果你是年轻的未婚女性，可以这样回答：

"实际上，因为年纪尚轻，我还没有认真地考虑过这个问题，未来的事情有太多变数。但我始终认为，作为一个母亲，她必须为她的孩子负责任，尽力给予他更好的生活，所以，我认为现在对我最重要的事情就是把心思放在工作上，为了明天和自己的梦想努力。"

而对于已经结婚的女性，这个问题就更具有危险性了，如果你透露出近期要孩子的念头，那么你很可能难以得到这份工作。不妨参考一下下面的回答：

"其实我和先生结婚的时候就讨论过这个问题。我们都是那种事业心比较强的人，因此我们约定，先为了彼此的事业打拼，等我们拥有了一定的事业，并且积累起了坚实牢固的经济基础，我们才会迎接小生命的诞生。"

这样的回答方法真实而不做作，既体现了对工作的重视，又包含着对生活的脉脉温情，因而比起"我很重视自己的事业，因此我的决定以不影响我的工作和公司的利益为前提，会理智地处理好这个问题。我相信我的丈夫是个明事理的人，他一定会理解和支持我的"这类生硬的表态更容易得到招聘单位的认可。

所谓折中答题就是要避开锋芒，不要给出你的一个明确倾向，因为这种两难问题的抛出，并不是为了得到你的某一种选择，而是考察你处理平衡问题的能力。

稳住情绪破僵局

你的情绪骄躁不安或是沉稳平和都会极大地影响你的发挥，因此当面试进入僵局时不妨面带微笑，沉思几秒钟，想好了再回答。

有过求职经历的人都知道，求职面试时，经常会碰到一些很难回答的问题，交谈因此陷入僵局，气氛也变得十分尴尬。遇到这种情况该怎么办呢？不要轻易放弃。如果因此就泄气的话，一切皆前功尽弃了。反之，此时如果能耐着心、沉住气，很可能会很快打破僵局。

来京求职的蔡小姐在连吃了几次"闭门羹"之后，又鼓起勇气叩开了气派豪华的某公司的大门。

人事部张小姐粗略地看了一下蔡小姐的简历后，说要把她引见给大老板，蔡小姐一听又惊又喜，听她说，大老板很少来北京，也算是巧合吧，竟被她碰上了。于是，她稍整衣服，走进那豪华的总经理办公室，一位天命之年的老板懒洋洋地说了声"请坐"，又忙起来了。

"您好，王总，这是我的简历，应聘贵公司商务代表。"为打破僵局，蔡小姐毕恭毕敬地把简历递上去。"嗯。"总经理皱着眉看了起来，看过后随手把蔡小姐的简历塞进了旁边一叠材料的最下层。此时，蔡小姐的心陡落千丈，好比从万丈悬崖猛然间坠到了平地。望着忙碌的老板顿时一股悲凉涌上心头，接下来的几分钟，自己觉得回答老板的提问有些机械、麻木。

"好了，你可以走了。"多次被拒绝和劳累使她倍感失望，刹那间，有种竭力想挽回的意念紧紧困扰着蔡小姐，她快速走到这位经理面前，坚定地说："王总，这次应聘我不想失败，因为我不怕任何竞争，我期待着未来的日子能与贵公司荣辱与共，我想，我能行，一定行……"说完，蔡小姐的眼眶有些发红，一周来的担忧、心酸都凝聚在里面，但她努力抑制自己的情绪保持坚强，从容地离开了……

第二天，正当蔡小姐要去另一家房地产公司面试时，她的手机响了，是王总的声音，他告诉蔡小姐，她的面试成功了。

职场中求职，四处碰壁，作为女孩子来说，比较脆弱，因此遭到对方强硬拒绝时，难免悲观、失望。这种时候，必须要稳住阵脚，镇定自然地面对，坚定地说出你的求职意愿，这样才有可能打破难堪的局面。

有些单位会在面试过程中故意制造障碍，给你很大压力，这时千万不可情绪慌乱，失了方寸。要看清问题的着眼点，一举击破。

求职者在遇到压力面试时，一定要注意以下几点：

看清问题。必须看透事情的本质，这对你泰然处之大有益处。要记住，压力面试的目的只是要测验你在压力之下的反应，而并非对你本人的恶意和攻击。

保持平静。不论情况如何的难堪窘迫，都不要将目光从面试官的脸上移开。每当他问过一个问题后，先用几秒钟的时间平静自己的情绪，再思考作答。

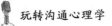

控制自己的语气。在面试的过程中，面试官的问题很可能刺激到你，这时不要因为气愤而反唇相讥，这只会显出你对自身情绪控制能力的不足。

抵制沮丧等负面情绪。在面试中，面对招聘官的突然翻脸，很多人的第一反应就是沮丧：是不是我哪里做错什么了？赢得职位怕是没希望了！还是那句话，记住压力面试的目的，只不过是在测验事情突然变得糟糕时，你是否有能力控制自己的情绪。

也就是说，求职者在遭遇压力面试时一定要稳住情绪，调整心态，从容应答，巧妙地绕开人为的阻碍，奋战到底。

底气十足赢三分

说话的底气来自于内心的勇气和自信，将它们展现于主考官面前，才有说服力使他相信你的能力和决心，放心把工作交给你。

世界上每天都有不少年轻人想挑战新的工作，他们都希望能登上最高阶层，享受随之而来的成功果实。但是他们绝大多数都不具备必需的信心与决心，因此他们无法达到目的。也因为他们相信自己达不到，以致找不到登上新岗位的途径，他们也一直只停留在原来的水平。

但是还是有少部分人成功。他们抱着"我就要登上顶峰"（这并不是不可能的）的积极态度来进行各种面试。这批年轻人仔细研究有经验的面试者的各种作为，学习那些成功者分析问题和做出决定的方式，并且留意他们如何应付进退。最后，他们终于凭着坚强的信心达到了目标。

吉拉德欲进入推销界的时候，曾因多次遭拒绝而感到极端沮丧，他的妻子搂住他说："乔，我们结婚时空无一物，不久就拥有了一切。现在我们又一无所有，那时我对你有信心，现在还是一样，我深信你会再成功。"就在这一刹那，吉拉德明白了一条重要的真理——"建立自己的信心，最佳途径之一，就是从别人那儿接受过来。"

吉拉德重新开始建立信心，他拜访了底特律一家大的汽车经销商，要求一份推销工作。推销经理起初很不乐意。

"你曾经推销过车子吗？"经理问道。

"没有。"

"为什么你觉得你能胜任？"

"我推销过其他的东西——报纸、鞋油、房屋、食品，但人们真正买的是我，我推销自己，哈雷先生。"

此时的吉拉德已表明了足够的信心。

经理笑笑说："现在正是严冬，是销售的淡季，假如我雇用了你，我会受到其他推销员的责难，再说也没有足够的暖气房间给你用。"

"哈雷先生，假如您不雇用我，您将犯下一生最大的错误。我不抢其他推销员的店面生意，我也不要暖气房间，我只要一张桌子和一部电话，两个月内我将打破您最佳推销员的纪录，就这么定了。"

哈雷先生终于同意了吉拉德的请求，在楼上的角落里，给了他一张满是灰尘的桌子和一部电话。就这样，吉拉德开始了他的汽车推销生涯。不久，他真的成功了。当然这是后话了，而我们看重的是他这次成功的求职经历，其中信心与说话的底气起了很大的作用。

有的面试中，主考官会刻意加入一些压力面试来测验你的抗压能力。如果你退缩，表现不出足够的信心，面试十有八九都会泡汤。

所谓压力面试一般是指在面试刚刚开始时，主考官就风向一转，给应试者以意想不到的一击，以此观察应试者的反应。

比如，面试官会突然提出一些不甚友好或具有攻击性的问题，这时如果你能顶住压力，从容不迫，表现出你十足的把握，依靠这种志在必得的气势，面试成功的机会就多了几分。

说话的底气来自于内心的勇气和自信，将它们展现于主考官面前，才有说服力使他相信你的能力和决心，放心把工作交给你。

如果你的目标是外企，那你一定会被问道："Do you have confidence in this position？"（你是否有信心胜任这份工作？）

你应该清楚，这不是一个"是"就能回答完毕的问题，但是，首先给予肯定的回答才能够显出你的信心。接着，你要描述你成功胜任过的相似的工作

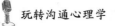

（记住，强调结果，因为结果是衡量成功的唯一标准）。如果你没有相关的经验，那么就信心十足地分析你的知识，还有你的性格，这些也是考官们考察的因素。虽然并没有一个回答的标准，但是只要以一种坚定与自信的口吻把你所具有的优势与这份工作的联系表达出来就是这个问题的一个完整的答案。

不打没有准备的仗

尽可能考虑到可能会被问到的所有问题，给每个问题一一找出满意的答案。

两年前，李仪离开了工作 3 年的国企，跳入"海"中，做了一名普通的销售人员。当时，她没有对自己提出过高的要求，因为她觉得市场并不一定认可她在国企的辉煌。

李仪为自己整理思路：自己 3 年的国企工作经验可以看作是一个纵向坐标，她了解房地产从物业到开发的全过程；如今，市场是个横向坐标，她需要对行业进行全面了解。

她熟悉房地产流程，经历过财务、销售、策划、管理、客户、培训等各个环节。

一次，李仪参加一个大型的人才招聘会，来到一家心仪已久的公司。"这么大的人才招聘会，我只关注两个公司。最后还是把简历投给贵公司。"李仪递上简历，非常真诚地告诉考官。

主考官立刻有了兴趣，试探着说了一句："你对我们的期望别太高。"

李仪的话接得很有技巧："我从事这行的培训，从第一家到最后一家，经典案例始终是你们。现在，我想亲眼看看我听过的经典案例到底是怎样运作的。"

主考官立刻被她的话所吸引，心里暗暗觉得：该求职者一定做了很充分的准备，她对我们的业务掌握得如此清楚。就这样，李仪赢得了面谈机会。

在面谈中，经过一番问答之后，主考官允许应聘者发问。李仪的第一个问题就引起考官的兴趣："在刚刚评选出的金牌发展商中，你们处于哪个档次？""据我估测，你们的收入应该是……那你们的转型是怎样操作的？"

一个接一个的问题让主考官惊讶异常："你对我们经营策略之了解，如同你是策划者一样。"

总结经验，李仪认为，自己之所以每次都与考官相谈甚欢，与充分的前期准备分不开。如果对一个公司很了解，这会让招聘者感到轻松。因为他没有时间磨合，他希望你是个熟手。

对话开始时，应聘者以说为主，考官以听为主。经过 5 分钟一个回合的交手后，应聘者应该对考官的兴趣有所了解，并成功调动他发言的积极性，而应聘者站到听众的位置。

在这种交锋中，应聘者不应该是简单的敷衍或附和考官。经验说明，有时谈一些敏感的问题是吸引考官注意力的好手段。对于自己，也要提出一些问题：

我是否已了解了这项工作的要求？

如果对方问："你为什么要到我们公司来工作呢？"我能否予以有力而理想的回答？

我要不要坦率、愉快地回答主试者的各种问题？

除了展示我的资历和背景之外，我能否让对方相信我具有发展的潜力？

要试着从主试者的角度考虑问题。你所具有的专业经验、资历及兴趣之中有哪些符合他的要求，并能说明你正是他所寻求的对象，要把这些内容有条有理地做好准备。

尽可能考虑到可能会被问到的所有问题，给每个问题一一找出满意的答案。这个办法连总统也不例外。举行记者招待会前，尼克松总统的幕后人员将为他提供一份资料，上面列出了可能被问及的各种问题，还有一些资料摘要，以便于总统准备对答。总统要把这些资料消化掉，甚至他进行对答的语言都要事先做好安排。当然，你未必能拥有像总统那么丰富的资料来源，但还是应尽你的力量在面谈前把一切准备妥当。千万别打没准备的仗。

· 第二章 ·

谈判周旋，巧词让对方无力反击

唱好谈判的序曲

谈判的开局是实质性谈判的序幕。"良好的开端是成功的一半"，开局的好坏直接关系到整个谈判的前景。在开局阶段，人的精力最充沛，注意力最集中，神经也最敏感。有经验的谈判人员都十分重视开局的工作。

有一个非常重要的任务，就是通过对己方情况的介绍，将一些有价值的、对己方有利的信息传递给对方，显示自己的实力。这对谈判的深入乃至双方最终达成协议都有非常重要的意义。

谈判各方要能在谈判开始时，使对方感到，己方已经获取有关谈判内容以及对方需要的信息。从一定意义上讲，信息就是实力。如果缺少必要的各种信息，即使最有经验的谈判人员也会一筹莫展，寸步难行。这就要求谈判人员在开局时要正确地利用各种信息，公开地、明确无误地阐明己方的立场，并努力捕捉对方的各种信息，以此制定谈判的方式与策略。同时，要把自己真正的利益、需要和关注的重要问题有策略地藏匿起来，不透露机密的信息。

A 公司是一家实力雄厚的房地产开发公司，在投资的过程中，相中了 B 公司所拥有的一块极具升值潜力的地皮。而 B 公司正想通过出卖这块地皮获得资金，以将其经营范围扩展到国外。于是双方精选了久经沙场的谈判干将，对土地转让问题展开磋商。

A 公司代表："我公司的情况你们可能也有所了解，我公司是 × 公司、

××公司（均为全国著名的大公司）合资创办的，经济实力雄厚，近年来在房地产开发领域业绩显著。去年在你们市开发的××花园，收益很不错，听说你们的周总也是我们的买主啊。你们市的几家公司正在谋求与我们的合作，想把他们手里的地皮转让给我们，但我们没有轻易表态。你们这块地皮对我们很有吸引力，我们准备把原有的住户拆迁，开发一片居民小区。前几天，我们公司的业务人员对该地区的住户、企业进行了广泛的调查，基本上没有什么阻力。时间就是金钱啊，我们希望能以最快的速度就这个问题达成协议，不知你们的想法如何？"

"很高兴能与你们有合作的机会。我们之间以前虽没有打过交道，但对你们的情况还是有所了解的。我们遍布全国的办事处也有多家住的是你们建的房子，这可能也是一种缘分吧。我们确实有出卖这块地皮的意愿，但我们并不是急于脱手，因为除了你们公司外，兴华、兴运等一些公司也对这块地皮表示出了浓厚的兴趣，正在积极地与我们接洽。当然了，如果你们的条件比较合理，我们还是愿优先与你们合作的，可以帮助你们简化有关手续，使你们的工程能早日开工。"

上述例子是谈判者通过简单的自我介绍暗显实力的成功典范。我们不止一次地强调，谈判双方是为了满足各自的某种需要才走到一起来的。因此，要想与对方达成合作，你必须有能力满足对方的需要，而且你要确知对方是否同样有能力满足你的需要。谈判对手的实力是谈判者最为关心的问题。

因此，通过信息的交流，介绍己方的实力，取得对手的信任，是进行深入谈判和取得谈判成功的前提和基础。好的谈判者都非常注意在谈判初始阶段通过恰当的方式显示自己的实力，取得对手的信任，让其放心地与你一起谋求合作。比如上文例子中 A 公司的代表通过介绍本公司的背景和在某市的经营业绩，使对手对其信用和经营能力充满信心，这为未来的合作打下了很好的基础。

一个谈判者，需要对手信任的方面很多。比如你需要使对手相信你是满足他需要的最佳人选，你就应在介绍己方的情况时表现出你的坦率、真诚和满足他的需要的实力；如果你要使对手相信你是个兼顾双方利益、真诚谋求合作的

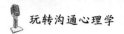

人，你就应努力体现出你的友好与公正，等等。你最好还要使对手相信他选择了一个最好的谈判对手。

谈判的帷幕就是在双方的自我介绍中拉开的，奏响的序曲能不能做一个好的铺垫至关重要。而这里的序曲也就是通过简洁、扼要的对己方情况的介绍来表现自己的实力，取得对方的信任，抢占谈判中的主动权。

调好谈判的温度

序幕拉开后，谈判双方正式亮相，开始彼此间的接触、交流、摸底，甚至冲突。当然这也仅仅是开始，它离达成正式协议还有相当漫长的过程。但是在谈判开始阶段，你首先要做好一项非常重要的工作，那就是营造洽谈的气氛，调节好一个最恰当的环境"温度"，它对谈判成败有非常重要的影响。

谈判气氛是谈判对手之间的相互态度，它能够影响谈判人员的心理、情绪和感觉，从而引起相应的反应。倘若你经历过任何一次谈判，你对那次谈判的气氛都应该记忆犹新吧？那或许是冷淡的、对立的；或许是松弛的、旷日持久的；或许是积极的、友好的；也有严肃的、平静的；甚至还有大吵大闹的……

你也应当清楚，那种积极友好的气氛对一次谈判将有多大帮助，它使谈判者轻松上阵，信心百倍，高兴而来，满意而归。

卡耐基认为，对于任何谈判者而言，理想的气氛应是严肃、认真、紧张、活泼的。这可以说是总结了历来成功而有意义的谈判的气氛而得出的一个伟大结论。他建议每位谈判者努力为所进行的谈判营造这一良好气氛。

美国谈判学家卡洛斯认为，大凡谈判都有其独特的气氛。善于创造谈判气氛的谈判者，其谈判谋略的运用便有了很好的基础。我们有理由认为，合适的谈判气氛亦是谈判谋略的一个重要组成部分。良好的谈判气氛有助于谈判者发挥自己的能力。

谈判气氛有时是自然形成的，而多数情况下是人为营造的。不同的谈判气氛，谈判者都能感觉到。能运用谈判气氛影响谈判过程的谈判者自是精明之人，他们知道谈判气氛对谈判的成败影响很大。

谈判室是正式的工作场所，容易形成一种严肃而又紧张的气氛。当双方就某一问题发生争执、各持己见、互不相让，甚至话不投机、横眉冷对时，这种环境更容易使人产生一种压抑、沉闷的感觉。在这种情况下，己方可以建议暂时停止会谈或双方人员去游览、观光、出席宴会、观看文艺节目，也可以到游艺室、俱乐部等处娱乐、休息。这样，在轻松愉快的环境中，大家的心情自然也就放松了。更主要的是，通过玩游戏、休息、私下接触，双方可以进一步增进了解，消除彼此间的隔阂，增进友谊，也可以不拘形式地就僵持的问题继续交换意见，寓严肃的讨论于轻松活泼、融洽愉快的气氛之中。这时，彼此间心情愉快，人也变得慷慨大方。谈判桌上争论了几个小时无法解决的问题，在这儿也许会迎刃而解了。

谈判气氛形成后，并不是一成不变的。本来轻松和谐的气氛可以因为双方在实质性问题上的争执而突然变得紧张，甚至剑拔弩张，一步就跨入谈判破裂的边缘。这时双方面临最急迫的问题不是继续争个鱼死网破，而是应尽快缓和这种紧张的气氛。此时，诙谐幽默无疑是最有力的武器。

卡普尔任美国电报电话公司负责人时，在一次董事会上，众位董事对他的领导方式提出质疑，会议充满了紧张的气氛。人们似乎都已无法控制自己的情绪了。

一位女董事发难道："公司去年的福利你支出了多少？"

"900万。"

"噢，你疯了，我真受不了！我要昏了！"

听到如此尖刻的发难，卡普尔轻松地说了一句："我看那样倒好！"

会场意外地爆发了一阵难得的笑声，连那位女董事也忍俊不禁。紧张的气氛随之缓和下来了。

活跃气氛的另一种绝好方法就是寒暄。

寒暄又叫打招呼，是人与人建立语言交流的方法之一。它能使不相识的人相互认识，使不熟悉的人相互熟悉，使单调的气氛活跃起来，为双方进一步攀谈架设桥梁、沟通情感。

刚与对手见面时，必定要说几句客套话，虽是客套，可也非常重要，值得注意。数分钟的寒暄，有助于气氛的融洽，有助于商谈正题气氛的营造。如果刚见面就开门见山，单刀直入，很容易让人觉得突兀，态度不免就会强硬，不利于商谈的展开。

邓小平和英国女王及其丈夫爱丁堡公爵会谈前的寒暄是富有启发意义的。

邓小平迎上前去，对女王说："见到你很高兴，请接受一位中国老人对你的欢迎与敬意。"

接着，邓小平说："这几天北京的天气很好，这也是对贵宾的欢迎。当然，北京的天气比较干燥，要是能'借'一点伦敦的雾就更好了。我小时候就听说伦敦有雾。在巴黎时，听说登上巴黎铁塔，就可以望见伦敦的雾。我曾经登上过两次，可是很遗憾，天气都不好，没能看到伦敦的雾。"

爱丁堡公爵说："伦敦的雾是工业革命时的产物，现在没有了。"

邓小平风趣地说："那么，'借'你们的雾就更困难了。"

爱丁堡公爵说："可以借点雨给你们，雨比雾好，你们可以借点阳光给我们。"

这种寒暄，双方都说得十分高雅而得体。

邓小平的话说明英国贵宾到来不仅占人和（中英友好），而且占天时（天气很好），也点明了邓小平在法国的经历，还表明了他对雾都伦敦的认识和了解。

爱丁堡公爵的答话流露出对英国环境治理成效显著的自豪感。至于借雨、借阳光，多少隐含着双方互通有无的意向。

可见，谈判前的寒暄对谈判气氛的营造能起到意想不到的作用。

总的来说，为了创造出一个合作的、良好的谈判气氛，谈判人员应做到：

寒暄恰到好处。在进入谈判正题之前，一般都有一个过渡阶段，在这阶段双方一般要互致问候或谈几句与正题无关的问题。如来会谈前各自的经历、体育比赛、个人问题以及以往的共同经历和取得的成功，等等，使双方找到共同语言，为心理沟通做好准备。切记不要涉及令人沮丧的话题。

动作自然得体。动作和手势也是影响谈判气氛的重要因素。特别值得注意的是，由于各国、各民族文化、习俗的不同，对各种动作的反应也不尽相同。比如，初次见面时的握手就颇有讲究，有的外宾认为这是一种友好的表示，给人以亲近感；而有的外宾则会觉得对方是在故弄玄虚、有意谄媚，就会产生一种厌恶感。因此，谈判者应事先了解对方的背景、性格特点，区别不同的情况，采用不同的形体语言。

破题引人入胜。如果说开局是谈判气氛形成的关键阶段，那么破题则是关键中的关键，就好比围棋中的"天王山"，既是对方之要点，也是己方之要点，因为双方都要通过破题来表明自己的观点、立场，也都要通过破题来了解对方。由于谈判即将开始，难免会心情紧张，因此若出现张口结舌、言不由衷或盲目迎合对方的现象，对下面的正式谈判将会产生不良的影响。为了防止这种现象的发生，应该事先做好充分准备，做到有备而来。比如，可以把预计谈判时间的5%作为"入题"阶段，若谈判准备进行1小时，就用3分钟时间沉思；如果谈判要持续几天，最好在谈判前的某个晚上，找机会请对方一起吃顿饭。

讲究表情语言。表情语言是无声的信息，是内心情感的表露，包括形象、表情、眼神，等等。谈判人员是信心十足还是满腹狐疑、是轻松愉快还是紧张呆滞，都可以通过表情流露出来。是诚实还是狡猾，是活泼还是凝重，也都可以通过眼神表示出来。谈判人员应时刻注意自己的表情，通过表情和眼神表示出自信以及友好、合作的愿望。

察言观色。开局阶段的任务不仅仅是营造良好的气氛，还要敏锐地捕捉各种信息，如对方的性格、态度、意向、风格、经验等，为以后的谈判工作提供帮助。

既要唱"红脸"，又要唱"白脸"

在商务谈判中，当谈判一方处于被动或劣势的时候，可以运用"绵里藏针"的技巧，先软后硬，硬了再软，一波三折，软硬交替，来促使谈判成功。

有这样一个生动的例子：

1923年，苏联国内食品短缺，苏联驻挪威全权贸易代表柯伦泰奉命与挪威商人洽谈购买鲱鱼。

当时，挪威商人非常了解苏联的情况，想借此机会大捞一把，他们提出了一个高得惊人的价格。柯伦泰竭力进行讨价还价，但双方的差距还是很大，谈判一时陷入了僵局。柯伦泰心急如焚，怎样才能打破僵局，以较低的价格成交呢？低三下四是没有用的，而态度强硬更会使谈判破裂。她冥思苦想，终于想出了一个办法。

当她再一次与挪威商人谈判时，柯伦泰十分痛快地说："目前我们国家非常需要这些食品，好吧，就按你们提出的价格成交。如果我们政府不批准这个价格的话，我就用自己的薪金来补偿。"

挪威商人一时竟呆住了。

柯伦泰又说："不过，我的薪金有限，这笔差额要分期支付，可能要一辈子。如果你们同意的话，就签约吧！"

挪威商人被感动了，经过一番商议后，他们同意降低鲱鱼的价格，按柯伦泰的出价签订了协议。

柯伦泰的忠诚和才干，特别是她在谈判处于不利的形势下采取"绵里藏针"的技巧，赢得了谈判的成功，购得了人们需要的食品，得到了苏联政府和人民的赞扬。第二年，她被任命为苏联驻挪威王国特命全权大使，成为世界上第一个女外交家。

一味地用和气、温柔的语调讲话，一个劲儿地谦虚、客气、退让，有时并不能让对方信赖、尊敬及让步，反而会使一些人误认为你必须依附于他，或认为你是个软弱的谈判对手，可以在你身上获得更多、更大的利益。

相反，如果你一开始就以较强硬的态度出现，从面部表情到言谈举止，都表现得高傲、不可战胜，一步也不退让，那么留给对方的将是极不好的印象。这样，会使对方对你的谈判诚意持有异议，从而导致失去对你的信赖和尊敬。

正确的做法应当是"软硬兼施"。须知，强硬与温柔相结合，能使人的心态发生很大的变化。强硬会使对方看到你的决心和力量，温柔则可使对方看到你的诚意，从而可以增强信任和友谊。在商务谈判中，软硬兼施的策略被谈判者普遍采用。凭软的方法以柔克刚，又用硬的手段以强取胜。软硬兼施的方法通常还可以由两个人来实行。

在谈判中，本方由一个成员扮演强硬派角色，坚持提出较高的要求，不轻易退却，努力捍卫己方的利益；由另一位成员扮演合作者角色，他在开始时并不马上参与意见，而是保持沉默，既维护好与对手的关系，又不损害己方强硬人物的"面子"。他要善于观察谈判形势的发展变化，适时地参与进来提出建议或做出某些让步。这也就是我们俗称的"红白脸"策略。

在运用"红白脸"策略时，对以下几点要领应注意把握：

（1）从"红脸""白脸"的角色分配来看，两种角色的分配应和本人的性格特征基本相符，即扮"红脸"者应态度温和、经验丰富、处事圆融、言语平缓、性格沉稳；而扮"白脸"的人则应雷厉风行、反应迅速、善抓时机、敢于进攻、言语有力。如果让性格特征不相称的人去扮演这种角色，就会出现强硬派硬不上去，而红脸反倒硬了起来，结果导致希望和实际效果不符，场面一团糟，反倒使对方有机可乘，乘虚而入。

（2）两种角色一定要注意相互配合，看准时机，把握火候，在"白脸"发动强攻时，"红脸"就要充分注意对方的反应，如果对方以牙还牙，以硬对硬，"红脸"就要在适当的时候出面调停，让"白脸"有台阶下，否则，"白脸"收不了场，而"红脸"又不及时出面，就可能使谈判僵持、暂停或是破裂。

（3）在使用"红白脸"策略时，要求担任"白脸"角色的人既要善于进攻，但又必须言之有理、讲究礼节，不肯轻易让步，但不是胡搅蛮缠。而"红脸"也不能过于软弱，要掌握好分寸，既要掌握好让步的分寸，也要适度使用语言。

（4）从角色的分工来看，"红脸"一般由主谈人来充当，"白脸"由助手来充当，因为从红白脸策略的整体特点来看，"红脸"掌握着让步的分寸，总揽全局，而且从心理学角度来讲，"红脸"的观点也易为对方所接受，所以这样分工比较合适。

投石问路让对方亮出底牌

投石问路策略是指买主在谈判中为了摸清对方的虚实，掌握对方的心理，通过不断地提问来了解直接从卖方那儿不容易获得的诸如成本、价格等方面的尽可能多的资料，以便在谈判中做出正确的决策。

比如，一位买主要购买 3000 件产品，他就可以先问如果购买 100、1000、3000、5000 和 1 万件产品的单价分别是多少。一旦卖主给出了这些单价，敏锐的买主就可从中分析出卖主的生产成本、设备费用的分摊情形、生产的能力、价格政策、谈判经验丰富与否。最后买主能够得到购买 3000 件产品非常优惠的价格，因为很少有卖主愿意失去这样大数量的生意。

买主经常运用投石问路策略，通常都能问出很有价值的资料，知道的资料越多，就越能做出有利的选择。一般说来，可提出这样一些问题：

如果我们订货的数量加倍，或者减半呢？

如果我们建立长期合作关系呢？

如果我们同时购买几种产品呢？

如果我们分期付款呢？

如果我们自己运输呢？

如果我们淡季订货呢？

如果我们要求改变规格、式样呢？

如果我们提供原材料呢？

每一个问题都好比一颗石头，掷向对方内心，落地有声，你要小心听"音"。

有这样一个眼镜师（谈判者）向顾客（谈判对方）索要高价的小故事。顾客向眼镜师问价："要多少钱？"眼镜师回答："10 美元。"如果顾客没有不满的反应，他便立即加上一句"一副镜架"，实际上就成了"10 美元一副镜架"。然后他又开口"镜片 5 美元"，如果顾客仍没有异议，狡猾的眼镜师就会再加上一句"一片"。这里，眼镜师运用了投石问路的方法，通过观察、判断顾客的反应，达到了自己的目的。

有目的地向对方提出各种问题，是摸清对方底细、掌握对方情况的重要手段。因此，所提问题的内容、方式以及问题提出的时间等都要好好考虑。

美国谈判专家尼尔伦伯格曾与他人合伙购买了地处纽约州布法罗市的一家旅馆。他对旅馆经营的业务一无所知，所以，他事先就讲好了对该项业务的经营不承担任何责任。谁知事不凑巧，协议刚签署几天，那位合伙人就因患了重病不能经营旅馆了。怎么办？尼尔伦伯格没有其他的选择，只好亲自去经营旅馆。当时，该旅馆的生意很不景气，月亏损额高达 1.5 万美元。3 天之后，尼尔伦伯格将要被当作纽约市旅馆管理的"行家"去布法罗市走马上任，并亲自指挥 500 名员工的工作。他焦急万分，首先找来了哈佛商学院有关管理的书籍、资料潜心钻研，结果收效甚微。他坐在办公室里冥思苦想，突然一个念头闪过：500 名员工绝不会想到一个外行会冒着风险来经营一个亏损严重的旅馆的，他们会认为我是一个这方面的专家，那么，我就去扮演一个经营旅馆的专家吧。尼尔伦伯格到了旅馆后，便从早到晚每 15 分钟接见一个人。他广泛地接触了管理人员、厨师、使役和勤杂人员，在和他们的谈话中了解了不少情况。他和员工的谈话是这样进行的：当每一个人走过尼尔伦伯格的办公室时，他都是皱着眉头对员工说，他们不适合继续留在旅馆里工作。人们一个个都感到愕然。接着，他说："我怎么能留用如此无用的人呢？看来你还像是个能干的人，但我不能容忍这种荒唐的事情再继续下去了。"这时，凡谈话的每位员工都竭力为自己过去的行为巧言辩解，并表示愿意接受批评，好好工作。于是，尼尔伦伯格继续说："要是你能向我表明，你至少还懂得怎样去做，并使我相信，你已经知道事情错在哪里，那么，我们或许还能一起干下去。"就这样，尼尔伦伯格从员工们那里了解到了旅馆亏损的原因所在，以及许多改进旅馆经营管理的建议、措施和方法。他将这些方法一一付诸实现。结果，第一个月亏损降到 1000 美元，第二个月就营利 3000 美元，从而使旅馆的亏损局面得到了彻底扭转。

谈判者为了在谈判中处于有利地位，有更多的回旋余地，往往采取严密的保密措施，力求不让对方抓住任何与本方"底牌"有关的蛛丝马迹。在这种情况下，直接发问是无效的，只有采取迂回作战，施展一些策略，运用一些技巧才会有所收获。

一位供货商在与某厂采购经理的谈判中，想提高产品的价格，但他并没有直接探询对方的反应，而是聊了一些似乎不着边际的话。

"我们想提高产品的质量，因此想知道你们厂对我们的产品有什么意见，最好能帮助我们提供一些数据，我们好及时改进。"

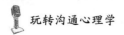

"嗯，你们的产品质量还是不错的，至于数据吗，我可以在谈判后替你收集一些。不过据实验人员反应，你们产品的各项检测指标均优于我们曾用过的产品。"

"噢，非常感谢。据说你们厂这两年的效益非常好，规模越来越大，产品几乎没有任何积压。"

"可不是，几十条生产线昼夜不停，产品、原料都是供不应求，可忙坏我了。"

供货商听到这里，露出一丝不易察觉的微笑。

聪明的读者，你知道供货商为什么笑吗？

在这段似乎不着边际的谈话中，供货商探测到了对己方非常有利的两条信息：一是本方提供的产品在该厂的信誉非常好；二是对方的库存原料已经供不应求，存料马上就要用光。工厂正面临着极大的压力，希望尽早结束谈判以使生产不致因为原材料的缺乏而受到影响。不知不觉间，对方自亮了"底牌"。

供货商要想提高产品价格，就必须知道对方的弱点所在，并在此基础上给对方制造压力，让对方不得不让步。但他如果直接问采购经理"我们的产品在你们厂曾用过的产品中是不是最好的"，同样久经沙场的采购经理绝对不会轻易给他肯定的回答，把他送上谈判中的有利位置。于是供货商转换了角度，以对顾客负责的姿态出现，询问对方对改进产品质量的意见，使采购经理放松了警惕，轻易就把本厂对该产品的评价和盘托出。

可见投石问路的关键并不完全在于"问"，而是"引"。最根本的要领是，提到点子上，听出话外音。

吹毛求疵压低对方价格

作为谈判一方，卖主经常会碰到一些买主利用这种战术来讨价还价。他们先是对商品横挑鼻子竖挑眼，接着就会提出一大堆的问题和要求。这些问题有些是真实的，属于商品自身存在的缺陷；有的只是对方的夸大其词，用来虚张声势的。他们之所以这样做，只是为了达到以下三个目的：第一，让卖主知道，他的对手是位精明强干的人，不会轻易地受人欺骗；第二，迫使卖主一再地降低商品的价格；第三，替自己争取更为有利的讨价还价的地位。

这种谈判方法在商贸交易中已被无数事实证明，不但是行得通的，而且卓有成效。有人曾做过试验，证明双方在谈判开始时，倘若要求越高，则所能得到的也就越多。因此，许多买主总是一而再再而三地运用这种战术。

在商务谈判中，谈判者如能巧妙地运用吹毛求疵的策略，会迫使对方降低要求，做出让步。这种方法是讨价还价的主要战术之一。买方先是挑剔个没完，提出一大堆意见和要求，这些意见和要求有的是真实的，有的只是出于策略需要的吹毛求疵。这样做的目的主要是使卖主把卖价的标准降低，使自己有讨价还价的余地，让对方知道自己是很精明的，不会轻易地被他人欺骗蒙蔽。

有一次，某百货商场的采购员到一家服装厂采购一批冬季服装。采购员看中一种皮夹克，问服装厂经理：“多少钱一件？”“500元一件。”“400元行不行？”“不行，我们这是最低售价了，再也不能少了。”“咱们商量商量，总不能要什么价就什么价，一点也不能降吧？”服装厂经理觉得，冬季马上到来，正是皮夹克的销售旺季，不能轻易让步，所以很干脆地说：“不能让价，没什么好商量的。”采购员见话已说到这个地步，没什么希望了，扭头就走了。

过了两天，另一家百货商场的采购员又来了。他问服装厂经理：“多少钱一件？”回答依然是500元。采购员又说：“我们会多要你的，采购一批，最低可多少钱一件？”“我们只批发，不零卖。今年全市批发价都是500元一件。”这时，采购员不急于还价，而是不慌不忙地检查产品。

过了一会儿，采购员讲：“你们的厂子是个老厂，信得过，所以我到你们厂来采购。不过，你的这批皮夹克式样有些过时了，去年这个式样还可以，今年已经不行了；而且颜色也单调，你们只有黑色的，而今年皮夹克的流行色是棕色和天蓝色。”他边说边看其他的产品，突然看到有一件缝制得马虎，口袋有裂缝，马上对经理说：“你看，你们的做工也不如其他厂子精细。”他仍边说边检查，又发现有件衣服后背的皮子不好，便说：“你看，你们这衣服的皮子质量也不好。现在顾客对皮子的质量要求特别讲究。这样的皮子和质量怎么能卖这么高的价钱呢？”

这时，经理沉不住气了，并且自己也对产品的质量产生了怀疑，于是用商量的口气说："你要真想买，而且要得多的话，价钱可以商量。你给个价吧！""这样吧，我们也不能让你们吃亏，我们购50件，400元一件，怎么样？""价钱太低，而且你买的也不多。""那好吧，我们再多买点，买100件，每件再多30元，行了吧？""好，我看你也是个痛快人，就依你的意见办！"于是，双方在微笑中达成了协议。

在这个例子中，前一个采购员为什么没有成功，而后一个采购员谈判却成功了呢？原因就是后者在谈判中采用了吹毛求疵的策略。后面这位采购员不急于跟卖主讨价还价，而是百般挑剔，提出一大堆问题和要求，使卖主感到买主是很精明的，而且很内行，不会被人轻易欺蒙，从而被迫降价。

但是，如果从相反的立场来说，作为卖方或者资方的谈判者，又该如何对抗这种吹毛求疵的战术呢？谈判专家卡洛斯指出：

（1）必须很有耐心。面对对方的问题，千万不要轻易让步，以免刺激对方的欲望。那些虚张声势的问题迟早会露出破绽，失去威胁性。

（2）遇到实际问题，不要躲闪回避，要开门见山地和买方恳谈。如果可能，要利用私下讨论的便利。

（3）对于某些是问题又不是问题的要求，要巧妙地"忽略"它们。

（4）当对方借助问题在浪费时间、节外生枝，或做无谓的挑剔时，必须及时提出抗议。

（5）向对方建议一个具体而"彻底"的解决办法，而不去纠缠枝节问题。

报价要有原则，不给对方留把柄

如果将价格谈判放到实力较量的范畴内来研究，那么价格的高低，报价的习惯，可调整的幅度、次数和速度，都可以看作是谈判者实力的表现。

报价，不仅仅是价格方面的要求，还泛指谈判双方在洽谈项目中的利益要求，即其想达到的目的。谈判双方在经过摸底，明确了交易的具体内容和范围之后，提出各自的交易条件，表明自己的立场和利益。

谈判双方通过报价来表明自己的立场和利益要求。但是，任何一方在阐述自己要求的时候，都不会把自己的底价透露给对方，而总是要打个"埋伏"，给自己留下讨论协商、讨价还价的空间，或者以优于底价的条件成交，超过既定目标，完成谈判；或者以不低于底价的条件成交，完成谈判的既定目标。正因为双方都有这种考虑，所以，在报价的时候一定要极其谨慎。

报价的方式可以是"横向铺开"，也可以是"纵向展开"。所谓"横向铺开"，就是对自己的立场观点不做深入的讨论，而是把自己方面的利益要求做一个全面完整的陈述，求全而非深。"纵向展开"，就是对所要讨论的各个问题，逐个展开协商，深入下去，谈完一个再谈另一个。

报价的内容包括：己方认为这次洽谈应该包括的问题；双方的利益要求；己方可以让步的方面。当然，这种开诚布公的报价，只是在互相比较熟悉的老对手之间才可以采用。和陌生不了解的洽谈对手进行谈判，则不能这样报价，也不可能得到对方这样的明确报价；这时候，就要采取旁敲侧击的方法，尽量明确对方的报价。

在报价阶段，双方只是阐述自己的利益要求，所以听取的一方为了达到自己的目的，一定要认真听取对方的报价，尽量全面完整地理解对方的报价，抓住对方的主要利益要求和次要方面，以便将来跟对方压价。

对自己利益的陈述和表达要注意方式和语气。因为报价的目的是表明立场和态度，而不是挑战，所以要注意以和为贵。当一方陈述完毕，另一方就可以再陈述自己的立场和观点，为了调节气氛，也可以先讲一下双方已经达成一致意见的方面。

在报价的过程中还应该注意一个"随机应变、留有余地"的原则。

由于报价事关整个交易的各项条件，所以在一般情况下，报价不会是一成不变的。所以谈判人员在报价时，不要把条件说得过于坚决，给对方一个"只此一条，别无选择"的印象。如果在报价时保留一个比较宽松的余地，那么在后来的谈判中当对方向你提出了某种可以使你满足的要求时，你就有了进一步讨价还价的条件。这种策略也是商务谈判人员经常使用的策略。

留有余地的策略在西欧式的报价方法中体现得较为明显。

西欧式的报价方法与我们前面所介绍的报价方法是一致的。一般的做法是，谈判人员在报价时，首先提出一个留有较大余地的价格条件，其后再根据买卖双方的实力对比和外部竞争状况，通过其他方法来争取买方，如给予数量折扣、价格折扣、佣金和支付条件上的优惠等，稳住买方，使双方的差距逐步缩小，最终达成成交的目的。由于有时报价方所留余地是非常大的，所以即使做了有限的让步也是在余地之中，不但不会吃亏，反而往往会有一个不错的结果。

这一策略是和一般买方的心理相适应的，因为对于一般人来说，总是习惯于价格由高到低逐步下降，而不是由低到高。

谈判人员在报价中保留余地时，同样应注意商务谈判中语言运用的一般规则，即应当态度诚恳、观点明确、简明易懂。

关于先报价与后报价之利弊，很多人认为最好后报价，这样不容易被人"摸底"，其实不然，先报价有弊也有利。

先报价的有利之处在于：一方面，先报价对谈判的影响较大，它实际上等于为谈判划定了一个框架或基准线，最终协议将在这个范围内达成。比如，卖方报价某种计算机每台 1000 美元，那么经过双方磋商之后，最终成交价格一定不会超过 1000 美元这个界限的。另一方面，如果己方的谈判实力强于对方，或者说与对方相比在谈判中处于相对有利的地位，那么己方先报价就是有利的。尤其是当对方对本次交易的行情不太熟悉的情况下，先报价的利更大。因为这样可为谈判先划定一个基准线，同时，由于己方了解行情，还会适当掌握成交的条件，对己方无疑是利大于弊。

先报价的弊在于：一方面，对方听了己方的报价后，可以对他们自己原有的想法进行最后的调整。由于己方的先报价，对方对己方的交易条件的起点有所了解，他们就可以修改原先准备的报价，获得本来得不到的好处。正如上边所举例子，卖方报价每台计算机 1000 美元，而买方原来准备的报价可能为 1100 美元一台。这种情况下，很显然，在卖方报价以后，买方马上就会修改其原来准备的报价条件，于是其报价肯定会低于 1000 美元。那么对于买方来讲，后报价至少可以使他获得每台省 100 美元的好处。

先报价如果出乎对方的预料和设想，往往会打乱对方的原有部署，甚至动摇对方原来的期望，使其失去信心。比如，卖方首先报价，某货物 1000 美元一吨，而买方却只能承受 400 美元一吨，这与卖方报价相差甚远，即使经过进一步磋商也很难达成协议，因此，只好改变原来部署，要么提价，要么告吹。总之，先报价在整个谈判中都会持续地起作用。因此，先报价比后报价的影响要大得多。

总之，报价要注意几个原则：不激进、不保守，保持坚定、明确、完整、果断，不要给对方留有把柄。

把握火候，及时给对方下最后通牒

在谈判过程中，对于某些双方一时难以达成协议的问题，不要操之过急地强求解决，而要善于运用限定期限的谈判策略，规定出谈判的截止日期。在限定期限不可避免地来临之时，迫于限期的无形压力，对手就会放弃最后的努力，甚至迫不得已地改变原先的主张。这种策略又被称为"死线"。

在美国某乡镇有一个由12个农夫组成的陪审团。在一次案件的审理过程中，陪审团中11个人认定某被告有罪，只有1个人表示了不同的看法，认为该被告无罪。由于陪审团的判决只有在其全体成员一致通过的情况下才能成立，于是陪审团中认定被告有罪的这11个人花了将近一天的时间劝说表示不同看法的那个人。此时，忽然天空中乌云密布，眼看一场大雨就要来临。那11个农夫急着要在大雨之前赶回去，收回晒在外面的干草。可是，持不同意见的这位农夫仍然不为所动，坚持己见。那11个农夫急得像热锅上的蚂蚁，他们的立场开始动摇了。随着"轰隆"一声雷鸣，那11个农夫再也等不下去了，转而一致投票赞成持不同意见农夫的意见：宣判被告无罪。

在谈判中，有些谈判者摆出架子准备进行艰难的拉锯战，而且他们也完全抛开了谈判的截止期。此时，你的最佳防守兼进攻策略就是出其不意，发出最后通牒，提出时间限制。这一策略的主要内容是，在谈判桌上给对方一个突然袭击，改变态度，使对手在毫无准备且无法预料的形势下不知所措。对方本来认为时间挺宽裕，但突然听到一个要终止谈判的最后期限，而这次谈判成功与否又与自己关系重大，不可能不感到手足无措。由于他们很可能在资料、条件、精力、思想、时间上都没有充分准备，在经济利益和时间限制的双重驱动

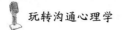

下，会不得不屈服，在协议上签字。

美国底特律汽车制造公司与德国谈判汽车生意时，就是运用了限定期限而达到了谈判目标。当时，由于双方意见不一致，谈判近一个多月没有结果，同时，别国的订货单又源源不断。这时，美国底特律汽车制造公司总经理下了最后通牒，他说："如果你还迟迟不下定决心的话，5 天之后就没有这批货了。"眼看所需之物抢购殆尽，德方不由自主地焦急起来，立刻就接受了谈判条件，于是，一场持久的谈判才告结束。底特律汽车制造公司使用的就是限定期限，迫使对方最后做了让步。可见，在某些关键时刻，这种方法还是大有裨益的。

在商务谈判中，有时为了某种协议的需要，还采用一种虚假的、人为的限定期限，又称为"最后期限陷阱"。一位客户要求美国一家保险公司偿付一笔赔偿费。保险公司开始答应得很痛快，并且其清算赔偿人还特意告诉客户，他下个星期一就要去度假了，所以建议客户最好在本周五把所有的资料都带到保险公司去，他们稍做检查后，就马上开支票给他，以了结此案。这位客户信以为真，于是加班加点辛苦，终于在星期五下午把一切资料都准备妥当。到了保险公司，当清算赔偿人检查完资料之后，很抱歉地对客户说还必须向上级请示一下，等他请示回来以后，却遗憾地对客户说，公司只能赔偿所要求的数额的一半。这位客户顿时感到不知所措，因为他面临一个十分不利的谈判形势：要么他马上同保险公司谈判，匆匆做出决定；要么他必须等待清算赔偿人度假回来再做打算。其实，那位清算赔偿人根本就没安排度假，这只不过是一个限定期限陷阱，用以冷却客户的赔偿要求。保险公司借助一个虚假的建议和一个虚假的最后期限，赢得了这场谈判的胜利。

当然，要想成功地运用这一策略来迫使对方让步，还须具备如下条件：

（1）最后通牒应令对方无法拒绝。发出最后通牒，必须是在对方进退两难的情况下，对方想抽身，但为时已晚，因为此时他已为谈判投入了许多金钱、时间和精力；而不能在谈判刚开始，对方有路可走的时候发出。

（2）最后通牒应令对方无还手之力。如果对方能进行有力的反击，就无所谓最后通牒。你必须有理由确信对方会照自己所预期的那样做。

（3）发出最后通牒言辞要委婉。必须尽可能委婉地发出最后通牒。最后通牒本身就具有很强的攻击性，如果谈判者再言辞激烈，极度伤害了对方的感情，对方很可能由于一时冲动铤而走险，一下子退出谈判，这对双方均不利。

但是当对手运用这一招时，我们该如何处理呢？

首先，要知道最后通牒的真伪。也许对方的最后通牒只是吓唬人的，那么，就应该针锋相对，做出绝不退让并退出谈判的表示。但同时，又要让对方有台阶可下，告知对方，如果他们对谈判有新的设想的话，可继续谈判。

其次，如果对方的最后通牒是严肃的，那么就应该认真权衡一下，看看做出让步达成交易与拒绝让步、失去交易这两者之间，究竟谁轻谁重，再作决策。

最后，如果不得不接受对方的最后通牒，向对方做出让步，那么可以考虑改变其他交易条件，力争在其他交易条款上争回自己失去的好处，即既令对方有利可图，己方又毫无损失。

与 5 种谈判对手周旋的策略

有人戏称谈判是一场顽强的性格之战。因为我们要接触的谈判中的对手可能千差万别，无论经验如何丰富，也很难做到万无一失。因此，对于各种不同的谈判对象，可以视其性格的不同而加以调整，采取不同的策略。

1. 强硬的对手

强硬型的谈判对手情绪表现得十分激烈，态度强硬，在谈判中趾高气扬，不习惯，也没耐心听对方的解释，总是按照自己的思路，认为自己的条件已经够好的了。尽管这种一厢情愿式的主观认识十分愚蠢可笑，但是他们仍然乐此不疲。

如果你遇到这样的谈判对手，你最好做好各种心理准备，准备应付各种尴尬场面，并在耐心的基础上理直气壮地提出你的理由。

强硬派总是咄咄逼人，不肯示弱。有的也许会什么也不说，有的干脆一口回绝，绝无回旋的余地。强硬派之所以如此"硬"，当然有一点原因不可否认，那就是他们拥有自身的优势，也有性格使然。自身拥有优势者总是待价而沽，囤积居奇；他们不愁他们的东西卖不出去。

在谈判之中，表现强硬的一方很多时候是受了其上司的指示而故意这么做

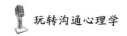

的。所以遇到这种情况，你可以直接去找对方的上司诉苦或申诉，要求他答应你的条件，解决你遇到的问题。

对你来说，损失的不过是一些时间而已，而为了自己的正当权益不受损害，这些时间的损失也值得。

当然，你去找对方的上司时最好不要满脸怒气、高声吼叫，要明白你到这里来的目的是求得和解。所以，你最好心平气和，把事件发生的过程向对方仔细陈述，表明你受的损害有多么大，希望得到哪些补偿，等等。

找对方的上司不失为一个好办法，这样既可避免谈崩，又可借上司的行政压力而解决问题。所以，这也是取胜的保证。

2. 坦率的对手

这种人的性格使得他们能直接向对方表示出真挚、热烈的情绪。他们十分自信地步入谈判大厅，不断地发表见解。他们总是兴致勃勃地开始谈判，乐于以这种态度取得经济利益。在磋商阶段，他们能迅速把谈判引向实质阶段。他们十分赞赏那些精于讨价还价、为取得经济利益而施展手段的人。他们自己就很精于使用策略去谋得利益，同时希望别人也具有这种才能。他们对"一揽子"交易怀有十足的兴趣。作为卖者，他希望买者按照他的要求做"一揽子"说明。所谓"一揽子"意指不仅包括产品本身，而且要介绍销售该产品的一系列办法。

他们会把准备工作做得完美无缺，他们直截了当地表明他们希望做成的交易、准确地确定交易的形式、详细规定谈判中的议题，然后准备一份涉及所有议题的报价表，陈述和报价都非常明确和坚定。死板的人不太热衷于采取让步的方式，讨价还价的余地大大缩小。与之打交道的最好办法是应该在其报价之前即进行摸底，阐明自己的立场；应尽量提出对方没想到的细节。

3. 攻击性强的对手

遇到攻击型的谈判对手，最好避其锋芒，击其要害。攻击型其实是有别于强硬型的一种。强硬型的谈判对手有时仅仅采取防御姿态坚持自己的原则立场，而攻击型却是有目的、有针对性地向你进攻，迫使你屈服，不给你反抗的余地。

攻击型的对手往往能寻找到一些理由加以攻击，并不是无中生有，因此，面对攻击型的对手，如何应付就成了个难题。

攻击型的对手表面上看并不都是那么吓人，击败他的关键之处是要找到要害，也就是其理由不足之处。掌握了这一点，你也可以套用对付强硬派的手法来对付他，只要对方的气焰一灭，你再采用有理有节的方法与之对垒，用让他害怕的方式来威胁他，使他明白事情的轻重，不敢再闹。

对付这类人，当事人必须注意的就是：切莫惊慌，惊慌往往自乱阵脚；也不要过于愤怒，过于愤怒会没有分寸。自乱阵脚而失去分寸，那必受害无疑。

4. 搭档型的对手

搭档型的谈判对手或隐或显，虚实相间，最令人防不胜防。

搭档型的表现是：当谈判开始时，对方只派一些低层人员作为主谈手。等到谈判进入快要达成协议时，真正的主谈手突然插进来，表示刚才的己方人员无权做决定，或是刚才的价格过低，或者是时间不能保证。当你表示失望或觉得一切都完了的时候，对方会说："如果你确实急需，我也可以卖给你，但至少在价格上要做些调整……"你此时往往无可奈何。因为谈判进行到这个时候，你已完全摊开了底牌，对方已掌握了你谈判的一切秘密，如果你想达成协议，除了做出让步外别无他法。

当然，谈判必须是在有准备的情况下进行。谈判之初，你必须了解对手是否有权在协议书上签字，如果他表示决定权在他的上司那里，那你应坚决拒绝谈判。但是，也有另外的办法来应付这种情况。那就是，既然对手派的是下层人员与你谈判，你也不妨让下属人员去谈判或由别人代替你去谈判，待草签协议之后，你再直接与对方掌权之人谈判，这样，你将获得较大的转换空间，不至于到关键时刻被别人牵着鼻子走。

5. 犹豫的对手

在这种人看来信誉第一重要，他们特别重视开端，往往会在交际上花很长时间，其间也穿插一些摸底。经过长时间、广泛的、友好的会谈，增进了彼此的敬意，也许会出现双方共同接受的成交可能。与这种人做生意，首先要防止对方拖延时间和打断谈判，还必须把重点放在制造谈判气氛和摸底阶段的工作上。一旦获得了对方的信任就可以大大缩短报价和磋商阶段，尽快达成协议。

以上所举 5 种人经常能遇到，总结经验，以下 6 种策略可以尝试：

（1）坚持一切按规矩办事。强硬型、坦率型、搭档型都会强迫你接受他们的条件，你应拒绝受压迫，而且坚持公平的待遇。

（2）当对方采取极端立场威胁你时，可以请他解释为什么会产生这样极端的要求，可以说："为了让我更了解如何接受你的要求，我需要更多了解你为什么会这样想。"

（3）沉默是金。这是最有力的策略之一，尤其是对付两极派，不妨这样说："我想现在不适合谈判，我们都需要冷静一下。"

（4）改变话题。在对方提出极端要求时，最好假装没听到或听不懂他的要求，然后将话锋转往别处。

（5）不要过分防御，否则就等于落入对方要你认错的圈套。在尽量听完批评的情况下，再将话题转到"那我们针对你的批评如何改进呢"方面。

（6）避免站在自己的立场上辩解，应多问问题。只有问问题才能避免对方进一步的攻击。尽量问"什么"，而避免问"为什么"。问"什么"时，答案多半是事实，问"为什么"时，答案多半是意见，就容易有情绪。

花点功夫在倾听上

注意倾听是给人留下良好印象、改善双方关系的有效方式之一。因为专注地倾听别人讲话，则表示倾听者对讲话人的看法很重视，能使对方对你产生信赖和好感，使讲话者形成愉快、宽容的心理，变得不那么固执己见，更有利于达成一个双方都满意的协议。

然而，倾听的作用不仅于此。

倾听是了解对方需要，发现事实真相的最简捷的途径。

谈判是双方沟通和交流的活动，掌握信息是十分重要的。一方不仅要了解对方的目的、意图、打算，还要掌握不断出现的新情况、新问题。因此，谈判的双方应十分注意收集整理对方的情况，力争了解和掌握更多的信息，但是没有什么方式能比倾听更直接、更简便地了解对方的信息了。

倾听使你更真实地了解对方的立场、观点、态度，了解对方的沟通方式、内部关系，甚至是小组内成员的意见分歧，从而使你掌握谈判的主动权。

在谈判中采用多听少说的策略，对于洞悉对手实力，有的放矢地制定扬己之长、攻敌之短的决策具有重大的作用。如维克多·金姆在《大胆下注》中所说："你应该少说为妙。我确信如果你说得越少，而对方说得越多，那么你在谈判中就越容易成功。"

这样，对方由于暴露信息过多，回旋余地就小；而你很少暴露信息，回旋余地很大。两者的处境，犹如一个站在灯光下，一个躲在暗处；他看你一团模糊，你看他一清二楚。这样你就掌握了谈判的主动权。

不可否认，讲话者也有可能借机向你传递错误信息或不向你传递你想要的信息，因此听也要讲究一定的技巧。

在谈判桌上，提高倾听的技巧，有下面几种方法可供参考：

（1）争取让对方主动开口说话，在对方摸不清你的意图的前提下，弄清对方的谈判要求和目的。

（2）谨记简单原则。简要说明讨论要点，尽量把自己的讲话缩减到最低程度，因为你在讲话时，便不能聆听对方的发言。可惜许多人都忽略了这点。

（3）试着了解你的对手，试着由他的观点出发看问题。这是提高聆听技巧的最重要方法之一。

（4）始终注意听。在任何时候都保持注意力可不是件容易的事，特别是当谈判会议拖得很长时。但是，如果你总是走神，那么有很多重要的问题就可能被漏听了。

（5）试将你的注意力集中在对方发言的"主旋律"上，而不让个别的字句难住或分散注意力。

（6）记笔记是帮助你集中注意力的手段之一。人的记忆能力有限，为了弥补这个不足，应该在听讲时做笔记。一方面，有了笔记，不仅可以帮助记忆，而且有助于在对方发言完毕之后，就某些问题向对方提出质询；同时，自己也有时间作充分的分析，理解对方讲话的确切含义与精神。另一方面，倾听时记笔记或者停笔抬头来看看讲话的对方，会对讲话者产生一种鼓励作用。

（7）表现出有兴趣的态度。让对手相信你在注意聆听的最好方式，是适当地发问，要求他阐明正在阐述的一些论点。

（8）观察对方。他如果表现出紧张和不安，这很可能是他对他所说的没有

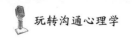

什么把握的信号。

（9）有鉴别地倾听。为了达到良好的倾听效果，在专心致志的基础上，还应有鉴别地听。通常情况下，人们说话时边说边想，想到哪说到哪，有时表示一个意思要绕着弯子讲许多内容，从表面上听，根本谈不上重点突出。因此，听话者需要在用心听的基础上，鉴别传递过来的语言信息，去伪存真，去粗取精。这样才能够知道对方的意思，找出其漏洞进行说服。

另外，"听"有一个重要原则，就是切勿按照自己的主观框框来听。按照自己的主观框框来听，即先入为主地倾听，这样做往往会扭曲说话者的本意，忽视或拒绝与自己心愿不符的意见，这种做法实为不利。因为这样听话者不是从谈话者的立场出发来分析对方的讲话，而是按照自己的主观框框来听取对方的谈话。其结果往往是听到的信息变形地反映到自己的脑中，导致所接收的信息不准确，从而判断失误，造成行为选择上的失误。所以必须克服先入为主的倾听做法，将讲话者的意思听全、听透。

（10）善于听对方的讲话，可以使你先掌握一些对方的谈判资料，进而找到突破口，有理有据地进行说服。

（11）少说多听是一种重要的谈判策略。谈判高手往往用不到 2 分钟的时间介绍自己，而留下 20 分钟让对方发言。

（12）谈判中最要紧的是注意相互间的反应。然而，要做到这一点却又不如想象中那么容易。因为人类具有一种"关闭"听觉的本能—尤其是当他们听到不愿听的话时。

对于谈判人员来说，注意听别人讲，哪怕是听到不爱听的话也得注意听，这不仅仅是个社交修养问题，而是必须如此。因为当你讨价还价时，你所听到的话里很少有只是为了应酬的空谈。

在谈判中，不仅要听出对方在说些什么，还要知道对方遗漏掉了什么，这样对谈判会大有裨益。

放手让对方讲，你只是耐心地倾听，你就会有机会捕捉到许多有用的信息，甚至发现对方立场中的前后矛盾之处。这还可以使你找到对方是否确有真情实意的线索，分清对方言辞中的真假虚实。

口头的强攻不如口头的佯退

商务谈判过程大都紧张而激烈，需要谈判者付出大量的精力，谈判者因而也极易产生情绪，从而双方争执不下，互不相让，致使谈判出现僵局。在这种情况下，适时地暂停谈判，采取"谈不拢就走人"的谈判策略，可以使双方冷静地考虑自己的处境和对方的情势。实践证明，"谈不拢就走人"的谈判策略，确实能为运用者带来利益。

1984 年，中国与日本某商社的商务代表、技术代表就在中国建化肥厂的有关事项进行谈判。为了交易成功，该商社的一位部长与某厂厂长一同前来上海参加谈判。谈判前，日本某厂已经获得了我方政府部门批准的进口用汇额度情报，这对我方来说极为不利。谈判一开始，日方报价为 350 万美元，经我方代表的努力，反复地讨价还价，价格逐渐降至 293 万美元。这个价格基本上符合引进厂的要求，应该说是可以成交的。但我方主谈估量了目前的情况，凭他的经验，认为价格仍存在进一步下调的可能。于是，中方主谈对日方代表说："贵方在设备的报价上做出了不少努力，我们深表感谢。可问题是经过我方核算比较，还是觉得有些高，希望贵方进一步考虑，明天上午报一个更优惠的价格。"第二天上午 9 时，双方在日本某商社的上海事务所继续谈判。某商社的部长发言说："经过反复核算，价格实在是不能再降了，再降就亏本了。我们总不能做亏本买卖吧？"中方主谈听后郑重地说："如果情况确实是这样，我们的谈判只能到此为止了。不能成交我们很遗憾。不过，贵方为了这个项目曾多次来上海，我们深表感谢。"他一边说一边离开座位，中方的其他谈判人员也纷纷离开谈判室。

在晚上的宴会桌旁，中方主谈很随意地问该商社的部长："上午我们离开后，你们对这个项目有什么新的想法吗？"这位部长急急地说："不瞒你说，上午你们一走，我们就进行了紧急商量。某厂表示再降价就亏本了，可不降价你们又不答应，为了促成这笔交易，我们商社愿意从佣金中拿出 5 万美元，不知贵方能否接受？"中方主谈听后一阵高兴，可表面不露声色地说："今晚我们好好喝一杯吧！业务上的事嘛，既然贵方愿意做出让步，那就明天再谈。"本来该厂厂长已经买好了回日本的机票，可为了第二天的谈判，决定延期一天返回。结果，在第二天的谈判中，日方决定再让价10万美元，最后以283万美元成交。

适时撤身而退实质上是一种以退为进的策略。

"以退为进"是军事上的用语，暂时退让，输赢未定；伺机而进，争取成功。谈判也如打仗一样，亦是互相交锋，争斗激烈。有时要继续谈下去，有时则要暂时休会；有时要据理力争、讨价还价，有时需要暂时退让，伺机而动。商务谈判如何兵战，只不过是以唇为"枪"，以舌为"剑"，如何在谈判桌上充分发挥你的战技和口才，全凭谈判人员的经验和智慧了。

有一家大型航空公司要在某地建立一分支机构，找到当地某一电力公司要求以低价优惠供应电力，但对方态度很坚决，自恃是当地唯一一家电力公司，态度很强硬，谈判陷入了僵局。这家航空公司的主谈私下了解到了电力公司对这次谈判非常重视，一旦双方签订了合同，便会使这家电力公司起死回生，逃脱破产的厄运，这说明这次谈判的成败对它们来说关系重大。这家航空公司主谈便充分利用了这一信息，在谈判桌上也表现出绝不让步的姿态，声称："既然贵方无意与我方达成一致，我看这次谈判是没有多大希望了。与其花那么多钱，倒不如自己建个电厂划得来。过后，我会把这个想法报告给董事会的。"说完，便离席不谈了。电力公司谈判人员叫苦不迭，立刻改变了态度，主动表示愿意给予最优惠价格。至此，双方达成了协议。

这场谈判在开始阶段，主动权掌握在电力公司一方，因为航空公司有求于电力公司。当自己的谈判要求被拒绝后，航空公司便要了一个花招，给电力公司施加压力，因为若失去给这家大航空公司供应电力，就意味着电力公司损失一大笔钱，所以电力公司急忙改变原来的态度，表示愿意以优惠的价格供电。这时，谈判的主动权又转移到航空公司一方了，从而迫使电力公司再降低供电价格。这样，航空公司先退却一步，然后前进了两步，生意反而谈成了。

通过以上几个案例我们可以看出，当谈判出现各执己见、互不相让，甚至是横眉冷对的局面时，为避免同对方直接冲突，"走"确实是上乘之策。在运用这种策略时应特别注意，在合作性的、双方比较坦诚的情况下不宜采用。"走"只是实现谈判目的的手段。因此，在运用这一策略前要调查清楚对方的实力以及这次谈判的成败对对方造成的影响程度，以促使谈判的进一步深入进行。

日本松下公司早在1937年左右就与荷兰菲利浦公司有业务往来，后来因第二次世界大战而中断联系。1951年，松下公司为了发展电子事业，积极与菲利浦公司洽谈合作事宜。开始，菲利浦公司开出的条件是认购30%的股份，再由松下公司付技术报酬6%。松下公司认为，接受对方的技术指导，付给报酬是应该的，但合资公司成立后，经营管理方面的事务工作全部由日方承担，那么，松下公司也应收取"经营指导酬金"。

松下公司的条件提出后，菲利浦公司大为惊讶，因为第二次世界大战后，日本是战败国，当时处于国力十分虚弱的非常时期，松下公司正急切地寻找合作伙伴，而在这种情况下，松下公司竟在谈判中将自己置于与菲利浦公司对等的地位，这是菲利浦方面所不能容忍的。

谈判从一开始就陷入了僵局。

松下公司的谈判代表高桥，在菲利浦公司的强硬态度面前毫不让步，严正表明了松下公司的立场。这样，谈判再也进行不下去了。

这时，高桥毫不妥协，在高压下撤身而退，以表示松下公司"宁为玉碎，不为瓦全"的态度。这样一来，菲利浦公司反而软下来了，因为与松下公司合作，他们可以得到很多好处，他们担心松下公司会去找别的合作伙伴。

菲利浦公司做了让步，谈判最终取得了成功。

高桥之所以敢抛下重话，示意"谈不拢就走人"，是因为他对这次合作带给菲利浦公司的利益大小了如指掌。当你抓住对方所看重的利益时，就相当于一张王牌在手了，对方再强硬也不会跟金钱过不去。

在商务谈判中，暂时的退却是为了将来的进攻，即退却一步，进攻两步。有时候，如果进攻遇到困难的话，还不如口头的"佯退"，当然在语言运用上要讲究技法，既要坚决、果断、不留余地，使对方看不出破绽，又要给对方再

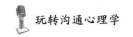
玩转沟通心理学

次谈判留有希望，不能让对方认为谈判彻底黄了，然后另觅他途。

双赢才是谈判的最终目的

什么是成功的谈判？有人认为，以在谈判中自己获得利益的多少作为评判标准，获得利益越多则标志谈判越成功；有的则认为，在谈判中己方气势越高，对方气势越低则谈判越成功……其实，这些看法与做法都是比较片面的，有时甚至是有害的。

如果只把目光盯在获利的多少上，自然就会在谈判方式方法上做得较为苛刻，一定会招致对手的反感。如果在对手刚好是比较看中长远利益的情况下，那么这种人所获得的引以为豪的那部分利益远远小于他本来可以获得的利益。他之所以认为自己获得的最多，是因为他没有看到今后与长远，而只是看到眼前。这种认为获利越多就越成功的做法是目光短浅的表现。

美国谈判学会会长、著名律师杰勒德·I.尼尔伦伯格认为，谈判不是一场棋赛，不要求决出胜负，也不是一场战争，要将对方消灭或置于死地。恰恰相反，谈判是一项互利的合作事业，它的目的是双方的共赢。

在现代谈判中，传统的分配模式不但无助于协议的达成，反而可能有害。往往是对争论的东西，或者是我得到，或者是你得到。一方多占一些，就意味着另一方要损失一些。而新的谈判观点则认为，在谈判中每一方都有各自的利益，但每一方利益的焦点并不是完全对立的。一项产品出口贸易的谈判，卖方关心的可能是货款的一次性结算，而买方关心的可能是产品质量是否一流。因此，谈判的一个重要原则就是协调双方的利益，提出互利性的选择。

"戴维营和平协议"就是一个著名的成功谈判，它通过协调利益达成了双方都满意的协议。

1967年，"六天战争"以来，以色列占据了埃及的西奈半岛。当1978年埃以坐下来商谈和平时，他们的立场是水火不相容的。以色列坚持要保留西奈半岛的一部分，而埃及则坚持全部收回西奈，人们最初反复在地图上划分西奈的埃以分界线，但无论怎样协商，埃以都拒不接受。显然，仅把目标集中在领土

218

划分上是不能解决问题的。那么，有没有其他利益分配办法呢？以色列的利益在于安全，他们不希望归还西奈半岛后，埃及的坦克随时都有可能从西奈边境开进以色列；而埃及的利益在于收回主权，从法老时代，西奈就是埃及领土的一部分，不想把领土让与一个外国入侵者。症结找到了，最后的协议是：西奈完全归还给埃及，但是，要求大部分地区非军事化，以保证以色列的安全；埃及的旗帜可以到处飘扬，但埃及的坦克却不能靠近以色列。谁都不能否认，埃以协议的达成是一个令双方都满意的方案，这就是协调利益的结果。

在一定情况下，谈判能否达成协议取决于提出的互利性选择方案。为了更好地协调双方的利益，不要过于仓促地确定选择方案，在双方充分协商、讨论的基础上，进一步明确双方各自的利益，找出共同利益、不同利益，从而确定哪些利益是可以调和的。

当然，考虑对方的利益，并不意味着迁就对方、迎合对方。恰恰相反，如果你不考虑对方的利益，不表明自己对他们的理解和关心，你就无法使对方认真听取你的意见，讨论你的建议和选择，自然，你的利益也无法实现。

实现"皆大欢喜"的谈判是有原则和标准的。

斯科特对"公平"标准的看法是：要么谈判各方都得到了平等的满足，要么就是各方都感觉不满足，而不是一方满足而另一方不满足的不平等结局。在不平等的结局下产生的协议是很难获得完全实施的。

但是在谈判实践中，谈判者对任何一项谈判结果究竟是否满足很难界定。也就是说，对满足与不满足很难确定出一种绝对的标准。在这种情况下，斯科特提出了实现"皆大欢喜"的几条谈判原则：

（1）在基本的态度和认识上，谈判者应当明确，在谈判中要努力设法为自己一方谋得利益，但并不一定意味着要去损害对方或他人的利益。

（2）要积极地影响对方对事物评价的方法，要在不损害本方利益的前提下，去引导对方获得满足感。由于谈判者对事物评价的方法直接影响甚至决定着他对事物需求的满足感，所以谈判高手通常不会以牺牲己方利益去使对方获得满足（实际上，以牺牲己方利益的方式去与对手谈判，不但不会使对手感到满足，往往还会刺激对方更多更大的需求。历史上许多不平等协议的签署过

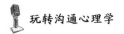

程无不证实了这个问题），而是积极地影响对方看待事物的角度、观点。

谈判就意味着各取所需，而不是互相损害。不是去追求那种绝对的公平，将"蛋糕"和上面那层"奶油糖霜"都切为两半，无论你是否喜欢都要优劣搭配地分割；而是将"蛋糕"的一大半或绝大部分划给那位喜欢"蛋糕"而不是喜欢"奶油糖霜"者，同样地，将"奶油糖霜"的一大半或绝大部分划给喜欢"奶油糖霜"而不是喜欢"蛋糕"者。各得其所，都能感到自己获得了所需利益的大部分。

（3）谈判者要有一个关于"己方利益"的准确概念。究竟什么是己方的利益，谈判者应当认识清楚、准确，如有可能，要有数字分析作根据。

（4）谈判者要通过摸底，经常分析对方利益之所在，以及在哪些方面、在什么条件下己方可以给对方以满足。

（5）为了平等地与对方谈判并最大限度地谋得本方的利益，谈判者不必十分努力地去制造诚挚与合作的谈判气氛，也不必特别注重强调双方的一致性，只要在谈判时能有一个愉快、轻松和认真的工作气氛就行了。谈判者只要有可能，也可要求在谈判程序上做一些对己方有利的安排。

（6）选择那种有助于更多地了解对方需要和让步方式的议题先行讨论，对己方较为有利。谈判者可以通过对该议题的讨论，更好地准备己方的让步方案，更好地知道让步多少和何时让步对自己最为合适。

成功的谈判要求谈判者既能坚持自己的利益，又不固执己见。最好的方案是开阔视野，为共同利益提出多种选择。

要做到这一点，应分两步走：

第一步，寻找共同利益。

从理论上讲，共同利益有助于谈判双方达成协议，也就是说，提出一个能满足双方共同利益的主意，对双方都是有利的。作为一个谈判者，几乎总是要寻找一些可以令对方同样感到满意的解决办法，因为几乎在所有的情况下，你对谈判结局的满意程度都取决于对方对协议所期望的满意程度。

关于谋求共同利益，要牢记以下几点：

（1）每一场谈判都潜伏着各方的共同利益，它们可能不是十分明显。谈判者应努力去寻求，寻求合作与互利的机会。

（2）共同利益是机会而不是天赐。谈判人员要善于创造机会、利用机会，抓住时机将共同利益明确地表述出来，系统地阐述清楚。

（3）在互相交流的过程中，要尽量强调共同利益给双方带来的好处，尽量避免发生对谈判进展无益的争执，这样会使谈判在和谐的气氛中顺利进行。

第二步，为谈判所涉及问题的解决提出多种选择。

要想使商务谈判获得成功，谈判双方应共同努力营造广阔的谈判空间，这一空间应由双方在未来的谈判中能提出的并能从中共同选择的大量建议构成。

多种选择的提出，可以通过以下途径：

（1）从不同的角度看待谈判所涉及的问题，比如我们在进行一项贸易谈判时，就可以从银行家、发明家、房地产商人、证券经纪人、经济学家、税务专家或政府工作人员的角度分析所涉及的问题。思考他们将如何判断形势，将会提出哪些办法和切实可行的建议，从而为你对所涉及的问题做出多种选择提供帮助。

（2）设法提出不同效力的协议。在谈判过程中，当无法取得所期望的协议时，千万不要轻言放弃，在不损及所预期的经济利益的前提下，不妨退而求其次，用准备好的"弱化"词提出大量可能的协议。

商务谈判中，谈判双方进行沟通的终极目的就是实现合作，以获取各自所预期的经济利益。

· 第三章 ·

求人办事，三言两语达成所愿

求人帮助前，获得认同

要想说好让别人认同的话，就要时刻关心对方的需要，并且想方设法地满足对方的这种需要。只有立足于对方的需要，才能说出获得对方认同的话。

假如你丢了钱包，身无分文，向路人求助时，很容易想象他们脸上惊讶、害怕甚至有点怀疑的表情。所以，如果要获得他人的帮助，必须要获得他人的认同。

亨廷顿曾指出，不同民族的人们常以对他们来说最有意义的事物来回答"我们是谁"，即用"祖先、宗教、语言、历史、价值、习俗和体制来界定自己"，并以某种象征物作为标志来表示自己的文化认同。在这里，认同不仅仅指的是文化和民族方面的认同，更重要的是信任感的认同。如果他人对你连起码的认知和信任都没有，又怎么会帮助你呢？

战国时，水工郑国受韩国派遣，到秦国探听情报，不料被秦国逮捕，准备处置。行刑前，郑国要求参见秦王嬴政。他身带重镣，被带到秦廷。秦王嬴政喝问："奸细郑国，你承认有罪吗？"郑国说："是的，我的确是韩国派来的奸细。我建议您兴修水利，确实是为了消耗秦国的民力，延缓韩国被吞并的时间。然而兴修水利，难道不是对秦国万分有利吗？"秦王嬴政想了想，觉得此言确实有理，郑国又说："现在，关中水利工程即将竣工，何不让我将它完成，以造福万民呢？"秦王嬴政沉吟半晌，终于同意了他的要求。在郑国主持下，一项伟大的水利工程——郑国渠终于完成了。

秦王嬴政的残暴是闻名于世的，想在他的刀口下活命都不容易，更何况得到他的支持？但由于郑国抓准了他的心理，取得了嬴政的认同，终于打动了他的心，不仅保住了性命，还得以完成了自己心目中的伟大工程。

信任感是认同的基础。如何获得他人的信任和认同呢？以下几点可供借鉴：

必须注意自我修养，善于自我克制；做事必须诚恳认真，建立起良好的名誉；应该随时设法改正自己的缺点；行动要忠实可靠，做到言出必有信，与人交易时必须诚实无欺，这是获得他人信任的最重要条件。

勤奋刻苦，脚踏实地。夸夸其谈的人给人以不安全感，说得好不如做得好。时间一长，你的浮夸将被人看穿，恐怕原本肯向你伸出援助之手的人也就敬而远之了。

很多人能获得成功靠的就是获得他人的信任。今天，仍然有许多人对于获得他人的信任一事漫不经心、不以为然，不肯在这一方面花些心血和精力。这种人可能用不了多久就要失败。

要获得他人的信任，除了要有正直诚实的品格外，还要有敏捷、正确的做事习惯。即使是一个资本雄厚的人，如果做事优柔寡断、头脑不清、缺乏敏捷的手腕和果断的决策能力，那么他的信用仍然维持不住。一个人一旦失信于人一次，别人就再也不愿意和他交往或发生贸易往来了。

人类仿佛有一种共同的心理，那就是如果有人能使我们感到高兴喜悦，即使事情与我们的心愿稍有相悖也不太要紧。求人帮助时，你要学会针对别人感情的弱点，与别人产生共鸣，只有这样，你的求助才能达到预期的结果。其实一件事情，能做的人是很多的，但智商水平很高的人往往却做不了，原因在于他们过于相信自己的智力，而忽略了对方的感情。

获得他人的信任，是求人帮助时必不可少的。要想做到这一点，首先一条就是要有一种令人愉悦的态度，脸上带着笑容，行动轻松活泼。无论你内心中是否对别人有好意，如果人们从你的脸上看不到一点快乐，那么谁也不会对你产生好感。

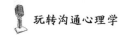

软话更容易催人行动

倘若你能够站在别人的立场上，设身处地为对方着想，全面分析双方的利弊得失，适时地说一些软话，那么你便能够成功地打动对方，从而实现自己的意愿。

由于说话态度不同，语言既可以成为建立和谐人际关系的强有力的工具，也可以成为刺伤别人的利刃。语言可以表现出一个人的人格。即使是语言比较笨拙的人，只要具有发自内心的关怀对方的心，其就能在话语间充分流露出来。相反，如果没有发自内心的关怀的心，即使用再多华丽的语言，也会被对方看穿。所以满怀真诚是最重要的。

在洽谈生意或求人办事时，应用真诚的说话态度，容易招人喜欢，被人接纳。入情入理的话，一方面显示说服者坦诚的态度；另一方面又尊重对方并为对方着想。这样无论在交易原则上，还是在人的情感上都达成了沟通，扩大了双方的共识，促使合作成功。

松下幸之助推销产品时告诉对方："我的工厂是家小厂。夏天，工人在炽热的铁板上加工制作产品。大家汗流浃背，却努力工作，好不容易制出了产品，依照正常利润的计算方法，应当是每件××元承购。"

对方一直盯着他的脸，认真地听他说话。当松下幸之助说完之后，对方展颜一笑说道："哎呀，我可服你了，卖方在讨价还价的时候，总会说出种种不同的话。但是你说得很不一样，句句都在情理之上。"

松下幸之助为什么会成功呢？其实，这在于他真诚的说话态度。他强调自己是依照正常的利润计算方法确定价格的。自己并无贪图非分之财之意，同时也暗示对方无讨价还价的余地。这就使对方调整角度，与其达成共识。

松下幸之助的语言充满了情感。他描绘了工人劳作的艰辛，创业的艰难，劳动的不易，语言朴素、形象、生动，语气真挚、自然，唤起了对方切肤之感和深切同情。正如对方所说的，松下幸之助的话"句句都在情理之上"，接受其要求自在情理之中。

一个人是成功还是失败，一个人的命运是一帆风顺还是曲折不断，跟他的处世方式有着极大的关系。只要你会说话，将说话与处世的方法有机地结合在一起，就能建立良好的人际关系。真诚说话不应是一种技巧，而应是人在社会上的立身之本，在这种本位下，说出的每句话都是闪烁着朴实的光泽，易于被人接受。

在我们与人交谈时，必须秉持着一颗"至诚的心"，不要流于巧言令色、油嘴滑舌，要根据不同的时间、场所和对象，将自己最好的一面通过"说话"表达出来，如此才能建立良好的人际关系，使自己融入群体之中。

许多年以来，奈佛一直想把燃料卖给一家大连锁店。但是这家连锁店一直向外地购买燃料，运货的路线正是从奈佛办公室的门口经过。奈佛有一天在卡耐基的课堂上大发牢骚，并大骂这家连锁店。

当他向卡耐基说出自己的心事后，卡耐基建议他改变战略。首先，他们准备在课堂上举行一次辩论会，主题就是连锁店的广布，对国家害多益少。于是卡耐基建议奈佛加入反方，他同意了。由于要为连锁店辩护，奈佛便去拜访他原本瞧不起的连锁店经理，告诉他"我不是来推销燃料的，我是来找你们帮个忙"。他说清来意后，并特别强调："我来找你，是因为我想不出还有其他人更能提供给我事实。我很希望能赢得这场辩论，无论你提供什么给我，我都十分感激。"奈佛后来回忆说："我原先只要求这位经理拿出一点时间，所以他才同意见我。当我把事实说出之后，他指着一张椅子要我坐下，我们聊了一个多钟头。他还请来另一位主管——这位先生写过一本有关连锁店的专论。他觉得连锁店提供了最真实的服务，他也以自己能够为许多社区服务为荣。当他侃侃而谈的时候，两眼发亮，我也不得不承认他的确让我明白了许多事。他改变了我整个心态。

"在我离去的时候，经理陪我走到门口，用手搅住我的肩膀，祝我辩论得胜，并且让我再去看他，让他知道辩论的结果。最后，他对我说：'春天来的时候请再来看我，我很愿意向你买些燃料。'这真是奇迹，他居然主动提起买燃料的事。由于我对他们连锁店的关心，使他也转而关心我的产品，从而能在这两个钟头里，达成十年来所不可能的目标。"

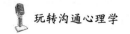

倘若你能够站在别人的立场上，设身处地为对方着想，并且全面分析双方的利弊得失，语气亲切随和、态度真诚、不卑不亢、入情入理，那么你便能够成功地打动对方，从而达到自己的意愿。

求助时，话语不要过于功利

求人帮助时，要斟酌好说什么样的话，尤其是向亲朋好友求助时，话语中更要避免过于功利化。

人在社会上不可能是孤立地生存，我们有亲人、有朋友、有同事，有千丝万缕的人际关系，同样，我们有欢乐、有痛苦，我们奉献爱心，有时也需要别人的帮助。向他人寻求帮助，不要显得太功利，否则会惹人反感。试想，如果一个很久未与你联系的昔日同事，突然打电话请你帮他贷笔巨款，恐怕你感到的不仅是为难，心中还有极大的不悦吧？

俗话说："在家靠父母，出门靠朋友。"多一个朋友多一条路。要想人爱己，己须先爱人。时刻存有乐善好施、成人之美的心思，才能为自己多储存些人情。这就如同一个人为防不测，须养成"储蓄"的习惯，这甚至会让子孙后代得到好处，正所谓"前世修来的福分"。

有人说，人生如戏，工作单位是一个大舞台，演戏的人不仅要台上功夫过硬，台下也少不了查漏补缺，打点准备。只有台上台下配合默契、相得益彰，才能真正获得掌声与喝彩。

中国人串门落座之后常爱说"无事不登三宝殿"，言外之意是有事相求。其实这正是台下功夫不到家的一个明显例子。会唱台下戏的人常常"无事也登三宝殿"，平日很注意与人保持联系——哪怕是一个电话也好，让别人知道，他人在自己心目中占一席之地，如果非到有事才找人，未免显得太过功利主义，惹人反感。8小时之外常到同事家做客以加强联系沟通有无，看来还是必要的，但要把握一定的分寸，懂得做客的学问。

在一次会议上，小王邂逅了一位久未谋面的老朋友。休会期间，他们热情地攀谈起来。聊着聊着，小王不禁对他抱怨起来："我打过很多次你的手机，但一直都是停机。你也是的，这么长时间，怎么也不跟我联系？"朋友嘿嘿一笑，从嘴里蹦出四个字："又没啥事。"

一日，小王接到了这位朋友的电话，心中一阵惊喜。电话接通后，朋友一开口便要请小王帮他推销产品。说了一大套关于产品的介绍之后，朋友又开始给小王开出所谓的"好处费"。小王也并非不知道"朋友多了路好走"的道理，但就是这个电话，把他们的友谊击得粉碎。

这个故事说明，不要在需要帮助的时候才想起别人，朋友不是一日交的，关系不是一日确立的。

暗中智取，让他人无法拒绝

学会说话，从而使他人无法拒绝我们的请求。

一个法律系的教授告诉他的学生："当你盘问证人席的嫌犯时，不要问事先不知道答案的问题。"因为辩护律师如果不事先知道答案就盘问证人，会为他自己惹来很多麻烦，同样的情形也适用于向人求助时。因此，绝对不要问只有"是"与"否"两个答案的问题，除非你十分肯定答案是"是"。

例如，金牌销售不会问客户："你想买双门轿车吗？"他会这样说："你想要双门还是四门轿车？"

如果你用后面这种二选一的问题，你的客户就无法拒绝你。相反，如果你用前面的问法，客户很可能会对你说："不"。下面有几个二选一的问题：

"你比较喜欢3月1号还是3月8号交货？"

"发票要寄给你还是你的秘书？"

"你要用信用卡还是现金付账？"

"你要红色还是蓝色的汽车？"

"你要用货运还是空运？"

面对这样的提问，无论客户选择哪个答案，业务员都可以顺利做成一笔生意。你可以换个角度站在客户的立场来想这些问题。如果你告诉业务员你想要蓝色的车子；你会开票付款；你希望3月8日请货运送到你家之后，就很难开

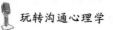

口说："噢，我没说我今天就要买。我得考虑一下。"

养成经常这样说的好习惯："难道你不同意……"这样，在求助别人，想要借别人的力量成我们的事时，我们就可以脱口说出这样的话，让对方难以拒绝。

例如："难道你不同意这是一部漂亮的车子？""难道你不同意这块地可以看到壮观的海景？""难道你不同意你试穿的这件貂皮大衣非常暖和？""难道你不同意这价钱表示它有特优的价值？"此外，当客户赞同你的意见时，也会衍生出肯定的回应。

其实，在进行推销活动时，如果能及时问些需要客户同意的问题，将会产生特别的效果。

当某家的先生、太太和十二个小孩共乘一辆车子上街买东西时，一位汽车的推销员问这位太太："遥控锁是不是最适合你家？"她通常会同意销售员的看法。

接着销售员继续说："我打赌你也喜欢四门车。"因为他们是个大家庭，他知道他们只能考虑四门车。而这位太太会说："哦，是的，我只会买四门车。"在一连串对车子性能的探讨之后，这位先生猜想他太太有意买车，因为她对销售员的看法一直表示赞同。

如果你面对的是两个以上的客户或一群生意人时，先说服有支配权的那个人，是非常有效的方法——如此一来，其他人也会跟着点头同意。

其实，你在分析判断谁才是这群人的领导者之前，你就应该掂量每个人的分量。一般情况下，领导者是唯一一个你需要说服的人。当你说服了他时，那么你的生意也就成功了。

迂回委婉地说出你的需求

即使你向别人提出的要求是正当的，也要有技巧地、迂回委婉地说出来，这样才会让他更容易接受。

即使你向别人提出的要求是正当的，你也得讲究时机和技巧，不然不会被人重视，甚至被理解为无理取闹。如果你认为你的薪水与你的能力没有成正比，想让你的老板给你加薪，你会用什么样的方法提出自己的想法呢？你会随随便便地提出要求吗？聪明的你肯定不会这样做。有技巧地说出自己的要求，才会让他人更容易接受。

我们得到他人愈多的"是"，就愈能为自己的意见争取主动权。推销商品也好，其他一切需要他人信服、支持的事情也罢，这一法则是很有效的。

曾经有一位年仅 25 岁的法国将军竟然能够使衣衫褴褛、饥肠辘辘的意大利军队听命于他。这到底是怎么回事呢？起初，他抓住了士兵们对衣食的迫切需求，开始鼓励他们："我将把你们从这个衣不蔽体、食不果腹的世界带到一个最富足的地方去，在那儿，你可以看到繁华的城市和富饶的乡村，你们可以过上衣食无忧、逍遥自在的生活。"在占领了一个重要城市之后，他又改变了说法，这时，他转而在士兵们的自尊心上下功夫，用热烈而优美的词句赞美他的士兵："你们是历史的创造者，当你们荣归故里时，你们的乡亲会热情地指着你们，说：看，他曾经服役于那伟大的英勇的意大利军队。"由于他总能够把军事计划和士兵们的欲望紧紧地联系起来，所以他的军队一直都支持他、效忠于他，英勇作战，义无反顾。他就是拿破仑·波拿巴。

所以，当我们想要借助别人的力量时，如果不知道如何才能说服对方支持你，也没有想过要观察他的兴趣和思想，他怎么会支持和帮助我们呢？请不要毫无准备地闯入他的办公室，这种做法是非常不明智的，你不如在他的办公室外先考虑几个小时，然后再去敲门。

谈判专家之所以能解决棘手的问题，是因为他懂得有技巧地表达自己的意图。销售大王之所以能取得好的业绩，是因为他懂得有技巧的沟通。我们听听一个销售大王的经验：销售人员与客户之间的沟通有时表现为相互进攻，有时表现为各自坚守阵地，更多的时候，是进攻与防守的结合运用。

例如销售人员说："如果购买量达不到 100 箱的话，那就不能享受八折优惠。"（"100 箱的销售量"属于进攻行为，"八折优惠"为防守策略。）客户说："如果这种产品的价格不能享受七折优惠的话，那我就只能选择其他产品。"（"七折优惠"是进攻行为，"不购买产品"为防守策略。）

在进攻与防守策略灵活运用的各个沟通环节当中，销售人员应该学会掌控整个沟通局面，而不要让自己围着客户提出的种种条件团团转。要想掌控全局，在每次与客户沟通的过程中，销售人员都需要在关键问题上事先确定一个合理的底线，比如产品价格不能低于多少、不符合某种购买条件时不提供某种免费服务、客户最晚不能超过多长时间付清货款等。

主办第 23 届洛杉矶奥运会的重任落到了彼得·尤伯罗斯身上，他面临着一个非常重要的问题：必须把奥运会有关项目的赞助权销售出去，才能获得资金筹备奥运会。彼得·尤伯罗斯担心的事情是：如果这些"赞助权"不能被成功销售出去，或者销售费用太低，那么洛杉矶奥运会的顺利举行将会受到严重掣肘。为此，尤伯罗斯为饮料业赞助商投标时，设置了自己的最低心理底线——400 万美元，给媒体行业的电视转播权投标时，他又定了 2 亿美元的天价。在当时，这些价格都是前所未有的，当得知尤伯罗斯确定这样的价格底线时，很多商家都坚决表示要退避三舍。然而，尤伯罗斯知道很多商家的声明都是一种策略，没有一个商家不希望自己能够获得奥运会的赞助权，只要他们有这样的实力，就一定会认真考虑的。

就这样，尤伯罗斯一次又一次地与各个行业的商业巨头在谈判桌上进行沟通，他游刃有余地周旋于各大商业巨头中间，和商业巨头们展开了形式多样的沟通和交流，而且他表现得相当灵活。但是每当涉及投标价格的讨论时，尤伯罗斯都表现得相当坚决，到后来，他甚至在价格方面已经不做任何解释了。

当尤伯罗斯在价格问题上几缄其口之时，各大商业巨头之间展开了明争暗斗。结果，尤伯罗斯从可口可乐公司那里得到了 1260 万美元，从美国广播公司那里得到了 2.25 亿美元。

在商场中，当你与他人进行谈判时，可以考虑尤伯罗斯的做法，确定合理的底线，进攻和防守兼而有之。向老板提出加薪也是同样的道理，在适当的时间说适当的话。

第一次世界大战后，美国总统威尔逊为了重建国际新秩序、组织国联而游说欧洲各国。他来到了法国，他非常清楚地知道要说服法国这个欧洲大陆的第一强国，就得先说服绰号"法国老虎"的克里蒙梭。要让他同意国联的计划十分艰难，但威尔逊在经过深思熟虑后，还是决定与克里蒙梭会晤。在交谈中，威尔逊首先提出了海洋自由的问题，因为这个问题是法国当时急需解决的问题，接着他就提出了国联的计划，这个计划能够解决海洋自由的问题。结果，克里蒙梭对组织国联的计划十分感兴趣，后来他终于支持成立国联。威尔逊之所以能够赢得"法国老虎"的支持，原因就在于他告诉克里蒙梭国联可以满足他的某种需要。

在出席一个集会之前，我们会不会先考虑自己应该说些什么话？我们是否应该顺着对方的兴趣来表达自己的意见？是否能够顾及他的需求？

在向上级汇报时，在见一位顾客之前，在与一个同事交谈之前，在召见一个下属之前，有多少人会真正考虑过对方的立场呢？孔子的学生子贡曾经问他："有没有一个字可以作为终生奉行不渝的法则呢？"孔子回答："其恕乎！己所不欲，勿施于人。"这里的"恕"是凡事替别人着想的意思。自己不喜欢做的事，不要加在别人身上。我们可以把这句话看成为人处世的基本修养，如果你能够做到这一点，那么便可以建立良好的人际关系。"恕"的核心是用以己度人、推己及人的方式处理问题。这样可以造成一种重大局、尚信义、不计前嫌、不报私仇的氛围，以及成就双方宽广而又仁爱的胸怀。其实，对于日常生活小事的处理，又何尝不是如此呢？按照"己所不欲，勿施于人"的原则，反求诸己，推己及人，往往会有皆大欢喜的结果。

有句话是这样说的：人同此心，心同此理。人们的思想总是有着某种共同的规律的，在获得他人支持的努力中，积极发掘这种共同的规律，寻找事物的关联之处，先自觉地解剖自己，再由己及人，以求得双方在思想上的共鸣。若要人敬己，必先己敬人，你敬人一尺，人敬你一丈。人际交往就是有这样的互补性报偿，报偿是一种自觉不自觉的社会动机，只有尽可能地尊重一个人，才能尽可能地要求一个人。

如果你求人办事，用尽了各种招数却仍遭到别人的拒绝，此时你应该怎么办呢？

不要过分坚持。

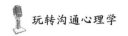

对方既已拒绝，必有原因，如果过分坚持自己的要求，不但会使对方为难，而且也使自己进退两难。

不要过分追究原因。的确，任何人都想知道拒绝的原因，但是如果非问清原因不可，往往会破坏双方感情。

做任何事，眼光都要放长远、心胸要宽广。

真挚的友情是长期培育建立起来的，也经得起漫长岁月的考验。如果求人时，一好百好；事成之后，过河拆桥，一锤子买卖，友谊哪能长久？如此寡情少义，关键时刻，又怎能奢望别人的真诚相助？

当我们想求他人为自己办事时，不要总是想着自己的利益，我们应该考虑一下他人的想法和可能的回应。

关键语句让对方点头同意

求人办事时，有时一大筐的求助话或许也没有一句话的威力大，因此，说关键性的求助话更容易能让对方点头同意。

在人的一生中，有很多事情需要靠他人的帮助才能取得成功，在遇到急事、难事、不得不办的事情时，人们就像是一个不会游泳的人掉在深水里一样，哪怕是一根不足以救命的稻草，也会满怀希望地一把抓住。

我们在求人办事时，实际的利益比空口说教更有力量。在这个时候，不要有意无意地提醒人家你曾经给予过他的帮助和恩惠，要以谦虚的态度讲清利益关系，具体地指出你的请求和合作对他有利的地方，从而使对方乐意伸出援手。

在请求别人帮助之前，你一定要搞清楚别人为什么要帮助你，你凭什么能叫别人来帮助你，帮助你的人帮助你的真正目的是什么。

每个人都应该掌握一些求人办事的说话技巧，把自己变成一个交际高手。在求人办事的过程中，想要说服别人帮你，用语就要精炼，话不在多而在精。多则惑，少则明。尽人事，听天命，点到为止，言多必失。把每句话都说到别人的心坎里，这样才能达到事半功倍的效果。

我们常常听到有人抱怨道："现在办个事真难！"有些人在求人办事时，既没有门路也没有关系。在现实生活中，很多人都处于这种情况。这关键在于有一些人天生就不善言谈，结果总让自己活在进退不能自如的紧张和压迫之中；有些人懂得说话的艺术，有一张好嘴巴，办起事来就游刃有余。

在求人帮忙时，有的人长篇大论，滔滔不绝，以此抓住听者的心，这自然令人钦佩；然而，有的人把自己的意思浓缩成一句话，犹如一粒沉甸甸的石子，在听者平静的心湖里激起涟漪。与前者相比，后者更具说服性，更能让人接受。

一个真正聪明的人，常常会从人们意想不到的角度切入话题，使得对方在真心领悟之后，从心底腾起一片喜悦之情，营造出和谐的、充满意趣的氛围，这样自然就可以达到自己的目的。

人们常说："一句话说得人跳，一句话说得人笑。"可谓道出了会说话与不会说话的区别。难也罢，易也罢，归根结底一句话："话不在多而在精。"满嘴胡言，词不达意，恐怕说得再多也无济于事，反而让人生厌，说得再多别人也不会为你动容。做一个能说会道的人不是一件容易的事情，它需要技巧，只有掌握这个技巧，才能在求人帮忙时无往不胜。

需要特别强调的就是，语言表达要清晰，不要啰唆。反反复复要强调的事情，生怕对方听不明白或者漏过去，这样反而把重点冲淡了。回答问题也应该简单明了，不要喋喋不休，让求人办事的现场成为你自己的演讲论坛，别人当然不愿意帮你了。

任何事情都是人办的，但不一定任何需要办的事情都是由自己亲手操办的。所以办事的艺术也是处世的艺术。一个人若能在纷繁复杂的环境中随心所欲地驾驭人生局面，把不可能的事变为可能，最后达到成功之目的，那他就是个会办事的人，是个把握了办事分寸和艺术的人。

求人办事时，要能够准确地表达出自己的意思，每句话都能够说得合情合理，并且具有较强的说服力，这才是最为重要的。如果一个人经常词不达意，乱说一通，话说了一大堆，却没能起效果，这样的话说再多也没有用。求人办事能否成功，关键靠你的口才。一个会说话的人，句句话都能说到别人心坎里，说服别人帮自己；而不会说话的人，就会显得语无伦次，表达不出自己想要表达的意思，不能很好地说服别人。

·第四章·

同事交流，委婉友善切忌口不择言

新环境中的说话技巧

你从一个环境到一个新环境中，面对的上司和同事都是陌生的，从事的工作有时也与你以往做过的不大相同，这无形中在你的内心造成一种负担，仿佛人海茫茫，你却在一个孤岛上，不知道如何才能使自己投入人群之中并被大家所接纳。

此时，应该首先抛开自己对他人的陌生感、畏惧心、戒备心等，一方面多多拜访你的新同事、新上司，另一方面专注地投入你的新工作。这样的话，人们很快会适应你、接受你，因为你的拜访说明你对他们有兴趣，喜欢和他们结交、相识；同时你专心投入工作，也使他们认为你是个很认真，并喜欢你的新职位的人，表明你在各个方面都力求和他们保持一致，所以他们会很快消除对你的排斥心理，愉快地把你当作他们中的一员的。

有一次，某单位同时调进两个人，一个叫玲玲，一个叫菲菲。玲玲是个性格开朗、爱说话的人；菲菲则显得严肃而沉默寡言。

玲玲虽然看似开朗、爱说话，但似乎目中无人，来到新单位很久了，不但没有拜访过任何人，工作当中也从未向别人讨教过，也许她认为有能力干好自己的工作。大家认为：此人能调来本单位，一定是上面有什么人。看她那样子，也不像是个干好工作的料儿。我们干了这么多年这种工作，还免不了要互相请教、学习，可她新来的，不经过学习就能把工作干好？

相反，大家对那个沉默寡言的菲菲，却大力赞扬，认为她相当不错，有思想、有见解，对于工作方面的许多设想和看法都和自己不谋而合，因此从内心里接受她做朋友。

原来，爱说话的玲玲自从调来单位，除在办公室见面应酬之外，业余时间她从未和别人交谈过；而菲菲在办公室却很少寒暄，总是低头工作，而工作之余的时间，却问长问短，逐家拜访、了解，打听新环境、新单位的一些情况，顺便也向同事们讨教许多工作上的问题，通过来来往往、反反复复地交谈、沟通增加了彼此间的了解，同时也增进了友谊。

所以一旦当你进入一个新单位、新环境，最好的方法就是利用业余时间多和人们交流，多向人学习、讨教，通过你的话语，要让人们知道，你需要他们的帮助，你需要他们的友谊。如果你能做到这些，那么还会有谁能拒绝你伸出的友谊之手呢？

只要你诚恳、虚心并主动向他人伸出友谊的手，对方也一定会张开双臂欢迎你的。

初来乍到的说话"规矩"

初到公司，该怎么和同事说话呢？

1. 不忘寒暄

和同事在一起工作，不要小看寒暄、招呼。

早晨上班的时候，见到了同事，一句简单的"早上好"代表了你对他一天的祝福。小小的一句问候，让人如沐春风。下班的时候，说句"再见"代表了你亲善友好的态度。如果你和同事之间发生了什么不愉快的事情，简单的一句寒暄或许可以让你们之间的恩怨化为乌有。

寒暄、招呼看起来似乎是微不足道的，一句简单的话语不过几个字，脱口就可以说出，想都不用想，但实际上它又体现了同事之间是否互相尊重、礼貌、友好。

2. 不自吹自擂

和同事相处一定要注意不要自吹自擂。

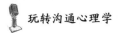

每个人都有优点，同样，每个人也都有缺点。人和人的能力是不一样的，你在某一方面或许很突出，而你的同事就有可能在其他的方面比你好。

要想在公司当中为自己的发展创造良好的环境，要想有一个良好的人际关系，就要学会和各式各样的人相处，就要培养自己良好的素质，在同事面前，不要吹牛。

3. 安慰有方

人非圣贤，孰能无过。犯了错误挨批评是难免的。但是，大庭广众之下挨批评的滋味可不好受。如果你的同事挨了老板的批评，你该怎么去安慰他呢？是盲目的劝慰，还是讲一些技巧？毫无疑问，安慰同事需要掌握一定的技巧。如果不掌握一定的技巧，不但不会让同事得到安慰，反而会引火烧身，给自己带来不必要的麻烦。

当下属被老板公开责备的时候，他肯定会受到很大的伤害，甚至怒火中烧，对骂自己的老板深恶痛绝。如果此时，你马上去安慰他，用同情的心态去劝慰他，很容易引起老板的不满，你此时最好的办法是保持缄默。

事后，找一个合适的机会，把同事约出去转换一下他的心情，这样做，老板不会不快，同事也会因此信赖你。

4. 以诚为本

俗话说：以诚为本。无论做什么事情，所必需的、最根本的首要前提就是真诚。

在和别人合作的时候，一定要讲诚信。如果你连起码的诚信都没有，别人怎么敢和你合作？当今社会，恐怕没有人愿意和一个不讲信用的人共事。

同事之间相处，如果一项工作需要彼此之间合作完成，就一定要互相信任、互相支持，互相帮助。

俗话说，群众的眼睛是雪亮的。从你对工作的态度、方式、你在工作时与同事合作的心态，可以看出你是一个什么样的人。

如果你在和同事合作的时候没有诚意，假装真诚，一旦需要你出手相助时，你却袖手旁观，甚至是耍手段，为了自己的利益而坑害同事，总有一天会被他们识破。到那时，没有人会再相信你，当你有了困难的时候，也没有人会帮助你，你最终会让自己陷入一事无成的境地。

在嘴上安一个把门的

有句老话叫"祸从口出"，在与同事相处的过程中一定要把好口关，什么话能说、什么话不能说，都要在脑子里转几个弯，心里有个数。

口无遮拦，信口胡言，往往容易得罪同事。俗话说："打人不打脸，骂人不揭短。"人既是最坚强的，也是最脆弱的。尤其是当一个人觉得他自己的自尊受到伤害，将要颜面扫地时，他的潜能会爆发出来，他会死要面子，死"扛"到底。因此，在职场中必须注意不能一味地揭他人伤疤。

报上曾有过一则新闻：一个女中学生，只因为有人说了她一声"胖女人"，羞愧至极，绝食身亡。

生活中也有这样的例子：

有一次几位年轻同事在一起聊天，偶然谈及黑痣的话题，其中一位平素最活跃的同事突然沉默。后来才知道，这位同事腿上有一大黑痣。

有人偏偏口下无德，爱揭人短处：

"你的胸脯真像卡西欧电子计算机。"

"怎么啦？"

"超薄型！"

真是够缺德，够损人的。然而更重要的是，这仅仅是伤害了别人吗？要知道揭短是一把双刃剑，伤人的同时也伤己。爱揭短的人，时时处处注意他人的短处，拿来取笑，可也要小心自己有把柄被别人抓住，后患无穷。这种既伤别人，自己也不见得好过多少的话，还是少说为佳。

有些人是因为考虑不周，言辞无形中冒犯了他人。

"老王，你太辛苦了，白发如云！"

"老刘，你秃顶了！"

对年轻女同事说："小李呀，你最近可发福了！"

要时刻提醒自己，这类话少说为妙。

摩洛哥有句俗语说："言语给人的伤害往往胜于刀伤。"这真是实情。同事之间，为搞好关系起见，请不要揭人短处。

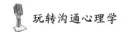

有的人直率惯了，喜欢"一吐为快"，无意间揭了别人短，刺伤了别人，也孤立了自己。

一天，在公司的集会中，张先生看到一位女同事穿了一件紧身的新装，与她的胖身材很不相称，张先生便直言直语道："说实话，你的这件衣服虽然很漂亮，但穿在你身上就像给水桶包上了艳丽的布，因为你实在是太胖了！"

女同事瞪了张先生一眼，生气地走开了，从此再也没有理过他。

在办公室里，直言直语是一个人致命的弱点，因为喜欢直言直语的人常常只看到现象或问题，也只考虑到自己的"不吐不快"，而没有考虑旁人的立场、观念、性格和感受。所以，直言直语不论是对人或对事，都会让人受不了，于是人际关系就出现了阻碍，同事们都离你远远的，免得一不小心被你的直言直语灼伤，眼不见为净，耳不听为静。

坚决不传闲话

在同事里常常有这样一些人：每天不是东家长就是西家短，没完没了，让人厌烦。

流言蜚语会对人们的工作、生活产生巨大的影响，散布流言蜚语的同事存在于你周围时，你只会感到痛苦。

有一位赵小姐就遇到过这样的痛苦经历。她平时为人善良，但挺要强，既想在事业上有所作为，又不想让他人说三道四。她高考落榜后，进了一家工厂。一进厂，厂里就组织她们一同来的 40 个女同学进行培训。4 个月以后，只有她一人分到科室工作，其他人全下车间。当时她很高兴，在科室工作许多事要从头学起，她便虚心向老同志请教，勤奋学习，细心观察别人对问题的处理方法，能很好地胜任自己的工作。赵小姐这个人不笨，脑子也比较灵，办事也有一定的能力。就在工作取得一定成绩的时候，她听到别人议论自己，说她是靠不正当手段进科室的，说她与上司的关系不一般等闲话。赵小姐的上司有能力，但名声的确不好，而且粗鲁，经常开过头的玩笑。赵小姐对他也很看不惯，但毕竟是上司，又能怎么样？所以对他敬而远之。可是有些同事总是背后议论赵小姐的品行，他们这些无中生有的议论，实在影响她的情绪，使其产生很大的心理压力。当然赵小姐自知没有使用任何手段使自己分到科室工作，自认为是凭自己的本事得到这一份工作的。可是"人言可畏"啊！自从听到传言之后，她感到孤独、烦恼，处处小心，工作积极性不高，精力很难集中起来。

上例中的赵小姐是一位典型的被流言蜚语所伤的受害者。

对于造谣中伤，大多数人都深恶痛绝，而提到流言蜚语，虽然大家都表示厌恶和排斥，但不少人总爱在不知不觉中就加入其中。

"今天我看见业务科的小赵在咖啡厅和一个年轻姑娘坐在一起。"

结果经过无数人的嘴，传到最后已经变成："业务科的小赵在咖啡厅和一个漂亮姑娘搂搂抱抱，可亲热呢！"甚至那姑娘的姓名还是本公司的××小姐。但实际上呢？小赵只不过是在咖啡厅同妹妹商量搬家的事。

每个团队中都有一些爱说三道四、传播闲言碎语的人。他们的双眼似乎时时盯着他人，他们的嘴里喜欢议论"谁—什么时候—在什么地方—做了什么事"这类问题。

如果不能时刻觉察到自己有这个毛病，那么，请同事来提醒你，纠正它。加入流言蜚语的行列实在是极愚蠢的，害人又害己。

试想一下，当你偶然发现某位跟你十分投契的同事，竟然在你背后四处散播谣言，数说你的不是和缺点，这时你才猛然觉醒，原来平日的喜眉笑目，完全是对方的表面文章！

晴天霹雳之余，你会痛心地想，跟他一刀两断，从此势不两立，这样对你、对他都很不利，所以你坚决不要加入谣言家的行列。

"得饶人处且饶人"，多一句，不如少一句，说话能够收敛一点，日后你有什么行为做错，同事也不会做得太过分。

经常在背后说别人坏话的人，肯定不会是受欢迎的人。因为凡是有点头脑的人，都会自然而然地这么想：这次你在我面前说别人的坏话，下次你就有可能在别人面前说我的坏话。这样一来，你在别人的印象中就不可能好到哪里去。

端正自己的说话行事，抛弃那些流言蜚语，给自己的嘴安一把锁，坚决不传别人的闲话。

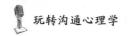

玩转沟通心理学

避开同事的隐私

每个人都有不想让大家知道的事情，也就是说每个人都有自己的隐私。与人相处时，要极力避免谈论别人的隐私。

避免谈论别人的隐私，一是不可在谈话中拐弯抹角地打听别人的隐私，二是不可知道了别人的一点点隐私就到处宣扬。宇宙之大，谈资无所不有，何必非要以他人的隐私当作谈资呢？

对待别人的隐私，要切忌人云亦云、以讹传讹。首先你要明白，你所知道的关于别人的事情不一定确凿无疑，也许另外还有许多隐情你不了解。要是你不加思考就把你所听到的片面之言宣扬出去，难免会颠倒是非、混淆黑白。话说出口就收不回来，事后你完全明白了真相时才后悔不已，但此时已经在同事之间造成了不良的影响。

如果有人在谈到某同事时说，"我只跟你说"，对这样的话你可别太当真了。

假使你对某同事不具好感并按捺不住地对上级说："这些话只跟您提而已……"如果随意地就大发议论的话，你所说的话会立刻传入该同事的耳中。

事实上，人与人之间的关系相当复杂，你如果不知内幕，就不可信口雌黄，以免招惹是非。

现实生活中有一种人，专好推波助澜，把别人的隐私编得有声有色，夸大其词地逢人就说，人世间不知有多少悲剧由此而生。你虽不是这种人，但偶然谈论别人的隐私，也许你无意中就为别人种下祸患的幼苗，其不良后果并非你所能预料到的。

要是有人向你说某人的隐私，你唯一的办法就是，像保守你自己的秘密一样，不可做传声筒，并且不要深信这片面之词，更不必记在心上。说一个坏人的好处，旁人听了最多认为你是无知；把一个好人说坏了，人们就会觉得你存心不良。

人们好说女人最爱谈论别人是非，其实男人当中也不乏这种人。如果你茶余饭后要找谈话的资料，那天上的星河、地上的花草，无一不是谈话的好题目，真的不必一定要说东家长、西家短才能消遣时间。

要是同事能将自己的隐私信息告诉你，那说明你们之间的友谊肯定要超出别人一截，否则她不会将自己的私密全盘向你托出。

要是同事在别人嘴中听到了自己的秘密被曝光，不用说，她肯定认为是你出卖了她。被出卖的同事肯定会在心里不止千遍地骂你，并为以前的付出和信任感到后悔。因此，不随意泄露个人隐私是巩固职业友情的基本要求，如果这一点做不好，恐怕没有哪个同事敢和你推心置腹。

尽量避开私人问题，也别议论公司里的是非长短。你议论别人没关系，用不了几个来回就能"烧"到你自己头上，引火烧身，那时就显得很被动。

避免与同事"交火"

工作中同事之间容易发生争执，有时搞得不欢而散甚至使双方结下芥蒂。人是有记忆的，发生了冲突或争吵之后，无论怎样妥善地处理，总会在心理、感情上蒙上一层阴影，为日后的相处带来障碍，最好的办法还是尽量避免它。

中国人常用这么一句话来排解争吵者之间的过激情绪：有话好说。这是很有道理的。据心理学家分析，争吵者往往犯3个错误：第一，没有明确清楚地说明自己的想法，含糊、不坦白；第二，措辞激烈、武断，没有商量余地；第三，不愿以尊重的态度聆听对方的意见。另一项调查表明，在承认自己容易与人争吵的人中，绝大多数人不承认自己个性太强，也就是不善于克制自己。

相互之间有了不同的看法，最好以商量的口气提出自己的意见和建议，语言得体是十分重要的。应该尽量避免用"你从来也不怎么样……""你总是弄不好……""你根本不懂"这类绝对否定别人的消极措辞。每个人都有自尊心，伤害了他人的自尊心，必然会引起对方的反感。即使是对错误的意见或事情提出看法，也切忌嘲笑。幽默的语言能使人在笑声中思考，而嘲笑使人感到含有恶意，这是很伤人的。真诚、坦白地说明自己的想法和要求，让人觉得你是希望得到合作而不是在挑别人的毛病。同时，要学会聆听，耐心、留神听对方的意见，从中发现合理的部分并及时给予赞扬或同意。这不仅能使对方产生积极的心态，也给自己带来思考的机会。如果双方个性修养、思想水平及文化修养

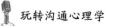

都比较高的话，做到这些并非难事。

如果遇到一位不合作的人，首先要冷静，不要让自己也成为一个不能合作的人。宽容忍让可能会令你一时觉得委屈，但这不仅能表现你的修养，也能使对方在你的冷静态度下平静下来。当时不能取得一致的意见，不妨把事情搁一搁，认真考虑之后，或许大家能找到解决问题的好办法。善于理解、体谅别人在特殊情况下的心理、情绪是一种较高的修养。有的人生性敏感，遇到不顺心的事就发泄怒气，这就可能是造成态度、情绪反常或过激的原因。对此予以充分谅解，会得到相应的回报。

心胸开阔是非常重要的。任何人都会出现失误和过错，别人无意间造成的过错应充分谅解，不必计较无关大局的小事情。

自曝劣势，淡化优势

在职场中，当你明显比同事强时，你在感情上还是要和大家在一起，千万不能与他们拉开距离，同事们也就不会再嫉妒你了，同时也会在心里承认你的"优势地位"是靠自己努力换来的。当你处于优势地位时，注意突出自己的劣势，就会减轻妒忌者的心理压力，使其产生一种"哦，他也和我一样"的心理平衡感觉，从而淡化乃至免除对你的嫉妒。

古人云："人之恶在于好为人师。"可见一般人都有这样的心理，除了爱听奉承话之外，还愿做别人的老师。

在日常生活和求职就业的过程中，与他人交往时，你也不妨做一个忠实的听众。把别人都当成自己的老师，少说多听，做一个学生，给对方充分表现自己的机会，最后达到自己的目的。这就是"甘为人徒法"的根本所在。

以人为师，少说为佳，并不是不说话。你得说，投其所好，不懂就问；懂的，有时也要装作不懂去问。你提问的方式，要能使对方口若悬河，使对方心理有一种满足感和被尊重感。这时你谦虚的形象，自然就勾画出来了。

有的新员工进公司后没多久就融入了公司的整体气氛中，而有的人只做了二三个月就辞职，关键就在于前者非常会使用"不耻下问"这一招，在众人尤其是重要人物面前，多谦虚请教，这样别人都不会把他视为眼中钉，驱逐他。

职场上的路是靠自己走出来的。在你自曝劣势、不耻下问的过程中，你与工作中其他人员的关系往往会更加紧密，从而创造出更加美好的成果。

被提拔时要怎样面对同事

在现代社会，提拔有德有才之士到领导岗位上是常见的。这些人大都年富力强、前途远大，不管他们自身愿不愿意，一旦到了领导岗位，就必须掌握说话的艺术和技巧。在被提拔之前，你或许只是个芝麻大的小官，或许是个平民百姓，话说得好不好，对你的影响不太大；可现在不同了，你到了领导岗位上。

在你被提拔之后，原来的领导或许成了你的同仁，而原来的同事成了你的下级，这样在你与他们之间就突然有了一种很微妙的距离感。你如何说话才能尽快打破这种局面呢？下面的方法可以一试。

"各位领导，原来你们是我的上级，曾经不断鼓励我争取上进，并给了我许多机会显示自己的能力和才华，才使我在众多候选人中脱颖而出，得到提升。

"我很感谢各位对我的扶持和帮助，也希望在今后的工作中继续给我指出努力和前进的方向。

"对于做领导的艺术和学问，我想我一定不会像你们那样在行，你们从事领导工作时间比我早，所以在许多方面都是我的老师，我要好好向你们讨教学习……"

"以前我们大家是同事，在一起打打闹闹，处得非常愉快，现在虽然没有机会多和大家热闹，但我们的关系还和过去一样是平等的，在工作中希望大家支持我；工作之外，和过去没有任何区别，你们有什么意见和要求可随时提出来，有什么建议和不满也随时反映，我一定会尽自己的能力尽快地给予解决。

"希望大家理解和支持我的工作！希望大家配合我把工作做得更好！"

这样一番话说下来，相信谁也不会与你为难，对你心存芥蒂了。

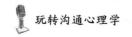

锋芒太露招人忌

俗话说："枪打出头鸟。"锋芒太露了总是会招人嫉妒的。一个人只有时刻保持谦虚的态度，他的路才能走得长远。

身在职场处于优位时，自然是可喜可贺的事。如果别人一提起一奉承，你就马上陶醉而喜形于色，这会无形中引起别人的嫉妒。所以，面对同事的赞许恭贺，应谦和有礼、虚心，这样不仅能显示出自己的君子风度，淡化同事对你的嫉妒，而且能博得同事对你的敬佩。

"小姜毕业一年多就提了业务经理，真了不起，大有前途呀！祝贺你啊！"在外单位工作的朋友小叶十分钦佩地说。

"没什么，没什么，老兄你过奖了。主要是我们这儿水土好，领导和同事们抬举我。"小姜见同一年大学毕业的小吴在办公室里，便压抑着内心的欣喜，谦虚地回答。小吴虽然也嫉妒小姜的提拔，但见他这么谦虚，也就笑盈盈地主动招呼小姜的朋友小叶："来玩了？请坐啊！"

不难想象，小姜此时如果说什么"凭我的水平和能力早可以提拔了"之类的话，定会招来小吴的嫉妒。

小李是大学刚毕业的新教师，对最新的教育理论有较深的研究，讲课亦颇受同学欢迎，以致引起一些任教多年却缺乏这方面研究的老教师的强烈妒忌。为了改变自己的处境，小李便故意在办公室的同事面前大暴自己的劣势：教学经验一点都没有、对学校和学生的情况很不熟悉等，最后还一再强调"希望老教师们多多指教"。

就这样，小李自暴劣势后，终于有效地淡化了自己的优位，衬出对方的优位，减轻弱化了老教师对他的妒忌。

刚进职场的年轻人，纯真、热情、有正义感，就像"初生牛犊不怕虎"似的，面对单位里的一些现象，总是忍不住"拍案而起"，慷慨陈词。但是，他们的好心之言，往往会受到同事们的误会，这些刚进职场的新人因此而受到同事们有意无意地冷落，甚或是打击报复。

毕业后，张先生在出版社当了一名助理编辑，他文笔不错，学习意愿高，因此进出版社才5个月，就把与出版有关的事务摸得一清二楚。

有一次，社长召集大家开会，轮到张先生报告时，他提出印刷品质不好及成本太高的问题，并说假如能降低3%的成本，每个月就能省下20万～30万元，最后，还说那家印刷厂是印刷费用收得最高的一家。

社长对他的报告没有发表任何意见，但从这一天开始，张先生开始感觉到负责印务的同事对他的不友善。

8个月后，张先生离开了这家出版社。

任何人都不喜欢被批评或做检讨，尤其是在公众场合。因为一则有伤自尊，一则任何批评检讨都会引起旁人的联想与断章取义的误解。总之，批评是带有伤害性的。张先生的批评，狠狠地踢了印务部门一脚，印务部门的同仁当然会"记恨于心"。

比如在职代会上，公司正在讨论一方案，一代表发言："我认为，还应该加入一点……"

而另一代表发言："我经过对这个方案的多方考虑，认为有点不太理想的地方，我提出来，你指正一下……"

对于前者，上司只是神情冷漠地听了一遍，无所表示。对于后者，上司却着着实实地考虑了一番，从此以后，公司里的事，还常常征求他的意见。

在上司面前，最好不要表露"我比你聪明"的意向，在谦虚的请教之中表达你的意见是你最好的选择。

把握上司的心理，谦虚地提出你的建议和意见，一定会使你的事业飞黄腾达。

与同事说话注意分寸

各类是是非非每天都在办公室里发生着，你可能是个很有正义感的人，忍不住要挺身而出"匡扶正义"；也可能是个外向的人，眼里看不惯嘴里要说出来；还可能是个"事不关己，高高挂起"闲事少管的人……但不管你是个什么

样的人，都要和同事们日复一日、年复一年地相处下去。这就需要你掌握一些与同事有分寸地说话方式，在他们中间塑造受欢迎和受欣赏的说话形象与风格，以便身边的同事不至于小看你或者抓住你的话柄找你的麻烦。

与同事相处，也要讲究一定的分寸。话太少不行，人家会认为你不合群、孤僻、不善交际；话多了也不行，容易让别人反感，而且也容易让别人误解，认定你是个大嘴巴。所以说，既不多说一句，也不少说一句，才是与同事相处最理想的说话分寸。

如果，某部门主管与你十分要好，有一天，他突然向你求救，说他有一个计划希望与某公司合作，而你与该公司老板或有关人士十分熟稔，请你做中间人，向这位人士游说一番，说几句话。

不错，你与这人的交情很好，但是，你要切记：公私分明。

你不妨婉转、间接一些回答他，例如对方要求你伸出援助之手时，可以打趣地说："其实这件事很简单，你一定可以应付自如的，被我的意见左右，可能不好。"这番话是间接提醒他：一个成功人士，必须独立、自信，而且，这样说也不会损及大家的情谊。

不管同事怎样冒犯你，或者你们之间产生什么矛盾，总之得饶人处且饶人。多一句，不如少一句，凡事忍让一点，日后你有什么差错，同事也不会做得太过分，推你走向绝境。至于如何才能培养出这种豁达的情操，也是有办法的，比如让心思意念集中在一些美好的事情上，当你的报复或负面的思想产生时，叫自己停止再想下去！

被同事悦纳的有效说话方式

能被同事所悦纳的谈话方式有以下几种：

1. 主动承认错误

主动承认自己的缺点，比让别人批评要心情舒畅。

如果你觉察到同事认为你有不妥之处，或是想指出你的不妥之处时，那么，你就要首先自己讲出来，使他无法同你争辩。相信他会宽宏大度，不计较你的过错，能原谅你。

如果错了（这是在所难免的）就干脆认错，这种方法可产生意想不到的效果。

所以，当你要同事接受你的观点时，请遵循第这条准则：只要错了，就坚决承认。

2. 耐心倾听

大多数人为使他人接受自己的观点，总爱侃侃而谈，同事之间相处更是如此。应该给别人把话说完的机会，因为他对事情和自己的问题比你知道得更清楚，所以最好是向他提些问题，让他告诉你他认为什么是正确的。

不要因不赞同他的意见而打断他的话，请不要这么做。在他言之未尽的时候，他会对你置之不理，因此请静心听他把话说完并尽量加以理解。要真心实意地听，要鼓励他把话说完。

法国哲学家拉罗什弗科尔说："如果你想树敌，就设法超过自己的朋友；如果你要朋友，就请为你的朋友提供超过你的机会。"

有些朋友，他在你受到挫折时比在你获得成功后更高兴，这是完全可能的。最好把自己的成绩看低一些。

我们应该谦虚，因为我们自己没有什么了不起的。我们都会死亡并在百年之后就被彻底忘却。如果总是想在别人面前夸耀自己微不足道的成绩，那生活就太没意思了。最好是让别人讲话。请仔细想一想，你有什么值得自我吹嘘的呢？

所以，你如果想要别人依照你的观点办事，请遵照这条准则去做：给他人多说话的机会，自己尽量少说。

3. 在争论中不抢占上风

十有九次的争吵结果是，每人都更加相信自己是正确的。

实际上，在争吵中是没有胜利者的。即使你在争吵中占了上风，说到底你还是失败了。为什么呢？即使你是胜利者，那又怎么样呢？你将洋洋得意。但你的对手会怎样？你让他觉得低你一头，你伤了他的自尊心，他当然恼火。而被迫放弃自己观点的人从来都不是改初衷的。

佩恩·马尔特霍人寿保险公司为其代理人定下的规矩是：不许争吵。

说服某人并不意味着要同他争论。争吵不能改变别人的看法。

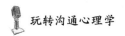

好好思考一下，你更想看到什么呢，是想得到表面的胜利还是人的同情？二者兼得的事是很罕见的。

在争论中你的意见可能是正确的。但要改变一个人的看法，你的努力大概会是徒劳的。威尔逊内阁财政部长威廉·马卡杜声称，在多年的政治活动中他悟出了一个道理，就是："任何一个论据也不会说服一个不学无术的人。"

仅仅是不学无术的人不能被说服吗？这样说未免太简单了些。根据经验我们确信，任何一个人，无论其修养程度如何，都不可能通过争论来说服他。

拿破仑的侍卫长康斯坦经常和约瑟芬打台球。他在《拿破仑生平回忆》一书中写道："尽管我台球打得很好，但总是设法让她赢，以此博得她的欢心。"

因此，我们应牢记这一点：在非原则争论中要给予同事取胜的机会。误会是不能靠争吵消除的，它只能靠接触、和解的愿望和理解对方的真诚心愿。

有一次，林肯批评了一个年轻军官，原因是他同自己的一个同事进行了激烈的争吵。林肯说："任何一个想要有所作为的人，都不应在和人争吵上浪费时间，这不是说他不应该允许自己发火和失去控制，而是说在重大问题上如果你感到你和对方都正确，那你就应该让步；在枝节问题上即使你明明知道对方不对，你也应该让步。给狗让路总比让它咬你一口要好，因为即使把狗打死，也不能马上治好你的伤。"

所以，当你与同事发生争论时，请懂得这条准则：在争论中取胜的唯一方法就是避免在争论中占上风。

· 第五章 ·

朋友相处，巧打圆场赢人气

替别人找个台阶下

在和朋友相处的过程中，难免会遇到一些尴尬的事情，让气氛骤然紧张、难堪，学会替别人找个下台的借口，不仅会缓和对方的紧张心理，让事情得到顺利发展，而且还会让彼此的友谊得到进一步的增进。要达到这样的目的，我们不妨学习使用以下的技巧：

1. 给对方找一个善意的动机

突然间发现别人的失误或错误行为，但不会导致重大的损失出现时，我们应尽量克制自己的情绪，以平静如常的表情和态度装作不解对方举动的真实意图和现实后果，并且给对方找到一个善意的动机，让事态的发展按照自己所希望的方向推进，以免把对方逼到窘迫的境地。

2. 换一个角度思考问题

在许多情况下，面对尴尬下不来台是因为思维框定在正常的状态之中，这对事态的发展毫无作用。如果我们换一种角度对其尴尬的举动做出巧妙、新颖的解释，便可使原本的消极举动具有另外的内涵和价值，成为符合常理的行动。

有一次全校语文老师来听安老师讲课，校长也光临"指导"，这下可使小安犯难了。他既怕课讲得不好，又担心有的学生回答时成绩不佳，有失面子。

课上，他重点讲解了词的感情色彩问题。在提问了两位同学取得良好效果后，接着提问校长公子："请你说出一个形容 ××× 的美丽的词或句子。"

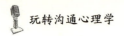

或许是课堂气氛紧张，或许是严父在场，也可能兼而有之，这位公子一时为难，只是站着。

空气凝固。王老师和校长都现出了尴尬的脸色。很快，这位老师便恢复正常，随机应变地讲道："好，请你坐下，同学们，B同学的答案是最完美的，他的意思是这个人的美丽是无法用文字和语言来形容的。"

听课者都露出了会心的微笑。

忠言也顺耳

忠告，对于帮助他人和与他人建立真诚的友谊，起着难以替代的重要作用。反过来讲，不能给予他人忠告的人不是真诚的人，这种人不会将自己的真实感受告诉对方。也就是说，不爱别人的人是不会给予他人忠告的，不被人爱的人也同样得不到忠告。因此，我们应该欢迎忠告。

尽管如此，为什么一般人都讨厌忠告，忠告为何听起来总不顺耳呢？

究其原因，就在于一般人容易受感情支配，即使内心有理性的认识，但仍易受反感情绪的影响而难以听进忠言。

有一个中学生很贪玩，整日在外游荡，不爱学习。

有一天，他大彻大悟了，下决心要好好学习。当他刚一走进家门，他母亲就急不可耐地忠告儿子：

"你又到哪里野去了？还不快去复习数学，看你将来怎么考大学！"

"哼，上大学，上大学，我就不信不上大学就混不出人样！"

受逆反心理驱使，一气之下，儿子又跨出了家门，母亲的一番苦心白费了。

看来，仅有为别人着想的良好愿望还不行，忠告也需要技巧，否则就会起到相反效果。那么给人忠告时需要怎么做才能让其听着顺耳起来呢？

1. 谨慎行事

说到底，忠告是为了对方，为对方好是根本出发点。因此，要让对方明白你的一番好意，就必须谨慎行事，不可疏忽大意。此外，讲话的态度一定要谦和诚恳，用语不能激烈，也不必过于委婉，否则对方就会产生你在教训他的反感情绪。

2. 选择时机

例如，当下属尽了最大努力而事情最终没有办好时，此时最好不要向他们提出忠告。如果你这时不适时宜地说"如果不那样就不致这么糟了"之类的话，即使你指出了问题的要害且很在理，可下属心里却会顿生"你没看见我已在拼命了吗"的反感，效果当然不会好了。相反，如果此时你能说几句"辛苦你了""你已做了最大的努力""这事的确比较难办"之类的安慰话，然后再与部下一起分析失败的原因，最终部下是会欣然接受你的忠告的。

除此之外，在什么场合提出忠告也很重要。原则上讲，提出忠告时，最好以一对一，避开耳目，千万不要当着他人的面向对方提出忠告。因为这样做，对方就会受自尊心驱使而产生抵触情绪。

3. 不要比较

忠告的第三个要素，就是不要以事与事、人与人做比较的方式提出忠告。因为此时的比较，往往是拿别人的长比对方的短，这样很容易伤害对方的自尊心。

"小于，你看人家小熊哪天不是安安静静的，而你总是疯玩疯闹，你就不能学学人家吗？"母亲痛切地对女儿说。

"她乖，她好！你认她做女儿算了，我走！"女儿嚷道。虽然女儿明明知道自己的缺点，但出于自尊心，她没好气地顶撞着母亲。母亲的劝告失败了。

把话亮出来说

有些朋友彼此太熟了，再用文绉绉、有模有样地说话方式交谈，朋友会觉得你"假"，所以和熟的朋友说话不必一本正经。这种沟通法也有好处，不容易有心结，心里有什么话，就亮出来。像是撒把胡椒粉，不容易有心结，心里有什么打个喷嚏，但是"喷"完了，也就没事了。

萧伯纳和丘吉尔两人，虽然一个在文坛，另一个在政界，但却是相知的好朋友。两个人的关系，由他们之间信函往来的内容就看得出来。

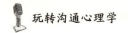

萧伯纳有一场新剧要在伦敦首演。他特别送了两张入场券给丘吉尔，还附上一张写着寥寥数语的便条：

"附上拙作演出入场券两张，一张给你，一张给你的朋友——如果你还有朋友的话。"

在政界一向饱受政敌攻击的丘吉尔看了哈哈大笑，随即回了一张也只写了几句话的便条：

"很抱歉，我今晚没空，但是我会和朋友明晚去观赏——如果你那场戏明晚还能继续上演的话。"

新剧上演前，萧伯纳一位要好的在银行工作的朋友也写了一封信给他：

"听说你的新剧就要上演了，送给我前排的入场券 10 张，以便分送朋友观赏如何？"

这位朋友也收到了萧伯纳的回信：

"听说贵行的新钞票已经出笼了，送给我大额票面的钞票 10 张，以便分送亲朋好友花用如何？"

曾两度竞选美国总统均败在艾森豪威尔手下的史蒂文森，从未失去幽默。在他第一次荣获提名，竞选总统时，他承认的确受宠若惊，并打趣说："我想得意扬扬不会伤害任何人，也就是说，只要不吸入这空气的话。"在他竞选败给艾森豪威尔的那天早晨，他以充满幽默力量的口吻，在门口欢迎记者进来："进来吧，来给烤面包验验尸。"几年后的一天，史蒂文森应邀在一次餐会上演讲。他在路上因为阅兵行列的经过而耽搁，到达会场时已迟到了。他表示歉意，并一语双关地解释说："军队英雄老是挡我的路。"

他用谈笑的口吻大大提高了自己的人气和威信，赢得了朋友们一致地尊重和爱戴。

有着高明的"说笑"技巧的说话高手，在人群里一向都会是最受欢迎的人物。说笑的时候大可放心，因为伤不了人，所以一旦遇到有什么状况发生，心胸宽大地拿自己来嘲笑一番，最能虏获人心。让人哈哈一笑，不但化解了尴尬，也放松了大家的紧张情绪。

有一回北宋宰相王安石骑马游极宁寺，马儿由马夫牵着，王安石坐在马上放眼浏览四周的景致，心情十分愉快。

没想到，马夫一个疏忽，竟然让马儿受惊，马失前蹄，王安石由马背上摔了下来，这下大伙儿可紧张了，尤其是马夫，紧张得手足无措。

众人赶快扶起王安石，幸好他毫发无伤。王安石看了看趴在地上吓得直打哆嗦的马夫，一言不发地跨上马背，然后用马鞭指着马夫说："幸亏我的名字叫作王安石，要是叫王安瓦，这下可要摔得粉碎了！"

一句话说罢，他用鞭子轻打了一下马屁股，继续向前行进，一句妙语让四周的人哈哈一笑，解除了紧张的场面。马夫擦了擦额头上硕大的汗珠，松了一口气。

在朋友之间，懂得如何说笑的人是最受人欢迎的，照着以下的方法自我调适，就能让人际关系向前更迈进一步：

1. 放下身段

不管是什么身份，如果想要受人欢迎，就得要放下身段。想想看，谁会愿意接近一个成天紧绷着脸，眼睛长在头顶上的人。

2. 把话说得亲切点儿

话说得太高雅了，就会拉出距离。"嗨！穿得这么美干什么？要迷死人啊！"这句恭维话就比"嗨！你今天穿的衣服非常漂亮！"要来得亲切。

3. 偶尔装糊涂

没有人喜欢成天看一本正经的苦瓜脸，偶尔装糊涂，就算嘴里讲着歪理，也不会有人怪你，反而会跟着轻松起来插科打诨一番。

不仅是朋友之间，如果夫妻、亲子之间也以这种方式相处，就会有一个甜蜜温馨、让人一下了班就想要赶回去的家！

4. 说起话来可别像老师上课

就算再有道理，也别把话说得硬邦邦，让人听了不舒服。在朋友之间说理，只要点到为止就好，别成天婆婆妈妈的，让人见了退避三舍。

5. 把热情拿出来，把诚恳写在脸上

朋友之间遇到麻烦需要有人处理时，尽管举起手来大声说："让我来！"时常打个电话问候一下，别在有求于人时才登门拜访，结结巴巴地说："无事不登三宝殿。"

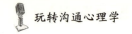

让朋友表现得比你出色

每个人都希望自己比别人优秀，我们在对待朋友时，要尽量让其表现得比你出色，这样既表现出自己的谦虚，又让朋友喜欢你，达到融洽的交际关系，两全其美，何乐而不为呢？

法国哲学家罗西法古说："如果你要得到仇人，就表现得比你的朋友优越吧；如果你要得到朋友，就要让你的朋友表现得比你优越。"

为什么这句话是事实？因为当我们的朋友表现得比我们优越，他们就有了一种重要人物的感觉，但是当我们表现得比他还优越，他们就会产生一种自卑感，造成羡慕和嫉妒。

纽约市中区人事局最得人缘的工作介绍顾问是亨丽塔，但是过去的情形并不是这样。在她初到人事局的头几个月当中，亨丽塔在她的同事之中连一个朋友都没有。为什么呢？因为每天她都使劲吹嘘她在工作介绍方面的成绩、她新开的存款户头，以及她所做的每一件事情。

"我工作做得不错，并且深以为傲，"亨丽塔对拿破仑·希尔说，"但是我的同事不但不分享我的成就，而且还极不高兴。我渴望这些人能够喜欢我，我真的很希望他们成为我的朋友。在听了你提出来的一些建议后，我开始少谈我自己而多听同事说话。他们也有很多事情要说，把他们的成就告诉我，比听我说更令他们兴奋。现在当我们有时间在一起闲聊的时候，我就请他们把他们的欢乐告诉我，好让我分享，而只在他们问我的时候我才说一下我自己的成就。"

苏格拉底也一再地告诫他的门徒："你只知道一件事，就是你一无所知。"

无论你采取什么方式指出别人的错误：一个蔑视的眼神，一种不满的腔调，一个不耐烦的手势，都有可能带来难堪的后果。你以为他会同意你所指出的吗？绝对不会！因为你否定了他的智慧和判断力，打击了他的荣耀和自尊心，同时还伤害了他的感情。他非但不会改变自己的看法，还要进行反击，这时，你即使搬出所有柏拉图或康德的逻辑也无济于事。

永远不要说这样的话："看着吧！你会知道谁是谁非的。"这等于说："我会使你改变看法，我比你更聪明。"这实际上是一种挑战，在你开始证明对方的错误之前，他已经准备迎战了。为什么要给自己增加麻烦呢？

有一位年轻的纽约律师，他参加了一个重要案子的辩论，这个案子牵涉到一大笔钱和一项重要的法律问题。在辩论中，一位最高法院的法官对年轻的律师说："海事法追诉期限是 6 年，对吗？"

律师愣了一下，看看法官，然后率直地说："不。庭长，海事法没有追诉期限。"

这位律师后来说："当时，法庭内立刻静默下来。似乎连气温也降到了冰点。虽然我是对的，他错了，我也如实地指了出来，但他却没有因此而高兴，反而脸色铁青，令人望而生畏。尽管法律站在我这边，但我却铸成了一个大错，居然当众指出一位声望卓著、学识丰富的人的错误。"

这位律师确实犯了一个"比别人正确的错误"。在指出别人错了的时候，为什么不能做得更高明一些呢？

因此，我们对于自己的成就要轻描淡写。我们要谦虚，这样的话，永远会受到欢迎。

要比别人聪明，但不要告诉人家你比他更聪明。

如何从闲聊中加深感情

有人认为聊天是极为浪费时间的事，岂知一般朋友间的交情多半是从"闲谈"开始的。实际上，之所以有些人"能说会道"、关系广泛，就是因为他们"闲谈"的功夫很棒。

但有些人就是不喜欢"闲谈"，他们觉得"今天天气怎么样"和"吃过早饭了吗"这一类的话，都是无聊的废话，他们不喜欢谈，也不屑于谈，他们不知道像这一类看起来好像没有意义的话，却还是有一定作用的。什么作用呢？就是加深朋友间感情的准备作用，就像在踢足球之前，蹦蹦跳跳，伸手踢脚，做一些热身运动一样。

一般的交谈总是由"闲谈"开始的，说些看起来好像没有什么意义的话，其实就是先使大家轻松一下、熟悉一点，造成一种有利于交谈的气氛。

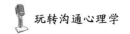

交谈都是由"闲扯"开始，比如说天气，而天气几乎是中外人士最常用的最普遍的话题。天气对于人生活的影响太大了，天气很好，不妨同声赞美；天气太热，也不妨交换一下彼此的苦恼；如果有什么台风、暴雨或是季节性流行病的消息，更值得拿出来谈谈，因为那是人人都关心的话题。

什么事都有一个良好而又艰难的开端，就是交谈这样看似简单的事情也不例外。开始交谈，的确是需要相当的经验，当你面对着各式各样的场合，面对着各式各样的人物，要能做到通过言谈拉近彼此的距离，实在不是一件容易的事。倘若交谈开始得不好，就不能继续发展双方之间的交往，而且还会使对方感到不快，给对方留下不好的印象。

谈话也是对自身资源的一次挖掘，很考验一个人的知识水平和文化层次，平时除了你所最关心、最感兴趣的问题之外，你要多储备一些和别人"闲谈"的资料。这些资料应轻松、有趣，容易引起别人的注意。

除了天气之外，还有些常用的闲谈资料。

自己闹过的有些无伤大雅的笑话

像买东西上当啦、语言上的误会等，这一类的笑话，多数人都爱听。如果把别人闹的笑话拿来讲，固然也可以得到同样的效果，但对于那个闹笑话的人，就未免有点不敬，当然，只要你不指名道姓就可以。讲自己闹过的笑话，开开自己的玩笑，能够博人一笑之外，还会使人觉得你为人很随和，很容易相处。

惊险故事

特别是自己或朋友亲身经历的惊险故事，最能引起别人的注意。人们的生活常常不是一帆风顺的，每天大家照常吃饭、照常睡觉，可是忽然大祸临头了，或者是被迫到一个很远的地方，路上可能遭遇到很多危险……怎样应付这些不平常的局面、怎样机智地或是幸运地在危难时刻死里逃生，都是让人永远不会漠视的话题。

健康与医药，也是人人都感兴趣的话题

新发明的药品、著名的医生、对流行病的医疗护理、自己或亲友养病的经验、怎样可以延年益寿、怎样可以增加体重、怎样可以减肥……这一类的话题，也许纯粹就是一家之言，但它能吸引人的注意力，而且也没有什么不好。

特别在遇到朋友或其家人健康有问题的时候，假如你能向他提供有价值的意见，那他更是会对你非常感激的。事实上，有哪一个人、哪一个家庭没有这方面的问题呢？

家庭问题

关于每个家庭里需要知道的各方面的知识，例如，儿童教育、购物经验、夫妇之间怎样相处、亲友之间的交际应酬、家庭布置……这一切，也会使大多数人产生兴趣，家庭主妇们尤其关心这些问题。

运动与娱乐

夏天谈游泳，冬天谈溜冰，其他如足球、羽毛球、篮球、乒乓球，都能引起人们普遍的兴趣。娱乐方面像盆栽、集邮、钓鱼、听唱片、看戏，什么地方可以吃到著名的食品，怎样安排假期的节目……这些都是一般人饶有兴趣的话题。特别是有世界著名的音乐家、乐团前来表演，或是有特别卖座的好戏、好影片上演，这些更是惹人关注的闲谈资料。

轰动一时的社会新闻也是热闹的闲谈资料

假使你有一些特有的新闻或特殊的意见和看法，那足可以把一批听众吸引在你的周围。

政治和信仰

倘若与你遇到的人，大家在政治上的见解颇为接近，或是具有共同的宗教信仰，那这方面的话题，就变成最生动、最热烈、最引人入胜的了。

笑话

当然，人人都喜欢听笑话，假如你构思了大量的笑话，而又富有说笑话的经验的话，那你恐怕是最受人欢迎的人了。

与人闲谈是人际交流中必要的环节，但是需要注意的是，很多人在闲谈中往往把握不好分寸，甚至说一些不负责任的闲话，而这些闲话中难免会涉及别人的是非，如果说得多了，难免会伤害一些人。

常听到这样一句评价人的话："这个人说话不经过大脑。"就是指有的人在闲谈中不注意分寸，有的话没经过思考就说出来了，完全没有顾及听者的反应。

小夏是个大学生，因为长相可爱，性格开朗，所以结交了不少的朋友。但是很快，小夏就发现了一个问题：那些朋友和她交流过几次之后，就不再与她来往了。小夏也弄不清楚到底是什么原因造成的。

后来有一次，一个和小夏关系还不错的朋友告诉了她问题的所在。

"小夏，你有的时候说话太伤人了。"这个朋友说，"你说的话可能不是有心的，也不是故意想伤害别人，可是你的话还是伤了别人。"

"是这样吗？我怎么不知道？"

"就说参加同学聚会那次吧，当时有个挺胖的女孩子，你还记得吧？"

"记得。"

"你在吃饭的时候不停地说什么胖的人容易得病、性格不好等，虽然我们都知道你不过是闲谈而已，但是你说的时候完全没有考虑到那个女孩的感受。那个女孩当时几乎什么东西都没敢吃，回去的路上她还哭了呢，说她也不想那么胖。"

"但是，我并没有说她，只是因为说到时下减肥的话题时才说起来的。"小夏为自己辩解。

"是这样没错，可是你的话毕竟是伤到别人了，虽然你是无心的。"朋友严肃地对小夏说。"不管和什么人在一起，都要注意自己的言行，否则你的一句无心的话，可能会伤害到别人，就会被人疏远。"

《智慧书》的作者、哲学家葛莱西安在书中就说过这样的话："没有一个人类的活动像说话一样需要小心翼翼，因为没有一种活动比说话更频繁、更普通的了，甚至我们的成败输赢都取决于说的话。"

在人际交往中，人们主要是从交谈中了解一个人思想和修养的，即使是非正式场合下的闲谈，你的言行也都透露出你的品德。人们就是根据一个人的言语对其表示喜欢或者排斥。因为不论你的学历有多高，你的财富有多少，你的言语都像画笔一样勾画着你的形象，尤其是在闲谈中的言语，更能很好地反映出一个人的修养。没有人愿意和一个缺乏修养的人建立感情。

艾琳决定和她的朋友苏珊断绝来往了，因为她实在受不了苏珊的毛病。

"我和苏珊经常在一起闲谈，本来女人之间聊天闲谈也没什么，可是苏珊总喜欢在我面前说别人的是非，而且还都是一些鸡毛蒜皮的小事，令人难以忍受。

"有一次，她在我面前大谈婚姻问题，还提到现在的女孩喜欢和比自己大很多的男人恋爱，她觉得那样的婚姻没有互相理解的基础，有隔代的差距，是不会幸福的。虽然我知道苏珊的话并没有针对任何人，但是当时我妹妹就在和比她大很多的男人恋爱，这苏珊也知道，她的话让我非常不舒服。

"所以我不打算和她继续做朋友了，与其把时间浪费在听她闲谈别人的是非上，不如和别的朋友在一起聊一些有意义的话题呢。"

在闲谈中，一定要掌握一些技巧，不要随意地评价某人，即使这个人并不在现场。谈一些大家共同感兴趣的话题，避免说一些容易让大家感到消极的、不愿意谈及的话题，更不要把自己或别人的隐私当作公共话题来议论。特别是要注意在说笑话或者调侃的时候，不要让别人感觉你是一个不够稳重和没有教养的人。

最好的办法就是在别人闲谈中留心大家感兴趣的话题，然后加入进去。或者干脆谈一些诸如经济、体育、娱乐、天气等比较不容易得罪人的话题。还要注意的是，在说话的时候留意对方的反应，以判断你的话题是否合适，方便做适时的调整。还有就是要避免在说话的时候与人发生争论，即使有也要想办法避开。

千万要记住，不要因为闲谈中的无心之举而失去了朋友。

设身处地地为朋友考虑

人生得一知己是幸运的，许多事不必说他就能心领神会，知己深知你心中的每一根琴弦和音调，在你刚刚弹出第一个音符的时候，他已经知道了整个乐曲的内容。这就是历史上高山流水的美谈，这就是白居易"同是天涯沦落人，相逢何必曾相识"的感叹。

生活本来就充满矛盾，这是人与人之间产生误解和隔阂的根源，是通向友谊王国的"拦路虎"。与真心朋友交往就要给对方多一些理解，多站在别人的立场和角度来为他着想，这也就是所谓的"穿朋友的鞋子"。

古人说："同师曰朋，同志曰友。"《世说新语》里记载，管宁和华歆同席读书，同师教导，其朋友之情有多深厚，不得而知，但割席绝交是一件极其让人痛心的事。古代圣贤讲究君子安贫乐道，耻言富贵，管宁割席的缘由正是华歆有崇尚富贵之嫌。人们历来赞赏管宁的品节高尚，但从社交之道来看，管宁就因为一点点"富贵之嫌"，就无丝毫规劝，轻而易举地"废"掉了人生占重要地位的友谊吗？

管宁对朋友似乎太苛刻了，他们之间缺乏理解和体谅。实际上，人各有志，人各有异，朋友是一个个独立的个体；再者，世界也是绚丽多彩的，事物也是复杂多样的，因而人的思想和见解不可能统一在同一个水平线上。有人爱吃饭，有人爱吃菜；有人爱喝茶，有人爱喝咖啡；有人喜欢跳舞，有人喜欢武术。所以我们交友不一定得要求别人各个方面都完全符合自己的要求，我们只要取其志同道合、情投意合这一两点，就可以与他结为朋友，最后发展为知己。

说什么话，做什么事，都多站在对方的立场上考虑。这是成功学大师卡耐基曾总结出的一条重要的交际经验。

怎样做到善解人意呢？你必须保持对对方"同感"的理解，其实这也是一种说话技巧。

要想达到与人情感沟通，就要注意对方。当对方对某一事物表露出一种情感倾向时，你就要对他所说的这件事表达同样的感受，而且激烈些，于是你们就谈到一起了。

错了就要赶快道歉

人非圣贤，孰能无过？但是有的人却认为承认错误是暴露了自己的缺点和错误，尤其在别人面前，是一件有失身份的事情，所以即使犯了错也不肯承认，遮遮掩掩，甚至在别人当面指出或提出的时候都不肯承认，更不要说道歉了。

然而，你要清楚，与其等别人提出批评、指责，还不如主动认错、道歉，这样更易于获得谅解、宽恕。凡是坚信自己一贯正确，发生争端总是武断地指责对方大错特错，从不认错、道歉的人，根本交不到朋友，或易交难处，永远缺乏知心朋友。

如果由于自身的孤傲和不安全感宁可让友情出现裂痕也不愿意说"我错

了"这句话，那实在是愚蠢之至。诺曼·皮勒说过："真正的道歉绝不只是简单地认错，而是对你说过或做过的有损友好关系的言行表示真诚的歉意，并真心实意地希望友谊得以修复。"

1755年，在竞选弗吉尼亚州议员的辩论中，23岁的上校乔治·华盛顿说了一些侮辱小个子对手、脾气暴躁的潘恩的话，对方当即用桃木拐杖把他打倒在地。站在一旁的士兵立刻冲上去，想为年轻的上校报仇，华盛顿本人却从地上爬起来阻止了他们，说他会处理好此事。

第二天，他写信给潘恩，邀请他在一家酒馆同自己会面。潘恩到达后，本以为华盛顿会要求他先表示歉意，然后与他进行决斗，谁料，华盛顿却先对他表示了歉意，并主动伸出和解之手。

道歉并非示弱。一个人要承认自己的错误是需要勇气的。人都免不了有出错的时候。一旦错了，就得道歉，只有如此才能避免更大的损失。

有些人明知道是自己不对，可是碍于所谓的身份或者面子，不肯主动认错，觉得认错很没面子，所以冲突也就无法解决。其实一个人能主动承认错误，就是一种勇气，这不仅有助于解决相关的矛盾，也能取得一定的满足感。

说"对不起"的时候，眼睛一定要直视对方，只有这样才能传递出你的心意。如果一边做事一边道歉，或者用回避的方式，都表现不出你的诚意，无法让对方感觉到你是真的认错。没有辩解的道歉才能让对方感觉你的心意，达到道歉的目的。

小雯借朋友的衣服穿，却不小心把衣服刮破了，小雯觉得很抱歉，就在还衣服的时候，很诚恳地对朋友说："对不起，我不小心弄破了你的衣服，这是一个裁缝的电话，我已经联络过他了，他说可以补得像没坏的一样。"

这种正面的直接道歉是最好，也是最佳的方式。假如小雯在还衣服的时候只是说："衣服破了，我赔钱给你吧。"对方肯定会婉言谢绝，但心里绝对会不舒服，觉得小雯的道歉只是形式上的，不够真诚，他们之间自然也就会产生隔阂。

小伟在朋友的生日宴会上喝多了，将女主人最喜欢的一个花瓶失手打碎了，以小伟的经济实力赔不起这个花瓶。

为了表示自己的歉意，小伟挑选了一张精致的贺卡，写上自己的歉意：我知道我的行为给你们造成了困扰，也知道自己的行为是无法原谅的，请相信我绝对不是故意的，如果当时我没有喝醉，也就不会发生那种事情了，所以请接受我最真挚的歉意。

小伟将卡片亲手交到朋友手里，并带了一瓶朋友最喜欢的酒，不是为了表示赔偿那个花瓶，而是为了表示真诚的歉意。

小伟的这种道歉方式很艺术，你也可以不直接说出"对不起"，而是像小伟这样用一张卡片或一份小礼物等，都可以表示歉意。最重要的是不要回避，一开始就要先承认自己的错误，而且道歉一定要有诚意。

真心实意地认错、道歉就不必强调客观原因、做过多的辩解。就是确有非解释不可的客观原因，也必须在诚恳地道歉之后再略为解释，而不宜一开口就辩解不休。否则，你对自己的错误实际上是抱着抽象否定、具体肯定的态度，这种道歉，不但不利于弥合双方思想感情上的裂痕，反而会扩大裂痕、加深隔阂。双方成见很深，当对方正处在火头上，好话歹话都听不进时，最好先通过第三者转致歉意，待对方火气平息之后，再当面赔礼、道歉。有时当务之急不是先分清谁是谁非，而是要求双方求同存异去对付共同面临的困难或"敌手"。如双方僵持不下，势必两败俱伤。如一方先主动表示歉意，就有可能打破僵局，化紧张为和谐，乃至化"敌"为友。

要记住，真正的道歉不只是认错，同时也意味着承认自己的行为给对方造成的困扰，而你对彼此之间的关系很重视，希望道歉可以化解冲突，重归于好。诚恳的歉意不仅能弥补彼此之间的关系，还可以增进彼此的感情。所以，如果你犯了错，就大方地表示歉意，诚恳地说一句"对不起"。

说话时注意给朋友"同感"的理解

朋友之间应该互相帮助，一对好朋友彼此坦诚相待，真诚相帮，双方都有"不是亲人，胜似亲人"的感觉。

当自己有不懂的地方，向对方请教后终于解开了疑惑，自己也由此获得知识，你对对方的尊重更会加深。

若不然，你既向别人求教，又对别人持轻视态度，谁会买你的账呢？

当你将自己的欢悦与困惑向朋友倾诉时，如果你的朋友对你的倾诉不屑一顾，试问，这样的友情还有必要存在吗？

因此，我们应该学会多给朋友帮助和鼓励，同时，你也会在朋友的帮助和鼓励中达到双方感情上的沟通。

人与人之间情感的沟通，是交往得以维持并向更为密切方向发展的重要条件，是人对客观事物所持态度的内心体验。情感沟通是由两部分组成：一是"共鸣"，即对同一事物或同类事物具有相仿的态度及相仿的内心体验；二是"振荡"，即由于"共鸣"而双方情绪相互影响，以致达到一种比较强烈的程度。前者是找到共同语言，后者是掏出心来，心心相印。

所谓"同感"，就是对于对方所述，表示自己有同样的想法和经历。比如吴倩以十分认真的语调告诉她的好朋友李蓉，她想自杀。李蓉去问她为什么，也不板起脸孔说教一番，而是说："是啊，我曾经也有过同样的想法，记得是那天发生的一件事，使我理解了人为什么要勇敢地活下去……"结果吴倩就轻松地谈起了她的烦恼与苦闷。李蓉边听边点头，表示理解和关注。后来吴倩不但勇敢地活下去，并且做出了成绩。她和那位善解人意的李蓉的友谊愈来愈深了。

要想达到与人情感沟通，就要注意对方。当对方对某一事物表露出一种情感倾向时，你就要对他所说的这件事表达同样的感受，而且激烈些，于是你们就谈到一起了。

情感沟通的程度，以每当回忆起这段交往时，所导致的兴奋程度为标准。比如，当你读到友人来信中的下面这段话，你俩的感情就绝不会变得冷漠。"不知怎的，你在上次谈论中的一举一动、一言一语都给我留下深刻的印象，记忆是那么清晰动人。真的，我很高兴与你一起度过了那个下午……"当对方常常联想到这段交往时，就伴着愉悦的心境，则这种沟通也就达到了。

这就是心灵的沟通。

· 第六章 ·

追求恋人，甜言蜜语获真心

情真意切是爱情的灵魂

当恋爱中的人真情流露时，都会让对方感动至深，情真意切是爱的灵魂，没有真心实意，谈爱就是空洞或虚假的，只有对对方表露诚意，对方才会做出同样的回应。

孙犁的名作《荷花淀》，如一幅富有诗意的爱情风俗画。水生夫妻的对话仿佛是一首回味无穷的爱情诗篇，其中洋溢着深厚的真诚和关切之情。

月亮升起来了，院子里凉爽得很，干净得很！水生嫂手指上缠绞着柔润修长的苇眉子，坐在院子里，等候着丈夫。身边是一片洁白，淀里是一片洁白，透明的雾、柔和的风、荷叶荷花香飘了过来。在这朴素干净的农家院中，一片安宁，一片温馨，一片思念牵挂的温情。辛劳了一天的公公熟睡了，玩耍了一天的儿子也进入了梦乡。水生嫂在月光下，一天的担心，一天的思念，不正是可以在这种静寂的夜景中，轻柔地同丈夫叙说吗？宁静之夜是夫妻对话的一个充满诗意的极好环境，美妙的夜会给爱情增添甜蜜温柔。

水生嫂以温柔体贴的话语表达出了对丈夫的深情，她了解丈夫——朴实勤劳，积极能干，小苇庄的游击组长、党支书记，她怎能不爱他呢？所以，当水生从区上回来时，她首先要问的便是："今天怎么回来得这么晚？"语气温柔，充满了体贴关切的感情。轻轻的一句话，却包含了这样的意思：今天你在外面怎么样？这么晚怎不叫人心急？你吃饭了吗？有的只是宽厚贤淑和温柔之情。这柔柔的一声仿佛是荷花淀飘来的温馨的荷香，让水生顿觉轻松，一天的疲劳也消失了，当水生询问儿子的情况时，她又轻言细语地说："和爷爷收了半天虾篓，早就睡了。"言语不多，却有许多信息。她讲了儿子和公公的一天活动，她以"儿子早睡了"含蓄地露出了那种嗔怪丈夫回来太晚的心境，但这种嗔怪却是一种关心、一种疼爱。

水生和水生嫂这样一对仅仅是粗通文墨的青年农民夫妻的对话里面，没有丝毫语言修辞的炫弄。这里有的只是夫妻间倾心商谈的平常话语，有的只是夫妻间倾注了深厚情爱的言辞。正因为此，这里的语言才像他们的感情一样显得朴实无华、简洁明了。

水生和水生嫂的感情是令人羡慕的，他们之间没有丝毫掩饰和造作，用简单的语言诉说各自的最真的情感，夫妻间的关系也就是在平淡如水的话语中不知不觉地更融洽了。

要"小性子"可以说是女孩子的天性，恋爱中的女孩子更是如此。她们常为男友的言行不符合自己的心意而要性子赌气，挤眼抹泪。其实，她们心里并不是真的生男友的气，而是故意生气，看男友是不是会过来哄她们，这时候的男士就应该抓住机会表达真情实爱。

一天傍晚，李云与张亮两人为一件小事闹了点别扭。分手时，张亮本想按惯例送李云回家，可李云却执意不肯。张亮拗不过李云，只好答应，但又担心李云的安全，只好在后面远远地跟着，看李云进了家门。10点多钟，李云回到家，刚一推门，电话声就响了。她抓起电话，听筒里传来张亮的声音："云，我是亮。"李云听说是张亮，正要放下电话，又听张亮说："云，看见你到了家，我也就放心了，晚上好好休息，我也回家了。"听了张亮的一番话，李云跑到窗边，看到张亮离去的背影，泪水夺眶而出，此时的她，心里只有感动，哪还顾得上生气啊。

张亮不失时机地一番关爱之语，向恋人传送了自己的关心与牵挂。语虽短，意却浓；话虽简，情却真；令对方不由得怦然心动，怨气全消。

当恋爱中的人真情流露时，都会让对方感动至深，情真意切是爱的灵魂，没有真心实意，谈爱就是空洞或虚假的，只有对对方表露诚意，对方才会做出同样的回应。

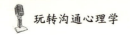

丢弃"刀子嘴"

谈恋爱时，要多一分理解，才能把握好爱情。

这是一段妻子给丈夫的话，周末晚上，妻子做好饭菜左等右等不见丈夫归来，邻家传来热闹的嬉笑声，妻子更觉孤独，于是她给晚归或不归的丈夫写下这么一段话：

晓军，等至夜深，依旧不见你归来，想是到同事家打麻将去了。一周末繁忙的工作之后，确实应该轻松一下，但愿你能确实轻松。

晚上，我独自一人立在阳台边数天上的星星，并猜测哪一颗星星属于你所在的位置，有一颗最初很亮很亮，可我看得久了，却发现它又黯淡下去，最后我都找不着了。

起风了，吹得门窗砰砰作响，每一次门响，我都以为是你回来了，兴奋地打开门，外面却是黑漆漆的夜……

我在等待一个不回家的人，我想你一定不愿意这样，虽然你人留在了一个我不可知的地方，但家里到处都闪现出你的身影，厨房的餐桌上还留着你早起喝剩的半杯奶，已没有了早晨热腾腾、飘着黄油的香味，我只好把它倒掉了，等你回来，我再重新为你冲上一杯，但愿你不会再把它剩下。

请再看另一段妻子留给不归丈夫的话，比较一下二者的效果。

我就知道你今晚心又痒得难受，你是无可救药了，像这样下去，日子没法过了。

你在外面轻松快活，却留下我孤独一人，早知道我还不如回娘家去，还待在这破家干什么。

我郑重警告你：你再这样，我告诉你爸妈，我不相信，你的毛病我治不了，别人还治不了。

两段话的效果应该是截然不同的，后者充满了怨恨、责怪，这样尖锐的话说出来非但达不到效果，反而会令对方更为反感。

谈恋爱时，要多一分理解，才能把握好爱情。

一次李丽的一些朋友邀请她周末出去玩，还特别嘱咐她带上她的男朋友阿强，李丽兴致勃勃地打电话告诉阿强，但是阿强说："丽，我不能去，周末我要陪领导出差，下次吧！"李丽听后顿生不悦，对着电话筒大声说："你好牛啊，请都请不动，也太不给我面子了！"阿强听了这话，默默地放下电话，好长一段时间都没有主动找过李丽。

在恋爱中，由于主观或客观原因，不可能自己的每个要求每次都能得到满足。当对方不能满足自己的要求时，一定要保持冷静，多一些理解，少些抱怨和指责。故事中，对李丽的邀请，阿强不是不想去，而是公务在身不能去。如果李丽能考虑到这一点，把指责变成一种理解，说出"我很遗憾你不能去，我原本想我们一定会玩得很开心，不过你工作重要，下次有时间再玩"等一类的话，双方的关系非但不会受到影响，反而会使爱情更上一层楼。

很多做妻子的，往往刀子嘴、豆腐心，虽然洗衣、做饭全包，丈夫回家后，可口饭菜端上桌，嘴里却唠唠叨叨没个完，不是回来晚了，就是衣裤不整，要么是左右邻里一大串，你家如何如何又如何，结果听得丈夫一忍二、二忍三，实在忍不了，拍桌而起，或默然无语，或拂袖而去，饭菜没吃多少，烦恼塞了一肚，实在厌烦无奈，蒙头就睡，不识相的妻子是一通指责，"不脱衣就睡，吃好饭也不洗碗"，就这样没完没了，家庭成了两个人的负担，两个人的灾难，可在心里面，她真有这么多的怒气和愤慨吗？

其实，很多女人都会认为做家务是自己不可避免也难以逃避的一种责任，没有一个女人会以为自己成了家以后是什么也不需要做的，既然嫁人之前，就多少对做家务有心理准备，因此那些唠叨的话语就成了她向丈夫夸耀自己能干和贤惠的特殊语言，也成为她和丈夫交流的唯一语言方式，但她不知道同一内容、同一意思用不同的话说出来，效果就会大不一样。

"回来了，有没有兴趣帮我择一下菜？"

"看你疲倦的样子，一定很忙吧？"

"我想，你是没有兴趣跟我一起睡了。"

"不对吧，你原来挺爱干净的。"

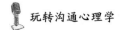

"我嫁给你，就是因为你很有能力。"

"你一定会把那事做好的，你一向都很机灵。"

"你该不会是个吝啬鬼吧！"

"真是你想到了！"

"别多想了，我知道你有难处。"

"买点东西带回家吧！"

"你做的菜比我做的好吃多了。"

用这样一些软话来说服对方，效果会更好。

善意的谎言

夫妻之间如果你什么事情都实话实说，只会给自己制造出一些不必要的麻烦，甚至会将夫妻关系搞僵。

一天晚饭后，二人靠在沙发上欣赏正在热播的青春偶像剧，影片里男女主角正爱得如火如荼，女主角深情地问对方："你到底爱不爱我？"男主角随即说道："我当然爱你，因为你是我身体的一部分。"王永听了这句话后，自言自语道："好！这是个精妙绝伦的回答，简直堪称经典。"王永的妻子听他这么一说，将他仔细打量一番，便开始不停地质问王永："你是不是也把我当成你身体的一部分呢？"王永被问烦了，只好敷衍回答说："你当然是我身体的一部分了。"王永以为这样回答就可以交差了，谁料他的妻子听完之后却并不满足，而是继续质问他："那么，我到底是你身体的哪一个部分？"妻子本来是想听几句甜言蜜语的，可是，王永却无奈地笑了笑，想尽量回避这个问题，妻子步步逼近，再三追问，无奈之中只好将答案脱口而出，他笑嘻嘻地对妻子说道："你是我的盲肠！"妻子听了他这句话，失望至极，气呼呼地提出要和他解除婚姻关系。

一句不经意的玩笑话给王永带来了偌大的麻烦，这就是直言直语惹的祸。其实，当你面对妻子打破砂锅问到底的时候，千万别在情急之中，就将心中那个"正确的答案"脱口而出，因为这个"正确的答案"可能会让你吃足苦头。

生活里没有绝对的真实，世间万物本来就不是完美的。你又何必老老实实地把自己完全地暴露在别人面前呢？

有些秘密该保留的就要让它留在心中。

不管对于恋人信任到什么程度，有些事情，如果没有说的必要，在开口之前，最好还是考虑一下，这当然是为着彼此安静的缘故。

在这一原则下，唯一告诫的是千万不要把你过去的恋情告诉她！这容易在她的心中留下阴影。

如果你的目的是在说明旧恋人不好，那根本就没有说的必要。如果你在说旧恋人比她好，则她的心理反应是："为什么你又会爱上我？"同时，在这心理发展之下，你将会碰到许多的麻烦，日后你也不会安宁。

过去的恋情既然不应该告诉你的恋人，那么，属于过去恋情的痕迹也不应该出现于恋人的眼前。

有些太痴情的男子，对于曾经的恋人念念不忘，往往保存着曾经的恋人的照片或别的东西作为纪念，这种行为是新恋人所不能接受的。

为了爱情而定制的谎言，往往会收到很好的效果，这也是女性的魅力之一，是与女人会话绝对需要的技巧。尤其是恋爱中的男女之间，谎言的作用好像润滑油一样。

有效的谎言有很多种："上次跟你见面回去后，我又独自在公园里徘徊，虽然时间已经很晚了，可是我却没有一点儿倦意。我觉得那天的夜色，好美，好静！"这种谎言，是属于那种略带神秘感的谎言。

"每次和你约会时，总是在家柜里翻半天，老觉得每件衣服都不好看，真觉得自己有点发神经了……"这种谎言，是一种俏皮、可爱的谎言，更深远的意思，已经在无言中流露出来了，对方必定会为你所动。

有的女性很会为自己的男友着想，担心对方的经济能力不够，因此，在约会的时候说：

"不知道怎么回事，我对出租车有畏惧感"，或"每次坐在高级餐厅或咖啡厅时，我总觉得浑身不自在，似乎那种地方太过于庄严，不适合我这个土包子。说起来，我还是喜欢坐在阳台上欣赏夜色。吃自己煮的面，这样比较没有拘束感"。若对方真的没有很充裕的经济能力时，听到这些话，一定会为女方的温存体贴而感动。

例如，约会那天，刚好跟公司的同事发生了一些不愉快的事情，心情非常不好。不过，在见到男朋友的时候，应该马上改变态度，含笑说："我今天过得很愉快，你呢？"说也奇怪，当你这样讲了之后，原本非常懊恼、郁闷的心情，会立刻一扫而空。这种谎言，不但令对方快乐，同时也暗示自己追求快乐，何乐而不为？

谎言还有避免争吵、化解危机的功效。

一次，小吴与单位几位同事去北京旅游，观名胜，赏古迹，寻奇涉险，尽情而游，竟把当初答应妻子给她在长安街上购物的事忘得干干净净。直到乘车返回家时，才猛地想起。不得已，他只有在本市的一家商场里买了一套裙子。回家以后，对妻子不敢如实相告，而以谎言哄之：

"平日里，你提篮买菜，洗碗刷锅，相夫教子，毫无怨言，真得好好感谢你。这次去北京，为了买这身裙子，我几乎跑遍了各大商场，才选中了它，也不知道你喜欢不喜欢，来，试试看！"

妻子笑逐颜开，欣然试装。试想，如果小吴如实相告，岂不大煞风景，甚至可能会引起一场小小的"内战"。夫妻间理应真诚相待，来不得虚伪和欺骗，但如果每件事都得实言相告，每一句话都不得掺半点假，则不仅不能为家庭增添欢乐，反而还会使原本和睦温馨的家庭出现裂痕。因而，在不涉及大局，无关"宏旨"的家庭琐事上，有时不妨以"谎言"来润润色，营造一种温情脉脉的氛围。

电话恋爱——距离产生美

当你思念恋人而不得相见的时候，不妨拿起你的话筒。

有人说："在谈恋爱时，距离产生美感。"但也不是说什么都不管不问的。这时，用电话来谈恋爱是最好的方式了。电话恋爱，的确有许多独到之处：双方可以敞开心怀去谈，含情脉脉地侃侃而谈，或低声细语或哈哈大笑，此时不必担心各自的相貌不雅或衣冠不整，对于一些容易害羞而不会表达的人更是一种好办法，尤其是在电话中与异性沟通，谈到不对劲时，可随时挂断，想好话题后，可立即重新开始，也不至于太尴尬。

恋爱开始后，很多女孩子就自然而然地产生被动心理，你对她的关心体贴程度如何，成了她注意的焦点。恋爱中的女孩感到最幸福的莫过于成为你注意的中心。假如你每天打一次电话给她，那么她就会觉得你每时每刻都在关心着她，同时，从她的眼里到心里也很难进驻第二位异性。

利用电话谈恋爱有很多种方法：

1. 气氛电话

女孩子在傍晚或晚上时分，比较放松自己，也最容易动情。这时谈情往往比白天好，一面播放她喜欢的音乐，一边谈有趣的事，可以增进感情。

2. 旅行电话

当你外出旅行时，一定要打电话给她，表示"真希望能和你一起去旅行""我会带礼物给你的，你想要什么""我很想你"等。

3. 慰问电话

如果对方生病时，要在第一时间打电话给她，并以开朗的语气安慰她，但不要让她太累，谈话时间不要太长。

4. 倾诉电话

在想念她的时候不妨直接告诉她，碰到自己高兴的事与她分享，遇到烦恼的事可与对方分担，对方会认为她是你第一个想到的人。

电话恋爱最好准备些使人听起来温馨浪漫的语句，比方说：

"生日快乐，希望你一天美似一天。"

"你的声音真动听……"

"我只是想听到你的声音，只有听到你的声音，我的心才能平静下来。"

男人在女人意想不到的情况下，拨个电话温柔地说："没什么特别的事，只想听听你的声音。"

男人被女人拒绝后仍带着深情地说："即使你不爱我，我也会一生保护你。"

男孩向初恋情人天真烂漫地说："你是我最初也是最后爱的人。"

痴情男子向女朋友说着伟大誓言："不管将来发生什么事，你变成什么样子，依旧是我最爱的人。"

男人和女人聊了很长时间说："和你一起总会令我忘记时间的存在。"

男人在工作期间不忘给女友留下动人话语："此刻我很挂念你，请为我小心地照顾自己。"

情路即使受着外在因素影响跌跌撞撞，男人却一直坚定执拗向地所爱的人说："只要和你一起，不管要付出怎样大的代价。"

男人一脸痴情，愿为她赴汤蹈火："任何时候、任何情况，只要你需要我，我立即赶来，尽我全力为你做事。"

一天甜蜜约会结束，凌晨时分，男的还捧着电话筒向远方的她充满渴望地说："现在能够见面多好啊！"

当你思念恋人而不得相见的时候，不妨拿起你的话筒。

男欢女爱，恋人聚在一起谈天说地，那种感觉的确很好，但有时不能相聚，适时拿起电话，随着话筒轻震，你的爱意也会轻敲恋人的耳膜，使他如同在你的身边，备尝甜蜜。

爱也有阴晴圆缺

在约会中，表达爱慕的应景话能使双方关系发生微妙的变化。

男女初次接触时，都是花前月下、卿卿我我，互相都只看到对方的优点。然而爱也有阴晴圆缺，天长日久，恋爱双方开始对对方有所抱怨，甚至出现争吵、冷战。这种时候，你就应该学习如何化解这些情况，尽快消除不快。

形与舟是大学同班同学。在一次大学生辩论会上，舟敏锐的思维、犀利的语言、雄辩的话语俘获了形的芳心。大学毕业后，他们又被分配在同一座城市工作。正当形怀着迫不及待的心情准备与舟共筑爱巢时，形的同学却告诉她：最近，她经常看到舟与一个很摩登靓丽的女孩子在一起。为此，形指责舟对爱情不忠贞，见异思迁，舟解释说：那是他表妹，她来到这个城市是求他帮她找一份工作的。可形根本不信，还说舟欺骗她，并闹着要与他分手。深爱着形的舟当然不愿失去心上人呀。于是，舟找到形说："人们都说你是才貌双全的美女，你怎么不想一想呀，除你之外，我真想不出有第二个愿意与我恋爱的。你瞧：我老气横秋，长相有损市容，写尽了人生的沧桑和苦难；再瞧我这条件，

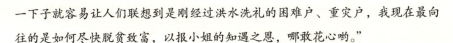

一下子就容易让人们联想到是刚经过洪水洗礼的困难户、重灾户，我现在最向往的是如何尽快脱贫致富，以报小姐的知遇之恩，哪敢花心哟。"

一席话说得形转怒为喜，忍俊不禁。

舟的这番爱情表白，可谓妙语连珠、谐趣横生。究其原因，其用词的"错误"起着极大作用。两个人发生争执时，男士最好采用这种贬损自己的方法来达到取悦女士的目的，这样她的怨气会立刻消散。

当你犯错了，请记得用负面形容词描述你所犯的错。以下是几个以负面形容词描述的例子，让我们看看女人会有什么样的感觉。

当你说："很抱歉我迟到了，我真是太不体贴了。"

她会觉得："没错，你真的很不体贴。既然你知道我的感觉，我心里就好过多了。只要不是每次都迟到就好了。你不需要凡事完美，只要你有想到我在等你就好，没什么，我原谅你。"

当你说："很抱歉你在宴会中受到冷落，都是我太不体贴了，这是很糟糕的事。"

她会觉得："对啊，你真是太不体贴了，但是你能够了解就表示你不是真的那么糟糕。我想你并不是故意要在宴会中冷落我的，我愿意原谅你。"

当你说："我很抱歉说了不该说的话，我太容易生气了。"

她会觉得："你太生气了，所以根本听不进我说的话。我想我也有错，至少他是在乎我，所以试着听我说话，我应该原谅他。"

在以上几个例子当中，男人用几个负面形容词：不体贴、容易生气的、糟糕的。女人对于男人用这些形容词来道歉，永远不嫌烦。就像男人听到"谢谢你，很有道理，好主意，感谢你的耐心"这些句子，也永远不嫌烦一样。

而且，该道歉时就要及时道歉，开启尊口，智解危机。适当的时候要学会采用"咬耳朵"的方式来解围。

古人很早就发现声音和人的感情的关系。《乐记》中说："凡音之起，由人心生也……其爱心感者，声音和以柔。"恋爱双方都有一种羞涩心理，这种心理集中体现在爱的隐蔽性上，反映在言语上必然是带着亲切柔和音色的轻言细语。唯有轻言细语，才能表达依恋、倾心的微妙感情；唯有轻言细语，才能体现温柔、抚爱；唯有轻言细语，才能把双方带进一个共同拥有的温馨世界。

有一对恋人约会，男方迟到了，女方撅着嘴老大不高兴。小伙子见此情景笑了笑，然后不急不忙地走到女方身旁，对她说："我今天有一个重大发现。"姑娘不作声，投来疑惑的眼光。小伙子赶忙上前一步附在姑娘身旁小声说："我告诉你一件事，请你保守秘密。我今天发现，你是多么爱我。"一句轻声细语的悄悄话，姑娘脸上"多云转晴"，漾起了幸福的微笑。

恋爱双方拥有一个不对外人"开放"的神秘世界。在这个世界里，悄悄话有其特殊的表达效果。悄悄话所传递的爱意比大声说话更为强烈。而这，只有热恋中的情人才能深深感受到。当双方陶醉在爱河中时，当产生了一点小误会或是有点小意见时，你若在他（她）耳旁说上几句悄悄话，对方一定会感到无限幸福，误会和意见也会顿时烟消云散。有人说悄悄话是沟通双方的"秘密通道"，这是一点不假的。

在约会中，表达爱慕的应景话能使双方关系发生微妙的变化。

有一位女青年下班后到未婚夫家，要他陪她一块儿去看望一位同事。由于天晚，又下着雨，小伙子不愿去，于是姑娘一赌气撑着伞独自走了。这时，小伙子才心疼后悔起来，忙驱车追了上去。姑娘见他追上来，扔出一句："你来干什么？"

小伙子诙谐说道："你可别忘了，我们俩曾说过'风雨同舟'之言，今天，你怎么能一个人'下雨逃走'呢？所以，我追来了。"姑娘听完后，扑哧笑了："我可不是'风雨同舟，下雨逃走'的人。"这样只几句话就化险为夷了。

夫妻整天生活在一起，难免会有吵架怄气等不愉快的时候。夫妻之间出现冷战局面是最令人感到压抑和难受的。只要你不想冷战威胁到这个家庭，想实现夫妻"邦交"正常化，你必须学会几招"破冰术"：

1. 留有余地

"冰点"降临时，被动的一方仍可"好话一句待回音"。小两口吵架，妻子的绝招之一便是抓上几件衣服或抱上孩子回娘家。这时当丈夫的要保持冷静，不能在盛怒下火上浇油，送上句"快滚吧，永远不要回来"之类的伤人话。当你觉得妻子要走已成定局时，应及时施些补救之计，如追妻至大门外："你走了我怎么生活！""就当今天是星期天吧，明天就回来！"如此等等，话说到点子上，常能打动对方的心，即使她还是走了，但感觉总是不一样的，为她的回归留下了余地。

2. 改变场合

冷战中的夫妻，想改变窘态的一方要创造一个多人在场的社交场合。如请自己或配偶的朋友来家做客，这时碍于脸面，夫妻间的冷战矛盾总要有所掩饰，和好欲较强的一方便可趁机与配偶套上近乎、搭上话，有意无意中引对方走出沉默的误区。再如，买两张电影票什么的，谎称是别人送的，约配偶去看场电影或参加个什么活动，在谈论其他事情中恢复夫妻"邦交"正常化。

3. 意外热情

每天下班回来夫妻见面时，是个突破的好机会。你可制造一些"新闻"来表现出兴奋或热情，显得你被一些"大事或好事"影响得已经忘了结下的矛盾。如一进门就说："太棒了，今天又发了200元奖金！""我们买房子的事有戏了！（递过一张报纸）你看，才1700元一平方米！""老婆，我大哥从海外来信了，说他不久就要归国！"听到以上种种报喜，相信对方总是要有所反应的。一次打动不了对方，第二天再换个话题，一旦配偶开启了"尊口"，冷战也就有了重大的转折。

总之，打破僵局的方法有很多。夫妻之怨宜解不宜结，其中根本的一点是：任何情况下都不可以有"给对方一点颜色看、惩罚对方一下、非让他（她）低头认罪不可"等种种不良心态。"有话说话，有理讲理，宁要争吵也不要冷战"，这是许多和谐夫妻总结出的一条老经验。而一旦处于冷战中，无人主动来给你们调解，那就得靠"系铃人"双方来努力解开沉默无言这个"铃"了。

不要吝惜甜言蜜语

甜言蜜语对整个爱情的巩固都起着重大作用，它是爱情运转的润滑剂。

男女相处的时候，有时甜言蜜语非常受用，尤其是爱侣已到了接近谈婚论嫁的阶段，不妨大胆些，在言语间多放点"蜜"。沐浴在爱河中的人，是不用客套的字眼的。任何海誓山盟，"爱你爱到入骨"的话也可以说，不必怕肉麻，除非你并不爱他。与他久别重逢时你可以讲：

"好像在做梦，多么希望永远不要清醒。"

"总是惦念着你！别的事我一概不想……我的感觉，好像一直跟你在一起。"

这是"无法忘怀、时时忆起"的心境，只要谈过恋爱的男女，一定有此体验。除了他以外，任何事都不放在眼中，总是想念着他。上面那些话不用怕羞，可以反复使用。相爱之初，热烈的甜言蜜语绝对不会使人感到厌烦，也许还认为不够呢！

"你喜欢我吗？"你不妨大胆地问他。

"说说看，喜欢到什么程度？"或用这样的语气追问。

"请你发誓，永远爱我！"甚至你可以这样单刀直入地对他撒娇说。

"世界是为我们而存在，对不对？"

"你爱我，我可以抛弃一切！你也是这样？爱就是一切。"

不要以为甜言蜜语说出来就是为了一时的气氛，仅仅是为了逗对方开心。甜言蜜语对整个爱情的巩固都起着重大作用，它是爱情运转的润滑剂。

"如果你爱我，有什么为证呢？"这是女人经常挂在嘴边说的话。女性就是希望有形的、眼睛和耳朵都能感觉到的形式上确认"自己对他是不可缺少的人"。例如，恋人之间在见面的时候，男方没有搂搂她的肩或握握她的手，她就要怀疑他是否爱她，甚至因此而解除婚约的女性也大有人在。妻子新做的一个发型，或穿上了一件新衣服时，做丈夫的假如不发一言，她会认为你无动于衷，这样她就会感到不满。

女性要求认可的欲望很强，恋爱中的更不用说了，就是在结婚后，女人也爱问："亲爱的，你爱我吗？"她时常要求确认"爱"，而对此感到退却的大多是丈夫。在男人看来，不管如何爱她，"我爱你"这三个字只要讲过，就不想说第二次。男人总是这样认为：我是否爱你，可以在实际行动中表现出来。

可是，对女性来讲，语言比行动更为重要。假如男人不在她们耳边重复着说"我爱你"，她们就认为不能与对方沟通。处于幸福、甜蜜状态的女性，都是根据丈夫的"爱语"或反复的动作得到安心和了解的。

因此，满足这种心理是男性的任务，"我爱你""我喜欢你"这些话对女性是非常重要的。她们认为这样是女性显示内在价值和魅力的标志所在。

　　当她们想要得到认可的欲望被满足后，她们就会心安理得、安安分分地去做一个好妻子，爱情就会变得更加和睦。

　　通常，男子都爱花言巧语，何不把美丽的话语多用在妻子身上呢？

"你不要对我这么凶，好吗？我心里很伤心。"

"这个家没有你，简直就难以想象。"

"我的老婆，做的菜真好吃。"

"你真伟大，我怎么想不到。"

"结婚纪念日，我们去照张合影吧？"

"爬高爬低的事我来做，你别上上下下的，小心些。"

　　总之，做丈夫的要把你的爱通过甜言蜜语表现出来，让她时刻体会到你深爱着她，并时时创造一种美妙的生活环境取悦她，那样你们的感情会一天比一天深厚，妻子对你的爱也会一天比一天深，这对于你并不麻烦，同时她的愉快传染给你，成为两个人的愉快；她的美丽心情成了你的财富，丰富你的情感生活。

　　很多人在谈恋爱时把恋人看得很完美，花前月下，卿卿我我，有时明知道对方的某种缺点自己难以接受，可指出来又怕伤害对方的感情，于是就装出一副菩萨心肠，一忍再忍。其实这和父母溺爱孩子一样，终究会酿成苦果的。那么，年轻的恋人怎样既能指出他（她）的缺点，又不伤他（她）的心，更重要的是还要让他（她）接受你的意见？

　　其实有许多窍门，对对方进行旁敲侧击，促其反思并改正。

　　某局长的千金小徐和本单位的小李谈恋爱时总是显示出某种优越感。因为小李是农家子弟，大学毕业分在局里做科员，没有什么靠山。有一次小徐到小李家做客，对小李家人的一些生活习惯总是流露出看不顺眼的情绪，并不时在小李耳边嘀嘀咕咕。吃过晚饭把小姑子使唤得团团转，又是叫烧水又是让拿擦脚布什么的。小李看在眼里很不是滋味。他借机笑着对妹妹说："要当师傅先做徒弟嘛！你现在加紧培训一下也好，等将来你嫁到别人家里，也好摆起师傅的架子来。"小李这么一说，小徐当时似乎听出了什么，过后在小李面前表示自己有些过分。

小李不失时机地用"要当师傅先做徒弟"的俗话来提醒小徐，避免了直接冲突。即使对方当时略有不满，过后也会有所感悟。

当对方的所作所为引起自己的不满时，也可用诙谐的言谈让对方笑着接受自己的不满。

雅倩非常喜欢跳舞，男友小张偏是个好静的人，正准备参加自学考试，常被她拉去"看"舞。雅倩有个很不好的习惯，不跳到舞厅关门不尽兴，久而久之小张就受不了了。有一次，他们从舞厅出来已是夜里12点多了，小张说："你的慢四跳得很棒，我还没看够。你一路跳回宿舍怎么样？"雅倩撒娇说："你想累死我啊！"小张一副认真的样子："不要紧，我用快三陪你跳。"雅倩扑哧一乐："亏你想得出，丢下我一个人也不怕我碰上流氓。"小张这时言归正传："那你在舞厅丢下我一个人也不怕我打瞌睡被人掏了包儿。"雅倩这时才知道男友压根儿没有兴趣跳舞，以后就有所收敛了。

对恋人的不满不用憋在心里，可以适当对对方提出自己的意见，但是要用对方法，否则只会破坏感情而于事无补。